**OUTRAS PALAVRAS
SEIS VEZES CAETANO**

TOM CARDOSO

OUTRAS PALAVRAS SEIS VEZES **CAETANO**

1ª edição

EDITORA RECORD
RIO DE JANEIRO • SÃO PAULO
2022

CIP-BRASIL. CATALOGAÇÃO NA PUBLICAÇÃO
SINDICATO NACIONAL DOS EDITORES DE LIVROS, RJ

C268o   Cardoso, Tom
         Outras palavras: seis vezes Caetano / Tom Cardoso. - 1. ed. - Rio de Janeiro: Record, 2022.

         ISBN 978-65-5587-517-1

         1. Veloso, Caetano, 1942-. 2. Música popular - Brasil - História e crítica. 3. Compositores - Brasil - Biografia. I. Título.

22-77244
                                                    CDD: 782.42164092
                                                    CDU: 929:78.071.1

Meri Gleice Rodrigues de Souza - Bibliotecária - CRB-7/6439

Copyright © Tom Cardoso, 2022

Pesquisa iconográfica: Joana Schwab

Diagramação do encarte: Guilherme Peres

Fotos do encarte: 1. Fotógrafo não identificado/Coleção José Ramos Tinhorão/Instituto Moreira Salles | 2. Folhapress | 3. Folhapress | 4. Acervo/Estadão Conteúdo | 5. Patricia Santos/Folhapress | 6. Fotógrafo não identificado/Instituto Gilberto Gil | 7. No alto: Acervo/Estadão Conteúdo | 7. Embaixo: Paulo Salomão/Instituto Gilberto Gil | 8. Delgado/FMIS, Coleção Nelson Motta | 9. Folhapress | 10. Fotógrafo não identificado/FMIS, Coleção Nelson Motta | 11. Fernando Vivas/Folhapress | 12. Robson Fernandjes/Estadão Conteúdo | 13. Paulo Giandalia/Folhapress | 14. Fabio Motta/Estadão Conteúdo | 15. Acervo/Estadão Conteúdo | 16. Folhapress | 17. Marlene Bergamo/Folhapress | 18. Fotógrafo não identificado/Instituto Gilberto Gil | 19. Lúcio Távora/Folhapress | 20. Luiz A. Novaes/Folhapress | 21. Ana Carolina Fernandes/Folhapress | 22. Fotógrafo não identificado/FMIS, Coleção Nelson Motta

Todos os esforços foram feitos para localizar os fotógrafos das imagens reproduzidas neste livro. Nossa intenção é divulgar o material iconográfico que marcou uma época, sem qualquer intuito de violar direitos de terceiros. A editora compromete-se a dar os devidos créditos numa próxima edição, caso os autores as reconheçam e possam provar sua autoria.

Todos os direitos reservados. Proibida a reprodução, armazenamento ou transmissão de partes deste livro, através de quaisquer meios, sem prévia autorização por escrito.

Texto revisado segundo o novo Acordo Ortográfico da Língua Portuguesa.

Direitos exclusivos desta edição reservados pela
EDITORA RECORD LTDA.
Rua Argentina, 171 – Rio de Janeiro, RJ – 20921-380 – Tel.: (21) 2585-2000.

Impresso no Brasil

ISBN 978-65-5587-517-1

Seja um leitor preferencial Record.
Cadastre-se em www.record.com.br
e receba informações sobre nossos
lançamentos e nossas promoções.

Atendimento e venda direta ao leitor:
sac@record.com.br

Para Aninha e Jary

É pena eu não ser burro. Não sofria tanto.

(Raul Seixas)

Sumário

1. O santo-amarense   11
2. O polêmico   37
3. O líder   85
4. O vanguardista   113
5. O amante   143
6. O político   175

Notas   233
Bibliografia   243
Discografia   245
Índice onomástico   299

1. O SANTO-AMARENSE

Um sonho feliz de cidade

"As maluquices de Seu Caetano."
(Dona Canô, reagindo a mais uma invencionice do filho artista)[1]

— Menino, eu queria morar em Paris e ser existencialista.

— O que é existencialista?

— Os existencialistas são filósofos que só fazem o que querem, fazem tudo o que têm vontade de fazer. Eu queria viver como eles, longe dessa vida tacanha de Santo Amaro.

No fim da década de 1940, a prima mais velha do garoto Caetano, Minha Daia, se queixava da rotina em Santo Amaro da Purificação, no Recôncavo Baiano, e queria se mudar para a então capital mais cosmopolita do mundo com o objetivo de lá realizar em liberdade os desejos mais secretos — que talvez fossem proibidos em sua cidade. Nessa época, o provincianismo e os costumes tradicionais ainda predominavam em Santo Amaro, enraizados por quatro séculos de cultivo da cana-de-açúcar como principal fonte de renda.

Mas o centro urbano, onde vivia a família Veloso, vinha contribuindo para o PIB local de maneira crescente. Os valores provenientes das atividades de comércio, indústria e setor de serviços (o pai de Caetano era funcionário dos Correios) começavam a ultrapassar os gerados pela área rural. Segundo o cantor, a terra natal se divide em dois espaços distintos:

> Essas cidades brasileiras, de colonização portuguesa, ao contrário das cidades norte-americanas, por exemplo, são muito fechadas. E Santo Amaro é bem típica: você sente a demarcação nítida do perímetro urbano, sente que nasceu dentro daquilo, e tudo o que está fora é muito longe psicologicamente. O que não é urbano está fora, é outro mundo.[2]

Ao mesmo tempo, os santo-amarenses do meio urbano podiam sentir um pouco o gosto da modernidade, transmitido por alguns mestres do ensino público e pelos cinemas locais, que exibiam as produções mais recentes do Brasil, da Europa e de Hollywood, além das influências vindas da vizinha capital baiana. O contato com o resto do país, especialmente com a música popular brasileira, vinha da Rádio Nacional.

Assim, um sucesso como a carnavalesca "Chiquita bacana", de Braguinha e Alberto Ribeiro, alimentou a utopia de Minha Daia:

> Chiquita Bacana lá da Martinica
> Se veste com uma
> Casca de banana nanica
> Não usa vestido, não usa calção
> Inverno pra ela é pleno verão
> Existencialista (com toda razão!)
> Só faz o que manda o seu coração.

Essa versão hedonista do existencialismo, vulgarizada no Brasil, tem pouco a ver com a ética filosófica criada por Jean-Paul Sartre, que prescrevia: ser livre, sim, mas assumindo — com responsabilidade — as escolhas e os próprios atos.

Caetano não demonstrava a mesma ansiedade da prima em mudar para um mundo melhor. Ao contrário: aos 17 anos, quando obrigado a cumprir a mesma determinação recebida pelos irmãos mais velhos, a de concluir o curso secundário em Salvador, a vontade era não sair de Santo Amaro. O adolescente preferia permanecer mais tempo na cidade, mesmo reconhecendo que era muito limitada para as ambições existenciais de qualquer pessoa minimamente curiosa — como ele — em saber de tudo ao redor.

Mas não tinha dúvida de que chegaria à capital com a cabeça e a sensibilidade prontas para um avanço nos conhecimentos e uma integração ainda maior com a modernidade. Já acumulara em Santo Amaro experiências e saberes suficientes — é o que ele avalia em seu livro de memórias *Verdade tropical*:

O SANTO-AMARENSE

> Nessa casa da rua do Amparo (...) aconteceram as coisas mais importantes de minha formação. Ali eu descobri o sexo genital, vi *La strada* [filme de Federico Fellini, de 1954], me apaixonei pela primeira vez (e pela segunda, que foi a mais impressionante), li Clarice Lispector e — o que é mais importante — ouvi João Gilberto.

Essa abertura para o novo passaria por uma prova um ano depois de o santo-amarense se mudar para Salvador. Estava presente quando o pianista David Tudor executou peças de autoria do vanguardista John Cage no salão nobre da reitoria da Universidade da Bahia, em plena Era Edgard Santos (o reitor), no início da década de 1960. A música, "feita de silêncios e acasos", não o espantou — pelo contrário, ficou fascinado.

É o que Caetano conta num texto de 1995, "Avant-garde na Bahia", incluído no livro *O mundo não é chato*. Ele começa alegando que desconhece o motivo de não ter se surpreendido diante daquele exotismo de vanguarda, mas em seguida mostra que sabe muito bem:

> Não sei dizer por que eu já chegara de Santo Amaro preparado para coisas assim. Eu simplesmente ansiava por elas. Um conto de William Saroyan [escritor norte-americano] lido acidentalmente na infância, Clarice Lispector na revista *Senhor*, o neorrealismo italiano, mas sobretudo João Gilberto tinham me levado a uma ideia do moderno com a qual eu me comprometi desde cedo. Isso descreve como o tema já tinha se tornado meu desde Santo Amaro.

No tempo em que viveu na terra natal, nem tudo, porém, eram delícias e descobertas. Um lado sombrio pairava sobre aquele lar, para onde a família mudou com Caetano ainda bem pequeno. "O ambiente em nossa casa era um tanto opressivo por impor-se a cada um de nós como um mundo fechado em si mesmo. Um mundo pacífico e terno mas talvez demasiado introspectivo",[3] disse Caetano, que se insurgiu precocemente contra esse estado de coisas. "Pouco a pouco, fui me rebelando contra as formalidades. Eu tinha intuições filosóficas complicadas."[4]

As complicadas intuições filosóficas desapontaram as devotas da cidade, entre elas Jovina, a Minha Ju, tia paterna que ajudou a criá-lo. Aos 8 anos, Caetano declarou-se ateu — bastaram algumas semanas de catequese para atestar a inexistência de Deus:

> Tive uma formação religiosa católica de ir à missa todos os domingos, mas a primeira comunhão foi uma grande decepção para mim porque eu me aproximei dela com um medo enorme, porque fizeram aquela preparação toda muito grande, né? Botaram a hóstia e não aconteceu nada, fui para casa e fiquei com aquele vazio pensando: "mas que coisa, não é nada." Aí ficava desconfiando, desacreditando.[5]

Nos cultos, Caetano sentia-se tratado como um idiota:

> Não gosto de ser enganado, não me sinto bem com a identificação católica. Tenho uma relação um pouco conflituosa com a ideia de religião, uma tendência antirreligiosa. Não é íntima, mas é muito forte. É uma questão de respeito à minha inteligência. Não gosto de ser enganado, não gosto de ver as pessoas serem enganadas, cresci numa casa em que todo mundo ia para a igreja.[6]

Parte dessa questão de ética talvez fosse também um pouco do medo, que se acentuou quando Caetano teve contato com outras religiões — como o candomblé, por exemplo:

> Convivo com o candomblé, meio a distância, desde que nasci. Hoje estou mais próximo por causa da relativa desrepressão da minha religiosidade. Mas ainda tenho medo do "inexplicável". Um terreiro de candomblé é uma coisa muito boa. Eu acredito

nos orixás, mas não sou feito de santo nem conhecedor da religião. Tenho medo do transe como o medo de fumar maconha.[7]

"Quem é ateu e viu milagres como eu" — assim começa "Milagres do povo", canção de Caetano que surpreende pela aparente contradição entre negar a existência de Deus e ao mesmo tempo acreditar em fenômenos místicos. Mas o cantor não testemunhou nenhum milagre na vida, apenas adaptou uma fala de Jorge Amado em entrevista ao *Pasquim*: "Sou ateu, materialista convicto, mas vi muitos milagres do candomblé. Milagres do povo."

O compositor transformou essa formulação no verso inicial e no título da música. Embora também descrente, ele pensa um pouco diferente do escritor: diz ter um temperamento místico e que pratica até alguns rituais católicos, como se benzer antes de o avião levantar voo.

Caetano viveu situações desesperadoras por conta de suas superstições. Em 1971, ao conseguir a permissão dos militares para permanecer um mês no Brasil — para assistir à missa de quarenta anos de seus pais —, o cantor foi levado pelo irmão Rodrigo a um sarau em Salvador. Em determinado momento, o anfitrião da noite pediu para ler a mão do cantor.

> Eu fiquei meio desconfiado, mas deixei. Ele disse: "Isso aqui está marcado desde o princípio dos tempos. Não tenha medo, porque todo mundo vai mesmo morrer um dia, e a vida é importante se ela for boa, se ela for intensa, a questão não é ser longa." Fui ficando agoniado...[8]

Até que o sujeito lançou a terrível previsão: Caetano iria morrer dentro de poucos anos, e marcou a data: "Uma coisa assim bem nítida. Eu estava muito vulnerável por causa da prisão e do exílio, e fiquei muito impressionado e também com raiva do cara fazer aquilo." Quando chegou a data prevista para o vaticínio se cumprir, que, segundo Caetano, coincidiu com o carnaval de 1975, o cantor, um folião apaixonado, decidiu não participar da festa: "Eu e

Dedé fomos para Santo Amaro e ficamos na casa de meu pai e minha mãe, que sabiam de toda a história. Eu disse: 'Não vou para a rua, não vou ficar no meio da multidão com esse grilo, pensando se é ou não é.'"[9] Mas Caetano tratou a paranoia, compondo: "A questão religiosa sempre me angustiou muito. Comecei, inclusive, a colocar esse misticismo em minhas letras tardiamente e, a princípio, com medo. Mas as próprias letras das canções me ajudaram a superar tudo isso."[10]

Sobre a experiência com o xamã de araque, Caetano compôs "O conteúdo":

> E aquele cara falou que é pra ver se eu não brinco
> Com o ano de 1975
> Aquele cara na Bahia me falou que eu morreria dentro de três anos
> Minha alma e meu corpo disseram: não!

A terapia também ajudou:

> A análise contribuiu muito nisso, me conduziu para uma capacidade de ter coragem de viver mais a minha religiosidade. Hoje em dia eu tenho coragem de ser um ser sincrético do ponto de vista religioso. Era uma coisa que eu achava muito complicada, porque eu achava difícil ser ateu e ao mesmo tempo acreditar e ao mesmo tempo ser de uma formação católica e estar em contato com os deuses africanos. Eu achava que isso era uma loucura, mas hoje em dia não, hoje eu acho que sou isso mesmo.[11]

O ateu combativo deu lugar ao agnóstico, influenciado sobretudo pela conversão de Zeca e Tom à Igreja Universal do Reino de Deus — os dois filhos mais novos foram levados, ainda crianças, a um templo no Leblon por Zefinha, babá de ambos.

"Hoje, no convívio com meus filhos e no reconhecimento da complexidade da questão, não me sinto assim tão simplesmente antirreligioso",[12] disse Caetano, em 2014. "Eu não acredito em Deus, mas Moreno acredita [é ligado ao candomblé], Zeca acredita e Tom acredita. E eu acredito neles três."[13]

Seu Zeca, diferentemente da irmã carola, não se aborreceu com o ateísmo precoce do filho, sendo ele um católico que se permitia pequenas transgressões, como não ir à tradicional missa dominical. Ele e Dona Canô aproveitavam que todos saíam de casa para ficar sozinhos no único dia de folga do funcionário dos Correios e Telégrafos.

"Era um mulato firme, doce e altivo. Eu o adorava e sinto muita falta dele",[14] disse Caetano, em 2011, sobre a saudade que sentia do pai, morto em 1983, aos 82 anos. Até o nascimento de Rodrigo, o terceiro dos oito filhos do casal (Caetano é o quinto, e Bethânia, a caçula), Seu Zeca era o único homem numa casa onde moravam dez mulheres.

"Para qualquer pessoa, isso seria um pesadelo. Graças a meu pai, tudo se ajeitou sem maiores problemas. Claro que, se Dona Canô não fosse a mulher que é, não teria dado certo. Nunca presenciei uma briga doméstica. Todos almoçavam e jantavam juntos, numa mesa grandona, meu pai e minha mãe sentados na mesma cabeceira",[15] lembrou o cantor.

No disco *Cores e nomes* (1982), Caetano gravou "Ele me deu um beijo na boca", uma extensa e discursiva canção, no estilo Bob Dylan (citado na letra), com referências também a Margaret Thatcher e Delfim Netto — na contracapa do álbum, o cantor aparece dando um selinho no pai, no dia do aniversário de Seu Zeca.

Os censores debruçaram-se curiosos sobre a letra longa e "confusa" — para eles —, de olho na foto da contracapa e nos versos. Um deles chegou à conclusão de que se tratava, sim, de uma clara alusão à homossexualidade. No fim, depois de muitas apreciações, a canção acabou liberada. Foram feitas as seguintes observações no relatório assinado no dia 27 de janeiro de 1982:

> No primeiro e nos dois últimos versos, [a canção] faz referência a um beijo entre o autor e intérprete da composição e um

sujeito indefinido, do sexo masculino. Todavia, julgamos não se configurar em homossexualismo (sic) e, sim, o símbolo de união de dois homens que se aceitam, apesar da divergência de ideias. Dessa forma, consideramos viável a liberação irrestrita da letra musical em apreço.

Ao menos uma observação dos censores fazia sentido: o compositor e o tal "sujeito indefinido, do sexo masculino", apesar das naturais diferenças de geração, eram homens que se aceitavam, cúmplices em quase tudo. Não existia um abismo entre eles — enquanto viveu em Santo Amaro, Caetano e Seu Zeca compartilharam visões parecidas sobre as coisas, além do mesmo gosto pela música.

Seu Zeca, um amante da poesia e da literatura de um modo geral, tinha preferência por compositores que o filho também admirava, como Dorival Caymmi e Noel Rosa — do carioca, gostava especialmente de "Três apitos", cantada por Aracy de Almeida. "Isso era uma coisa que eu ouvia na vitrola de minha casa, inclusive com a influência crítica e os comentários de meu pai, que gostava muito de Noel. Meu pai, que era inteligente, comentava as letras e isso me impressionava."[16]

Em "Jenipapo absoluto", outra canção sobre a densa identificação com Seu Zeca, há também uma declaração de amor para a mulher que o ensinou a cantar e a amar a música de um jeito incondicional:

Tudo são trechos que escuto — vêm dela
Pois minha mãe é minha voz
Como será que isso era este som
Que hoje, sim, gera sóis, dói em dós

A mesma mulher com quem aprendeu a ter uma postura altiva e desafiadora diante da vida — como cantou em "Tudo de novo", mais uma de muitas canções em homenagem à mãe, líder católica, devota de Nossa Senhora da Purificação, venerada tanto pelas carolas de Santo Amaro como pelos candomblezeiros do Bembé do Mercado:

Minha mãe me deu ao mundo
De maneira singular
Me dizendo uma sentença
Pra eu sempre pedir licença
Mas nunca deixar de entrar

O mundo também se abriu de uma maneira singular para Claudionor Viana Teles Veloso, a Dona Canô, que durante a juventude viveu sob os cuidados de Dona Sinhazinha Batista, rica e generosa senhora da cidade, casada com um senador. O que a adolescente Dona Canô aprendeu no casarão de Sinhazinha, onde chegou a cantar, participar de saraus de poesia e encenar peças de teatro, ela repassou integralmente aos oito filhos.

Cultos e bem-relacionados, fãs de Noel Rosa e Catulo da Paixão Cearense, Seu Zeca e Dona Canô faziam parte da chamada nobreza popular do Recôncavo da Bahia, sofisticação que não resultou em transgressões, principalmente no campo dos costumes, como lembrou Caetano em *Verdade tropical*:

> A vida alegre e sensual do recôncavo estava ali representada (...). O que não devia estar em desarmonia com os costumes sombrios e solenes que nos davam a um tempo segurança e medo. Tomávamos a bênção aos nossos pais todas as manhãs ao acordar e à noite antes de ir para a cama (...). Tratávamos nossos pais por "o senhor" e "a senhora", nunca podendo usar o "você" íntimo no Brasil.

Dona Canô achava, por exemplo, que mulher deveria se comportar como mulher. O mesmo valia para os homens. E que casamento, de preferência, tinha que ser para toda a vida: "No meu tempo, homem era homem, mulher era mulher. Hoje está tudo mudado. Veja aí, o meu filho [Rodrigo] usa brinco. As pessoas se separam, não há aquela união de antigamente, aquele respeito."[17]

Primeiro dos filhos a usar brinco, Rodrigo enxergava a vida para além de Santo Amaro. Em 1959, um vendedor bateu à porta do casarão dos Veloso, na rua do Amparo, trazendo, além dos produtos de sempre, uma novidade: exemplares da recém-lançada revista *Senhor*, editada por Nahum Sirotsky e Paulo Francis.

Bastava consultar o expediente e folheá-la para ver que não era uma revista qualquer. Contos inéditos de Guimarães Rosa e Clarice Lispector, desenhos de Jaguar e Carlos Scliar e crônicas de Ivan Lessa e Millôr Fernandes. No fim da década, nada mais moderno e de vanguarda.

Rodrigo sabia disso e tratou de providenciar uma assinatura mensal da revista para o irmão Caetano, então com 17 anos. "Ele sabia que eu ia gostar. Fiquei extasiado com as capas e os títulos das matérias: contos de grandes autores conhecidos e desconhecidos, cartuns geniais, comentários inteligentes e cheios de humor sobre assuntos diversos."[18]

Os textos de Clarice Lispector o fisgaram imediatamente — ele deve à autora de "A imitação da rosa" (o primeiro dos contos que leu na *Senhor*) muito do amor pelos livros, tão importantes na formação do futuro músico e pensador. Caetano agradeceu à própria Clarice essa influência em telefonema assim que se mudou para o Rio de Janeiro:

> Em 1966, quando cheguei ao Rio para morar e tentar trabalhar, o José Wilker me deu o telefone dela. Uma noite, na presença do Torquato Neto e de Ana [Maria Duarte], então sua mulher, decidi ligar. Clarice atendeu imediatamente, como se estivesse esperando a chamada. (...) Voltei a ligar para ela muitas vezes. Eram conversas muito diretas.[19]

Numa crônica publicada no *Jornal do Brasil*, no dia 14 de setembro de 1968, sobre os rituais de conversa com amigos e desconhecidos, Clarice recordou os colóquios com Caetano de maneira apimentada, sem citar o nome dele:

> Um dia acordei às 4 da madrugada. Minutos depois tocou o telefone. Era um compositor de música popular que faz

as letras também. Conversamos até às 6 horas da manhã. Ele sabia tudo a meu respeito. Baiano é assim? E ouviu dizer coisas erradas também. Nem sequer corrigi. Ele estava numa festa e disse que a namorada dele — com quem meses depois se casou —, sabendo a quem ele telefonava, só faltava puxar os cabelos de tanto ciúme. Na reunião tinha uma Ana e ele disse que ela era ferina comigo. Convidou-me para uma festa porque todos queriam nos conhecer. Não fui.

Caetano não gostou do que leu, mas só deixaria para fazer um comentário sobre o malcriado texto de Clarice mais de quarenta anos depois, ao escrever as impressões sobre a biografia da escritora, assinada por Benjamin Moser:

Há um texto curto de Clarice, escrito para jornal, em que ela relata os primeiros telefonemas que lhe fiz. Honra-me que ela tenha demonstrado surpresa pelo tanto que eu conhecia (e entendia) de seus livros ("Baianos são assim?", ela se pergunta). Mas assombra-me que ela tenha tido uma reação de *starlet* mídia-*freak*: atribui a Dedé, minha namorada na época, um ataque de ciúme que não se deu absolutamente. Ela era bem mulher. Misóginos e amantes das mulheres me entenderão igualmente aqui.[20]

Nas poucas vezes que se encontraram pessoalmente, as coisas também não fluíram bem:

Eu estava no meio de uma quase-multidão que lotava a sala de espera do Palácio quando senti um tapinha no ombro e ouvi a voz inconfundível: "Rapaz, eu sou a Clarice Lispector." Fiquei muito tímido e nunca mais nos falamos. Tornei a vê-la num show de Bethânia, de quem se aproximou no fim da vida. Mas não pareceu que tivéssemos tido nenhum contato antes. O nosso encontro pessoal teve afinal um gosto de desencontro.[21]

Com outro ídolo, de quem também conheceu a obra na adolescência, Caetano teria mais tarde uma convivência bem maior e profícua, embora igualmente difícil: João Gilberto. As primeiras audições do "bruxo de Juazeiro" provocaram uma reviravolta na cabeça do adolescente e seriam decisivas em sua trajetória, funcionando para o resto da vida como padrão e referência nas artes e na cultura.

Caetano tomou gosto pelas modernidades em geral ainda morando em Santo Amaro da Purificação. Não perdia os filmes que passavam nas salas locais, olho vivo nas produções do neorrealismo italiano e da *nouvelle vague*, movimentos que, na época, estavam na vanguarda do cinema europeu.

Entre os diretores italianos, mostrava preferência por Federico Fellini, que se colocava mais à frente dos conterrâneos do movimento. Estes propunham um cinema poético, porém realista, apresentando histórias do povo, quase como um documentário, nas antípodas do empostado cinema oficial da Itália de Benito Mussolini — a era fascista chegara ao fim — e também sem nada a ver com as produções de Hollywood.

Nem os contos de Clarice, nem os filmes de Fellini, porém, impressionariam mais o jovem leitor e cinéfilo do que a experiência de ouvir pela primeira vez, aos 17 anos, o LP *Chega de saudade*, a obra-prima de João Gilberto, marco inaugural da bossa nova: "Aquilo me deu critérios totais. Fiquei alucinado, foi uma ligação imediata (...). João centrou uma coisa que era vaga, embrionária e dispersa. Foi uma virada."[22]

João Gilberto representou para Caetano referências muito maiores do que a descoberta de Elvis Presley significou para John Lennon. O santo-amarense cantava em público desde cedo, tirava no piano de casa as canções preferidas executadas pela Rádio Nacional e, depois de ouvir João, mudou o canto, o instrumento — iniciou-se no violão —, o modo de ver a música e a cultura do país e até o entendimento sobre a posição do Brasil no mundo.

A audição de *Chega de saudade* não criou em Caetano a vontade de compor canções, o que só começaria a fazer em Salvador pressionado pelo amigo Álvaro Guimarães. Depois de João, e ainda em Santo Amaro, se sentiu um pouco mais inclinado a seguir a carreira de músico, mas continuou indeciso entre esse caminho, o cinema e o magistério.

Caetano reagiu à descoberta de João Gilberto de maneira diferente de muitos dos que se tornariam seus colegas. Estes, após serem apresentados ao som de João, resolveram imediatamente se dedicar à bossa nova, passaram a cantar, tocar e compor à maneira dele. Esses músicos, inclusive estrangeiros, aderiram à novidade do mesmo jeito que John Lennon depois de ouvir Elvis.

Lennon se iniciou na profissão integrando uma banda que tocava skiffle, estilo criado pelos jovens ingleses com influência do folk norte-americano. Ao conhecer o trabalho de Elvis, decidiu não fazer mais nada em música que não fosse rock'n'roll. Mas, alguns anos depois, os experimentos musicais e as posições políticas contestatórias saíram da cabeça do beatle sem nenhuma influência do conservador e reacionário rei do rock.

Já o adolescente santo-amarense não nutria o menor interesse pela onda juvenil que vinha dos Estados Unidos. Ficava entediado com tudo que se relacionasse de alguma forma à febre do rock'n'roll (apesar de sentir atração sexual por Elvis ao vê-lo requebrar no trailer do filme *Balada sangrenta*).

> Costumo dizer que, se dependesse de mim, Elvis Presley e Marilyn Monroe nunca se teriam tornado estrelas (...). Na segunda metade dos anos 1950, em Santo Amaro, eram muito poucos os meninos e meninas que se sentiam fascinados pela vida americana da era do rock'n'roll e tentavam imitar suas aparências (...). O que mais me afastava dessa tendência de americanização era o fato de ela não ter chegado a mim com nenhum traço de rebeldia.[23]

Verdadeiramente revolucionárias para Caetano eram a visão crítica de João sobre a música popular brasileira e as suas invenções — a batida original e as harmonias da bossa nova, mais a combinação perfeita de voz e violão —, soluções exemplares de como o Brasil pode dar um recado especial para o mundo.

> Sei que deixei claro que João Gilberto se colocava acima de tudo e, portanto, a canção popular impunha o critério. (...) A bossa

nova nos arrebatou. O que eu acompanhei como uma sucessão de delícias para minha inteligência foi o desenvolvimento de um processo radical de mudança de estágio cultural que nos levou a rever o nosso gosto, o nosso acervo e — o que é mais importante — as nossas possibilidades.[24]

Recomenda-se, portanto, não falar mal do juazeirense na presença de Caetano, que se define: "Não sou fã, sou adepto de João Gilberto."[25] Em 1965, o santo-amarense assinou artigo numa revista universitária da Bahia defendendo João dos ataques "xenófobos dos nacionalistas grosseiros" — um recado direto ao crítico musical José Ramos Tinhorão, autoproclamado inimigo número um dos bossa-novistas.

Em 1972, pelos mesmos motivos, chamou o jornalista e escritor Carlos Heitor Cony de "imbecil". Cony insistia em dizer que não existiam tantos motivos para se idolatrar a bossa nova e o seu criador, para ele exageradamente incensados pela imprensa e fãs de sempre. Caetano, que era um desses fãs, reagiu:

> Os caras receberam ordem de pichar o João Gilberto, aí picharam. Principalmente esse cara, Carlos Heitor Cony (...). Rapaz! É um sujeito ignorante, de uma ignorância incrível, dizendo que o João Gilberto pensava que era a Greta Garbo, coisas assim, né, o maior desrespeito, um cara imbecil, não entende absolutamente de nada, senta a bunda na redação do jornal para escrever besteiras sobre um cara que é um gênio, tá entendendo? Então eu fico com muita raiva quando se fala mal do João Gilberto, eu detesto, tenho vontade mesmo de responder, em geral eu quero responder.[26]

A reverência mística a João encorajou Caetano, em agosto de 1971, ainda exilado em Londres, a aceitar o convite, transmitido por telefone pelo próprio inventor da bossa nova, para participar no Brasil da gravação de um especial da TV Tupi, que também teria Gal Costa. Inicialmente, ao receber o chamado, hesitou diante da possibilidade de passar mais uma vez pela experiência traumática de oito meses antes.

Em janeiro daquele ano, depois que os militares permitiram sua vinda para o aniversário de quarenta anos de casamento de Seu Zeca e Dona Canô, Caetano rumou para o Brasil. Mas agentes federais o detiveram enquanto descia a escada do avião no Rio de Janeiro. Levado à sala de um apartamento na avenida Presidente Vargas, no centro da cidade, respondeu a um interrogatório de seis horas. Só saiu de lá após prometer que escreveria uma canção exaltando a rodovia Transamazônica, a faraônica obra construída no norte do país.

Caetano não cumpriu a promessa, mas os militares conseguiram o que queriam: desgastá-lo emocionalmente. "Fiquei certo de que talvez nunca mais voltasse ao Brasil."[27] Contudo, retornou em agosto, mas por exclusiva devoção a João Gilberto, que o tranquilizou: "Ninguém vai incomodá-lo desta vez."

Não há notícia de que João tivesse bons contatos nos quartéis — o que seria pouco provável. Ou então essa certeza dada ao conterrâneo era apenas mais uma de suas intuições geniais.

O fato é que a chegada de Caetano e a gravação do especial da TV Tupi transcorreram sem que agentes da ditadura o incomodassem nenhuma vez.

A intenção dos envolvidos no projeto era transformar o programa num LP, mas João vetou a ideia por considerar os áudios ruins. E assim se perdeu a chance de um registro de boa qualidade dos três baianos cantando juntos "Você já foi à Bahia?", de Dorival Caymmi, e outros clássicos da música brasileira.

Logo depois da exibição do especial, a Tupi apagou o videoteipe ao utilizar a mesma fita do programa em outra gravação, prática comum na época. "Tudo o que restou foram umas fotos do João, Gal e eu sentados no chão. Arrancaram essas páginas do livro no Brasil",[28] lamentou Caetano. Na internet existem cópias apenas sonoras das gravações rejeitadas pelo músico.

O "joão-gilbertianismo" de Caetano lhe rendeu saias justas e dores de cabeça — por respeito e veneração, teve que suportar sequelas de idiossincrasias do mestre respingadas nele. Em 1992, no Parque Ibirapuera, em São Paulo, participou com Rita Lee e Paulinho da Viola do show de João com a maior presença de público em sua carreira.

Diante de 100 mil pessoas, o juazeirense ignorou o pedido do público — e de Caetano — para que improvisasse "Ronda", de Paulo Vanzolini, uma das referências do cancioneiro da cidade. Por causa da gritaria e dos problemas no som, João cantou apenas 10 das 22 canções programadas — e prometeu não se apresentar mais em parque numa tarde de domingo.

Muitas vezes ele tinha razão. Em 1999, na inauguração da casa de shows Credicard Hall, em São Paulo, se sentiu como um cantor de churrascaria ignorado pela plateia de convidados, que preferia conversar em altos brados. Ameaçou se retirar mais de uma vez, e cada vez que o fazia era vaiado. Caetano, companheiro de palco, tentou acalmar os ânimos: "Aqueles que vaiam João não estão no meu coração."

Os apupos prosseguiram. E João trocou a ameaça pelo deboche — esperou o momento certo de Caetano cantar um verso de "Sampa" ("Da força da grana que ergue e destrói coisas belas") e completou: "Esse som, por exemplo."

Uma senhora, visivelmente de porre, sentada ao lado do economista Pérsio Arida, indignada quando viu João mostrando a língua para a plateia, se dirigiu para perto do palco: "Que cara chato, vai embora!", gritou. Ele deu de ombros. "Vaia de bêbado não vale." A essa altura, Caetano já tinha desistido de ser o mediador da noite.

Apenas uma vez, a situação se inverteu, com João mediando um conflito. Num jantar com amigos no apartamento dele, no Leblon, de repente o ambiente esquentou com o bate-boca entre Caetano e Mario Sergio Conti, então diretor da revista *Veja*. O músico e o jornalista não se davam bem, viviam às turras, e naquele dia o anfitrião tomou uma atitude para evitar que chegassem às vias de fato: pegou o violão e começou a tocar e cantar — para bom entendedor, isso significou uma ordem de silêncio imediato.

A amizade entre mestre e discípulo foi colocada à prova depois que Caetano aceitou o convite da gravadora Universal para produzir um disco de João. Uma coisa era suportar as suas manias por algumas noites — outra era passar um mês inteiro enfurnado num estúdio com o artista mais cri-cri e perfeccionista da história da música brasileira.

Caetano se preparou emocionalmente para o pior — o que de fato aconteceu. O ídolo faltou a quase todas as gravações agendadas do disco *João voz e violão*. Nos dias em que apareceu sem avisar, comportou-se como se estivesse em casa à vontade, ignorando as sugestões dos profissionais do estúdio — inclusive as do produtor e amigo.

Max Pierre, diretor da Universal, mais de uma vez quis esganar o contratado insubmisso ("ele simplesmente não ia às gravações").[29] Paula Lavigne também. A empresária e mulher de Caetano um dia não aguentou e se dirigiu ao prédio de João para cobrar satisfação — o cantor não arriscou abrir a porta.

Decidido a levar a missão numa boa, Caetano no fim aceitou, com prazer, a função que João lhe reservou: a de cicerone nas suas raras idas às gravações. "Na verdade, não produzi nada, eu apenas ia com ele para o estúdio. E o certo é que ninguém produziu o João: na hora em que ele chega, canta o que quer; depois muda; não canta as coisas que a gente pede, embora diga que sim, que vai cantar depois."[30]

Quando a barra pesou para João — nos últimos anos de vida, ainda mais recluso, deixou de pagar o aluguel e o condomínio do imóvel do Leblon, enfrentando uma ação de despejo —, Caetano o socorreu com generosidade. Enquanto se tentava resolver as pendengas judiciais, cedeu um apartamento a ele, na Gávea — e outro, em Ipanema, para Maria do Céu, ex-namorada do mestre.

***

Bethânia sobre Caetano:

> Ainda era uma menina quando ele me chamou e disse que Deus não existia. "Eu sou Deus, eu invento tudo." E aquele

dia bateu pé e recusou-se a ir à missa. Sempre conseguiu tudo que queria, verdadeiro tirano. No fundo queria mostrar que estavam me ensinando tudo errado.[31]

Caetano sobre Bethânia:

Ela foi a única adolescente rebelde da família (...). Aprendi com ela a vivência da rebeldia.[32]

[Bethânia] foi influência determinante na formação do meu perfil profissional e mesmo do meu estilo de compor canções, cantá-las e pensar as questões relacionadas com isso.[33]

Não se sabe quem influenciou quem primeiro, qual dos dois teve papel mais determinante para a carreira do outro, nem quem foi rebelde primeiro. Só há uma certeza. Caetano Veloso não seria Caetano Veloso sem a existência de Maria Bethânia, e Maria Bethânia não seria Maria Bethânia sem a existência de Caetano Veloso. E talvez ambos não tivessem força para, cada um sozinho, romper o cordão umbilical com Santo Amaro.

O tirano irmão, quatro anos mais velho, geralmente conseguia o que queria; por exemplo, livrar a irmã caçula da tragédia de se chamar Mary Gisleine — para isso, teve de convencer Seu Zeca, o mais correto homem de Santo Amaro, a trapacear no sorteio que definiria o nome dado para o novo (e último) filho do casal.

As prévias apontavam para a vitória do nome escolhido por Rodrigo, então apaixonado por uma famosa rumbeira de circo da época, de nome Mary Gisleine. Caetano preferia "Maria Betânia", título de uma valsa de Capiba interpretada magistralmente por Nelson Gonçalves:

Maria Bethânia
Tu és para mim,
A senhora de engenho
Em sonhos te vejo

> Maria Bethânia
> És tudo que tenho,
> Quanta tristeza, sinto no peito,
> Só em pensar,
> Que o meu sonho está desfeito.

A cantora soube anos depois o que aconteceu naquela tarde — uma mancha para a democracia de Santo Amaro. "Entre a valsa e a rumbeira, meu pai agarrou o boné e fez o sorteio, cada um pôs um nome. Saiu Mary Gisleine. Mas Caetano fez birra."[34]

Seu Zeca, que já não simpatizava muito com o nome escolhido por Rodrigo, anulou o sorteio, alegando problemas na apuração, e anunciou por decreto que a bebê levaria o nome da valsa cantada por Nelson Gonçalves.

"Desde que eu me entendo por gente, Caetano é estranho",[35] disse Bethânia, sendo ela também não muito normal, nem de perto, nem de longe:

> Me enchia de pancake na cara, tipo máscara de índio americano, me enrolava numas roupas de cânhamo misturadas com fios de couro cobre que eu mesma fazia. E essas loucuras todas eu tripliquei, de rejeição e raiva, quando meus pais me mandaram estudar em Salvador. Passei a me vestir de Fedra, copiando o filme da [falecida atriz grega] Melina Mercouri.[36]

Caetano se tornou cúmplice das estranhezas da irmã — e de suas desobediências. Quando Bethânia se recusou a cursar o clássico (atual ensino médio) em Salvador, caminho natural dos outros irmãos, ele interferiu a seu favor, como fizera nos conflitos anteriores. "Sua instabilidade emocional de pré-adolescente pedia minha solidariedade e alimentava minha mitologia rebelde: comecei a achar que um dos meus papéis era o de explicar Bethânia aos meus pais, embora essa pretensão tivesse algo de absurdo."[37]

Um dos passatempos preferidos da dupla era brincar de faquir, que exigia horas em silêncio, olhando para o céu, sem mover um músculo. O entrosamento entre eles, nascido e cultivado nos tempos de criança, se estendeu para a vida adulta, a ponto de os dois, já morando em Salvador (Bethânia teimou, mas foi), não serem vistos exatamente como irmãos.

"Roberto, você precisa ver o casal que está cantando ali na galeria. São de Santo Amaro", disse o cantor Edy Star, referindo-se a Caetano e Bethânia ao falar dos dois irmãos para o produtor Roberto Sant'Ana. Ele ficara surpreso ao vê-los cantando juntos numa galeria no centro de Salvador. Bethânia divertiu-se com a história e não a desmentiu — apenas mudou o status de relacionamento com Caetano, como o irmão narrou em *Verdade tropical*:

> Uma vez, num bar próximo ao Teatro Castro Alves, ao ser apresentado por mim a ela, o crítico de cinema e futuro cineasta Orlando Senna perguntou coisa rara, pois ninguém naquela época nos achava parecidos — se ela era minha irmã; antes que eu respondesse, ela disse seríssima: "Não. Somos amantes." E manteve a farsa dessa seriedade por longos minutos.

Bethânia logo seguiria um caminho próprio e original, sem aderir ao culto da bossa nova, seguido intensamente pela maioria dos cantores de sua geração. Já Caetano faria da escola joão-gilbertiana a sua profissão de fé. "Em meio a tantos bossa-novistas, [Bethânia] sentia falta da dramaticidade dos sambas antigos, e, enquanto nós a levávamos a ouvir Ella [Fitzgerald] e Miles [Davis], ela se interessava mais por Judy Garland e Edith Piaf",[38] lembrou Caetano.

As escolhas musicais não afastaram os dois "amantes". Caetano permaneceria para sempre "meio tutor e meio cúmplice"[39] da irmã, como desejavam Dona Canô e Seu Zeca. Os pais só autorizaram a viagem de Bethânia ao Rio — para substituir Nara Leão no musical *Opinião* — com a condição de o irmão a proteger de tudo e de todos.

E nada rolou fácil na ida ao Rio. Bethânia sentiu mais intensamente o preconceito contra nordestinos. Na véspera da estreia no *Opinião*, os produtores exigiram que ela se ajustasse rapidamente aos padrões estéticos locais. "Eu fiquei nervosa com isso. O meu cabelo era muito crespo e o pessoal do *Opinião* achou que estava feio e tinha que passar uma pasta para alisar o meu cabelo."[40]

Em 1966, a cinemateca do Museu de Arte Moderna programou um curta-metragem sobre a cantora — *Bethânia bem de perto*, dirigido por Eduardo Escorel e Júlio Bressane — para ser exibido antes do filme *O desafio*, de Paulo César Saraceni. No dia da apresentação, assim que a intérprete de Carcará surgiu na tela, iniciou-se uma vaia contínua.

Sentado na primeira fileira, ao lado da irmã, Caetano reagiu, aos gritos: "Vocês são uns imbecis! Bethânia é um gênio, estão sabendo?"

Muito superior aos imbecis, ela adaptou-se mais rapidamente. O leonino Caetano seguiu indignado: "Quando Bethânia se lançou profissionalmente, eu me irritava com os comentários na imprensa sobre sua 'feiura'. Não por ela ser minha irmã e eu desejar-lhe elogios, mas sobretudo por não suportar a cegueira das pessoas diante do lance estético que é o aparecimento da figura física de Maria Bethânia. Eu era impaciente."[41]

É de Bethânia o bonito depoimento sobre os estranhos e unidos irmãos de Santo Amaro da Purificação — e que talvez sejam a mesma pessoa dividida em duas criaturas:

> A mulher é diferente do homem, mais sensível e tal. Caetano, sendo um homem tão especial, tem toda essa coisa que eu tenho, todo esse lado amoroso, delicado, feminino, que faz dele quem ele é. Do mesmo modo que eu tenho uma energia masculina muito forte comigo. Canto uma canção de amor derramada, mas a minha postura e a minha emissão de amor têm uma energia forte que modifica a canção. É essa a nossa assinatura, a nossa individualidade.[42]

2. O POLÊMICO

Eu sinto aquela grande confusão

"Deus não dá asas a cobras, mas a essa [Caetano], a essa ele deu."
(Waly Salomão)[1]

"Não tenho o menor problema de polemizar. Isso alimenta a imprensa e ela vive de polêmicas, são revitalizantes, fazem bem às pessoas e não tiram o emprego de ninguém. Aliás, acho que até garantem, porque aumenta a vendagem."[2] A declaração, pescada assim sem data nem contextos, soa estranha na boca de Caetano. É uma ironia, uma provocação ou outra coisa? Pode ser uma cutucada nos jornalistas por conta de tantas críticas dirigidas a ele e sua obra?

Ou seria uma estratégia comercial? Polêmicas, declarações desconcertantes, posturas e canções chocantes para uns, estranhas para outros (mas tudo "divino e maravilhoso" para os fãs fiéis), seriam uma jogada de exposição insistente, com o artista ocupando a imprensa repetidas vezes. Contudo, a onipresença não fez dele um campeão de venda de discos, pelo menos não no final da década de 1970. Se houve um esquema de "marketing", não deu muito certo.

São desse período, o mais beligerante de sua carreira, os grandes fracassos de crítica e público. O LP *Muito*, de 1978, a despeito da força do repertório, com "Terra" e "Sampa", vendeu apenas 30 mil discos (*Álibi*, da irmã Bethânia, lançado no mesmo ano, ultrapassou 1 milhão de cópias). Fiasco só superado antes pelo experimental *Araçá azul* (1973), incompreendido até mesmo por devotos do compositor. O LP bateu o recorde de devoluções da gravadora Phonogram.

A inusitada exaltação de Caetano à polêmica que abre este capítulo está na entrevista publicada pelo *Jornal da Tarde* em novembro de 1979. Nessa época, o bate-boca entre o baiano e críticos de música, que teve seu auge nos dois anos anteriores, já havia perdido intensidade, embora restassem mágoas mútuas. As brigas foram deflagradas no primeiro semestre de

1977, no lançamento do disco *Bicho* e do show *Maria fumaça bicho baile show* — xingamentos e ofensas de um lado, replicadas pelo outro com destempero exagerado.

Caetano mudou de atitude poucos meses depois. Confessou que estava fugindo das polêmicas porque desviavam a atenção, tirando o foco do significado principal que pretendia transmitir com o novo trabalho — declarou em outubro de 1977 ao *Folhetim*, suplemento dominical da *Folha de S.Paulo*, então editado pelo amigo Tarso de Castro.

O desentendimento não era só com jornalistas, mas também com parte do público, como admitiu ao repórter Jary Cardoso, na entrevista ao *Folhetim*: "O pessoal estava, durante as últimas semanas, muito a fim de um 'flashback', de um 'túnel do tempo' e de um 'videoteipe', né? Mas eu não estou a fim de um videoteipe."

Ele se referia ao tempo de "É proibido proibir", canção apresentada na forma de *happening*, em 1968, no III Festival Internacional da Canção (FIC), que recebeu uma vaia monumental — grande parte da plateia virou as costas para o palco e alguns atiraram ovos e tomates na direção dos artistas.

Caetano, tomado por ira leonina, gritou ao microfone o célebre discurso contra os estudantes esquerdistas que não aceitavam o que consideraram desbunde e alienação por parte do baiano: "Mas é isso que é a juventude que diz que quer tomar o poder?" Para esses jovens, só mereciam aplausos as passeatas e as ações de guerrilheiros, atitudes de combate frontal à ditadura militar.

Quase dez anos depois, Caetano rejeitaria um "vale a pena ver de novo". Em 1977, contou ao *Folhetim* que Belo Horizonte, onde, em meados do ano, apresentara o *Bicho baile show*, "ainda estava naquele clima [de conflito exacerbado]: eu desço pra dançar no meio de umas trinta pessoas, levantam dez, que vêm me xingar, discutir, dizer que eu sou alienado e perguntar qual a razão, qual a validade. E eu dizia 'ora estou dançando'. Então virava todo dia uma discussão".

O clima se mostrava quente de novo, a oposição inflamada por causa dos retrocessos do governo Ernesto Geisel. Em plena distensão política, embora "lenta, gradual e segura", iniciada em 1974, torturadores a serviço

O POLÊMICO

da repressão mataram o jornalista Vladimir Herzog, em 1975, e o operário Manuel Fiel Filho, em 1976. Os assassinatos culminaram com a demissão, em 1977, do ministro do Exército, general Sylvio Frota, da linha dura.

A medida positiva de Geisel acabou compensada pelo Pacote de Abril, no mesmo ano. Com o Ato Institucional nº 5 (AI-5) debaixo do braço, o general fechou o Congresso por duas semanas, tempo suficiente para instituir um conjunto de medidas arbitrárias: uma emenda constitucional e seis decretos, alterando leis e a forma das eleições para favorecer a base governista. Os oposicionistas se colocaram em pé de guerra justamente quando a onda odara provocou uma batalha à parte, logo incorporada ao conflito principal.

Caetano, por sua vez, entrou a guerrear a imprensa, acusando-a de desrespeito e ofensa. Os ataques recebidos estavam mais dirigidos à dança, conclamada em hora imprópria — diziam. O baiano não se sentia na obrigação de agir frontalmente contra a ditadura. E seu ego de artista, estimulado por colegas — Gal Costa era uma — que também se sentiam vítimas, não admitiu as humilhações. Revidou com toda a energia e até extrapolou os limites da ética, ao dedurar os autores das infâmias, chamando-os de comunistas que cumpriam ordens do Partido Comunista Brasileiro (PCB). Alguns amigos se solidarizaram, dando razão a Caetano.

"O mal da MPB é que Caetano Veloso é muito bonzinho", disse certa vez João Gilberto. O discípulo até concorda com o mestre. Ele assume o gosto pelo confronto, mas acha que, no geral, foi condescendente demais. "Tenho fama de ser muito brigão, de brigar com a imprensa, com os críticos. Mas se eu fosse colecionar as coisas a que não correspondi, as pessoas iam ficar espantadas."[3] É de espantar também que, fustigado por jornalistas, Caetano tenha se indisposto até com quem, em tese, jamais deveria brigar, pela admiração e pelo respeito recíprocos. Com Chico Buarque, por exemplo.

Nos anos 1960, Paulinho Machado de Carvalho, diretor artístico da TV Record, esfregaria as mãos se por acaso Chico e Caetano, duas das principais estrelas dos programas de auditório e dos festivais, se agredissem mutuamente, afinados com o clima de hostilidade cultivado pelos respectivos fãs. As rivalidades eram muito bem-vindas, principalmente se envolvessem artistas contratados de uma mesma emissora.

Caetano e Chico tinham ambições estéticas distintas, mas não existia um abismo entre eles. Nem teria como ser assim — ambos foram estimulados para a música por amor à bossa nova de João Gilberto e Tom Jobim. E, em determinado período, antes que fossem acirradas paixões e deflagrados movimentos, os dois pertenceram à mesma turma de amigos.

Um trio inseparável se formou quando o compositor baiano, contratado pela Record, viajava semanalmente a São Paulo para participar dos programas de auditório da emissora. No final da noite, Chico, Toquinho e Caetano com frequência eram vistos juntos no Patachou, restaurante francês da rua Augusta. O primeiro, nascido no Rio, mas criado em São Paulo, fez Caetano mudar a sua percepção da cidade, que lhe causara profundo estranhamento ao conhecê-la anteriormente, quando Maria Bethânia se apresentou no Teatro Oficina com o show *Opinião*. "As noitadas com Chico e Toquinho eram deliciosas, e com isso São Paulo deixou de ser o lugar detestável da minha primeira experiência."[4]

"Ele tinha mania de subir em árvore",[5] comentou Chico, sobre a facilidade do santo-amarense em romper os galhos de ipês e pitangueiras. Trepado numa delas, Caetano se esforçava para espiar o que o anfitrião, sem a mesma habilidade, não podia ver: os belos contornos de Eleonora Mendes Caldeira. "Ganhei dele [Chico] uma serenata histórica [e a canção 'Morena dos olhos d'água']: ele cantava, Toquinho tocava violão e o Caetano, dependurado em cima de uma árvore, tentava ver dentro do meu quarto, de onde minha mãe não me deixava sair",[6] confidenciou a socialite.

Em São Paulo, Caetano se deparou com um Chico muito diferente da imagem projetada publicamente, o tímido crônico, com fobia de palco e das câmeras, que ao estrelar um efêmero programa na TV Record, ao lado da igualmente encabulada Nara Leão, foi chamado pelo diretor Manoel Carlos de "desanimador de auditório". Na intimidade, ninguém mais divertido — e desvairado. "Ele não batia bem. Passava o dia desenhando mapas de um país imaginário, que chamava de 'Terezá', algo assim, onde só era possível se comunicar por cantos", lembra Toquinho.[7]

Caetano ficou com fama de doido por culpa do verdadeiro maluco. Chico espalhou que o cantor baiano enlouquecera a ponto de ser internado num sanatório. Toquinho acreditou na história, mesmo conhecendo a fama do amigo. "Ele me disse, fazendo cara de choro, que ao ver o irmão internado, todo amarrado, Bethânia começou a gritar 'Sai, carcará! Sai, carcará!'. Chico contava essas histórias com tamanha convicção e seriedade que a gente, mesmo sabendo do que ele era capaz, acabava caindo."[8]

A história se espalhou rapidamente por São Paulo. Caetano logo percebeu que havia algo de estranho; os amigos o observavam de forma diferente, num misto de pena e curiosidade. "Encontrei diversas pessoas que se surpreendiam ao me ver, me olhavam demoradamente, prestavam demasiada atenção no que eu dizia. Muitos perguntavam: 'Você está bem?'"[9]

Os ventos mudaram. As conversas no Patachou se tornaram mais sérias, na esteira das transformações da época, mais precisamente no desabrochar tropicalista.

Quando se criou, de fato, um começo de animosidade entre tropicalistas e os chamados "tradicionalistas", como se autodenominavam os músicos ligados a Edu Lobo, Francis Hime e Dorival Caymmi, Chico não ficou do lado dos baianos — mesmo achando risível e tola aquela história de "preservar a integridade da música brasileira". Ele tinha sido um dos poucos de sua turma a não endossar a passeata contra a guitarra elétrica, em 1967.

Chico fazia sambas; não cantava acompanhado de guitarra, baixo e bateria, mas isso jamais o transformou num purista. "Eu nunca quis ser tradicional e nunca pretendi ser (...). Criaram uma imagem minha que foi muito ruim pra mim, me chateou pessoalmente. Não sei quem foi que resolveu fazer isso. Não sei de que forma eles [tropicalistas] contribuíram para isso. A partir daí eu perdi um pouco o contato."[10]

Os tradicionalistas não conseguiram banir o uso da guitarra, o instrumento que simbolizava "a nociva ingerência" do rock'n'roll na cultura de massa. Mas convenceram a direção da TV Record a barrar os tropicalistas na *Bienal do Samba*, o primeiro festival só com composições do gênero, criado pela emissora paulista, em 1968.

Chico defendeu um samba de sua autoria, "Bom tempo", acompanhado de Toquinho ao violão. Nas eliminatórias, parte da plateia o vaiou. Alguns jornais noticiaram que a vaia tinha sido puxada por Gilberto Gil.

Entrevistado após a apresentação, Chico não citou Gil, mas deu a entender que ficara surpreso, não com a vaia, quase uma instituição dos festivais, mas com o autor dela, uma pessoa de quem era próximo. "Um sujeito trata a gente bem e depois você o descobre chefiando uma vaia na plateia. Não adianta citar nomes. Todo mundo viu."[11]

A história da suposta vaia puxada por Gil contra Chico havia sido citada no livro *1968: o ano que não terminou*, lançado em 1989 pelo jornalista Zuenir Ventura. Na época, Chico e Gil não comentaram a citação, mas Caetano se manifestou. "Gil jamais faria algo assim, porque é um homem digno, muito maior que essa mesquinharia. Eu disse a Zuenir, e ele não pôs no livro o meu desmentido, como deveria pôr."[12] O jornalista retrucou: "Não reconheço em Caetano competência específica para julgar o que é jornalisticamente certo ou errado."[13]

Em entrevista ao jornal *O Globo*, em 1997, Gil negou ter vaiado Chico — ele tinha se levantado justamente para protestar *contra* o protesto. E gritado: "Chico, você é lindo!" "Sandra [sua mulher na época] estava ao meu lado e é testemunha", disse. Gil não tratou mais do assunto. Chico também. A amizade entre os dois, essa pra toda a vida, ficou acima de qualquer picuinha. As obras-primas que fizeram juntos falam por si. Mas em 1968, ano marcado por apaixonados embates políticos e comportamentais, qualquer tipo de rusga era suficiente para criar uma grande celeuma.

E quando o Tropicalismo apareceu, questionando tudo e todos, Chico sentiu o baque, mas não pelas mesmas razões de Edu Lobo, que se considerava traído pela guinada estética de Caetano e Gil. Chico, discreto, não se colocou abertamente contra movimento musical algum, mas, por sua projeção artística, acabou rotulado pela imprensa como defensor das tradições da música brasileira.

Chico revelou desconforto: "De repente apareceu todo esse movimento de tropicalismo que me assustou um pouco, porque veio um pouco em cima de mim, a imprensa toda me pegou pra bode expiatório."[14] Não só a imprensa. No programa de Hebe Camargo, perguntado sobre o que achava de Chico Buarque, o tropicalista Tom Zé, embora oito anos mais velho, debochou: "Gosto muito do Chico; afinal, ele é nosso avô."

O POLÊMICO

Era uma alusão ao fato de Chico representar, mesmo a contragosto, uma MPB ultrapassada. Se ele era o avô, símbolo do que já estava ficando para trás, os netos eram os tropicalistas, estes sim na vanguarda. Chico devolveu a provocação, escrevendo um longo texto na coluna "Roda viva", assinada por Nelson Motta no jornal *Última Hora*, que terminava assim: "Nem toda loucura é genial, como nem toda lucidez é velha."[15]

Nesse mesmo artigo, Chico relembrou o episódio da vaia recebida na *Bienal do Samba*. "Já era hora de enfrentar o dragão, como diz o Tom. Enfrentar as luzes, os cartazes, e a plateia, onde distingui um caro colega regendo um coro pela frente, de franca oposição. Fiquei um pouco desconcertado pela atitude do meu amigo, um homem sabidamente isento de preconceitos. Foi-se o tempo em que ele me censurava amargamente, numa roda revolucionária, pelo meu desinteresse por participar de uma passeata cívica contra a guitarra elétrica."[16]

Por eliminação, chega-se ao nome de Gil como o regente da vaia a Chico. Primeiro, trata-se de um amigo próximo. Não seria, por motivos óbvios, nenhum dos "tradicionalistas". Poderia ser Caetano, também um amigo. Mas ele, a história mostra, recusou-se a participar da passeata contra a guitarra elétrica, assim como os outros futuros tropicalistas. A exceção foi Gil, visto na primeira fileira do brado nacionalista, de braços dados com Jair Rodrigues e Elis Regina.

E quando Chico se refere ao "homem sabidamente isento de preconceitos" está sendo irônico com Gil. Meses antes de se tornar um dos líderes do movimento que se caracterizaria pela convergência de correntes artísticas de vanguarda com a cultura pop, ele tomara uma posição nada pluralista sobre os caminhos da MPB. "Gil era desse movimento de samba puro, sem guitarra, brigava muito com Roberto Carlos. Eu nunca levei a sério esse negócio",[17] disse Chico.

Entre a prisão e o exílio em Londres, Caetano decidiu gravar uma versão de "Carolina", de Chico, que para muitos soou como provocação contra o autor da música. Chico ficou incomodado com a interpretação e em dúvida se era ou não uma crítica a ele próprio.

47

Chico, por sua vez, não gostava de "Carolina". Se dependesse dele, a música nem sairia da gaveta. Interpretada por Cynara e Cybele no *II Festival Internacional da Canção da TV Globo*, de 1967, ela servira como moeda de troca para o compositor. Ao cedê-la para a dupla, ficou livre de pagar multa por rescindir um contrato com a emissora, após desistir de apresentar o programa *Shell em Show Maior* ao lado da atriz Norma Bengell.

E havia mais um motivo para Chico detestar a canção, a mais cantada por Agnaldo Rayol num LP dedicado às preferidas do então ditador, general Costa e Silva. Talvez por tudo isso, e também pelo ambiente hostil da época, Chico tenha enxergado fantasmas demais. "Será que ele [Caetano] gravou de boa-fé ou de má-fé? (...) Achei que ele cantou muito perto do microfone e o violão [de Gil] está mal tocado", disse, na época.[18]

Em suas memórias, Caetano admite que "a glória indiscutível de Chico nos anos 1960 era um empecilho à afirmação do nosso projeto". Para marcar uma posição "de independência em relação à hegemonia do estilo buarquiano", os tropicalistas achavam necessário criticar o culto unânime a Chico — daí as referências e paródias a canções dele nas músicas "Alegria, alegria", "Tropicália" e "Geleia geral".

E a decisão de gravar "Carolina", em 1969, após a ditadura reprimir o movimento, refletiu a depressão sentida na prisão militar, seguida do confinamento em Salvador. Ao tabloide alternativo *Opinião*, Caetano contou, em 1972, que naquele período na Bahia "via sempre na televisão a música ['Carolina'] em todos os programas de calouros". Ele se sensibilizou especialmente quando numa dessas competições a canção foi interpretada por crianças pobres de Salvador.

"Ela ['Carolina'] virou uma espécie de subtexto lírico nacional (...). Cantando daquela maneira, eu senti que estava modificando isso, descarregando um pouco da minha irritação", acrescentou Caetano. O tropicalista "flagrou, na personagem de Chico, um amargo retrato do país, uma antimusa do Brasil", escreveu o jornalista Carlos Calado no livro *Tropicália: a história de uma revolução musical*.

Na ocasião, com as feridas abertas, parte da imprensa tratou de aguçar os ânimos. A revista de fofocas *InTerValo* quis saber de Caetano quais eram

O POLÊMICO

as principais diferenças entre ele e Chico. O compositor, ao seu estilo, falou por horas, mas não se fez entender pela repórter. Ela resumiu a explanação em uma frase, que Caetano afirma não ter pronunciado — e que parece mesmo muito simplista, banal, não condizente com a retórica complexa do baiano: "Chico Buarque não passa de um belo rapaz de olhos verdes."

Mais duvidoso tinha sido o resultado da entrevista que teria sido dada por Chico ao jornal *Última Hora*, em junho de 1970, com Caetano e Gil ainda exilados em Londres. O jornalista pediu para Chico apontar pessoas de quem não gostava: "Juca Chaves e o pessoal da falecida tropicália." Em seguida, o repórter quis saber se Caetano e Gil tinham alguma chance de fazer sucesso na Europa: "Não, por causa do idioma. Além disso, nos cartazes de publicidade que eles mandaram imprimir consta que foram banidos do país. Isso é ridículo, querer vencer pela pena." Era também difícil imaginar alguém como Chico sendo tão revanchista e baixo, ainda mais com Caetano.

Apesar das desavenças, essa entrevista é inverossímil. Afinal, os três estavam no mesmo barco, sofrendo com a censura e a perseguição política — cada um, à sua maneira, incomodando os militares. Chico exilou-se primeiro. Já morando em Roma, recebeu uma carta de Caetano, entregue pelo jornalista Nelson Motta, alertando para que não voltasse ao Brasil tão cedo — recado recebido de um tenente durante sua prisão na Vila Militar, no Rio.

No exílio em Londres, se Gil ouvia Celly Campello para não cair na fossa, Caetano ouvia Chico sem parar: "Eu cantava 'Apesar de você', do Chico, como se fosse um grito de guerra. Chorava e cantava, sendo consolado por Dedé, como se fosse uma oração, com ódio e uma enorme vontade de me vingar daquela gente que conduzia a ditadura no Brasil e que me prendeu."[19]

Na volta de Caetano e Chico ao Brasil, a imprensa, sobretudo *O Pasquim*, já guerreando contra o baiano, tentou alimentar ainda mais a rixa, até que um amigo de Chico, Roni Berbert de Castro, resolveu acabar com aquela bobagem e organizar um encontro entre os dois artistas.

Filho de um poderoso produtor de cacau, com bom trânsito entre os empreendedores culturais de Salvador (era dono, na cidade, de uma loja de discos, a mesma em que Gal, ainda Gracinha, trabalhara durante a juventude), Roni achou que a melhor maneira de acabar com mágoas e mal-entendidos seria juntá-los no mesmo palco. Os fãs mais sectários, entregues às paixões da época, que se danassem: no tablado do Teatro Castro Alves, Chico e Caetano, ambos amantes de Tom Jobim e João Gilberto, virariam uma coisa só.

Gravado em novembro de 1972, o show se transformou num dos melhores discos ao vivo da história da música popular brasileira. Uma catarse em pleno AI-5. Chico nunca esteve tão solto. E Caetano, se soube depois, tinha sido um dos responsáveis por isso. "Aprendi com ele, no espetáculo que fizemos juntos aqui em Salvador, a soltar a voz, na marra", reconheceu Chico.[20]

Caetano e Chico não se estranharam mais — continuaram pensando diferente, sobretudo em política, mas a admiração de um pelo outro só cresceu a partir do encontro em Salvador. Chico escolheu "Festa imodesta", de Caetano, para abrir o disco *Sinal fechado*, de 1974. Também citou a palavra "odara", título de uma emblemática canção do baiano, na letra de "A rosa", gravada por Djavan, e homenageou Caetano e outros compositores brasileiros na música "Paratodos".

Caetano, por sua vez, citou o amigo em tom de reverência nas canções "Gente", "Língua" ("E que o Chico Buarque de Holanda nos resgate") e "Pra ninguém". Em 1986, a convite da TV Globo, os dois apresentaram um programa musical juntos, *Chico & Caetano*, gravado no Teatro Fênix, no Rio de Janeiro. Quem esperava que a timidez de Chico prejudicasse a audiência quebrou a cara.

Assim como em 1972 no show de Salvador, Caetano fez Chico soltar a franga. Os convidados ajudaram. A apresentação de Mercedes Sosa cantando "Volver a los diecisiete", de Violeta Parra, acompanhada pelo quarteto brasileiro formado por Caetano, Chico, Gal e Milton Nascimento, está entre os grandes momentos da música latino-americana.

Exibido em horário nobre na maior emissora do país, o programa alcançou bons índices de audiência. Nas ruas do Rio, o cantor baiano era chamado por crianças e adolescentes de *Chico Caetano*. Os dois estavam tão afinados um com o outro que o roqueiro baiano Marcelo Nova, ex-Camisa de Vênus, convidado a se apresentar no programa, reagiu como um típico machista homofóbico: "Me recuso a participar de *Namoro na TV.*"

O entrosamento da dupla não impediu que no imaginário popular Chico e Caetano continuassem antípodas, símbolos de uma rivalidade musical que nunca existiu entre eles. Ao noticiar o fracasso de público na estreia do show *Uns*, de Caetano, em junho de 1983, no Canecão, o *Jornal do Brasil* provocou: "Os fãs do Chico estão adorando." Em 2009, chamado por Caetano de "analfabeto", o então presidente Lula, mais elegante, retrucou com uma ironia: "Minha resposta a Caetano eu dei ontem à noite, quando ouvi o CD do Chico Buarque."

É verdade que os tropicalistas, liderados por Caetano, alimentaram esse antagonismo no final dos anos 1960. Mesmo resolvidas as diferenças, com as homenagens e referências mútuas em canções, uma década depois Caetano ainda não se sentia totalmente seguro sobre o que Chico pensava dele e de seu trabalho. "Gosto do Chico e quero que ele goste de mim. Existe um pouco de ansiedade amorosa entre a gente, diferente do meu relacionamento com o Milton, por exemplo, que eu amo e sei que ele me ama. Já o Chico, não sei."[21]

O curioso é que Chico, muito discreto, raramente comentou o trabalho de Caetano e, quando o fez, quase sempre o elogiou, exceto no episódio da interpretação crítica de sua canção "Carolina", que o deixou em dúvida sobre as intenções do colega, como demonstrou na época falando ao *Pasquim*. Mas Chico preferiu que esse mal-estar pontual ficasse no passado, porque posteriormente se posicionou contra a inclusão daquela entrevista numa edição do melhor do *Pasquim*, como Caetano revela em *Verdade tropical*.

A ansiedade do baiano em relação ao que Chico pensava dele, manifestada no final da década de 1970, só se justifica como um possível sentimento de culpa pelo fato de os tropicalistas terem considerado que a hegemonia do "buarquismo" no gosto popular fosse um obstáculo ao movimento. Porém, Caetano não tem papas na língua e dá pitacos quando sente vontade, às vezes de forma pouco lisonjeira. "Não gosto, por exemplo, do disco *Meus caros amigos* [álbum de Chico lançado em 1976], com aquela fotografia dele jogando sinuca e a cara do brasileiro médio desleixado."[22]

Ao retornar do exílio em 1972, Caetano manifestou incômodo com a maneira como parte da opinião pública tratava Chico, que, segundo ele, tendia a ser benevolente com o autor de "Construção" por conta do seu histórico de problemas com a censura. "Agora eu, que quase nunca sofri problemas com a censura, sou terrivelmente rejeitado pela sociedade, que briga com a censura a favor de Chico. Eu sou diferente de Chico? Porque nasci em Santo Amaro, ou não tenho olhos verdes, alguma razão há que sou totalmente diferente."[23]

Ao se referir aos olhos verdes de Chico, sugerindo uma complacência maior com um artista branco nascido na Zona Sul do Rio — ao contrário dele, "um velho baiano, um mano qualquer" —, Caetano jogava luz sobre um recorrente problema social brasileiro: a discriminação contra os nordestinos.

E esse preconceito, disseminado pela imprensa carioca, podia partir até mesmo de um jornal de vanguarda como *O Pasquim*, que anteriormente contara com Caetano como colunista, escrevendo de Londres. Na fase inicial do tabloide, o artista relutara em aceitar o convite de Tarso de Castro, então diretor de redação e que, para ele, era símbolo de uma doença contagiosa, a "ipanemia":

> Eu achava o *Pasquim* legal, mas muito ipanêmico, aquela coisa de ser bacaninha, da Zona Sul, da qual eu já tinha me desligado desde 1966, desde o embrião do Tropicalismo (...). Como o Tarso era meio bonitinho, galanteador, folclórico, eu achava, por conhecê-lo superficialmente, que ele era a mais perfeita definição do homem da Zona Sul carioca.[24]

Glauber Rocha fez Caetano mudar de ideia sobre Tarso, ao mesmo tempo que o alertou sobre quem, de fato, dentro do *Pasquim*, poderia desfechar algum tipo de hostilidade contra os artistas nordestinos. "O Glauber, com aquele temperamento intempestivo e apaixonado dele, fez o seguinte comentário: 'Não! Você não está entendendo nada! Paulo Francis não vale nada. E mais: o pior de todos é o Millôr! E o único que presta é o Tarso de Castro.'"[25]

O POLÊMICO

A redação do *Pasquim* nasceu rachada, dividida em duas patotas, lideradas por jornalistas que se odiavam: Tarso e Millôr Fernandes. Em 1971, com a saída de Tarso, a outra turma tomou o poder. Millôr, Paulo Francis, Ivan Lessa e Henfil, como alertara Glauber, saíram pegando no pé dos tropicalistas. Referiam-se a eles como "bahiunos", neologismo criado por Millôr, que juntava o estado natal dos artistas com o nome dado a invasores bárbaros, os hunos.

As migrações bárbaras, a partir do século V, na Europa, provocaram estragos no Império Romano. O mesmo teria ocorrido com o Rio de Janeiro após a invasão dos bahiunos, no entender do *Pasquim* pós-Tarso. A chegada dos irmãos Veloso ao Rio, em 1965, quando Bethânia estreou no mais importante musical da época, não havia sido bem-digerida em Ipanema, lembra Caetano: "Paulo Francis escreveu na *Folha*, nos anos 1980, que o Rio de Janeiro começou a acabar quando Maria Bethânia substituiu Nara (Leão) no *Opinião*. Depois de desancar a interpretação de 'Carcará' por Bethânia, ele concluía: 'E atrás dela veio essa gente.'"[26]

Preconceituosos, refratários a qualquer manifestação popular, ainda mais vinda do Nordeste, Millôr e companhia não aceitavam os tropicalistas, acusa Caetano — só houve um período de trégua por conta do exílio dos baianos. "Todo mundo fingindo que engolia a gente, sem engolir, porque a gente estava exilado, então eles têm um falso cristianismo, né, doentio, 'está exilado, a gente fica a favor', é uma coisa meio obrigada, mas com ódio. Detestando a gente."[27]

Quando Bethânia, após um sonho, teve a ideia de juntar os quatro baianos — ela, o irmão, Gil e Gal — para uma turnê pelo Brasil, Caetano resolveu fazer do encontro mais do que uma celebração entre amigos, batizando o grupo de Doces Bárbaros, uma resposta bem-humorada, mas ao mesmo tempo crítica, aos ataques do *Pasquim*. Em vez do ódio, o amor, como cantava o quarteto na abertura de "Os mais doces bárbaros": "Com amor no coração / Preparamos a invasão."

Gil dizia que o show simbolizava uma nova fase dos tropicalistas, assumidamente mais "descontraída" ("queremos fazer uma coisa mais ingênua, mais fresca, mais infantil").[28] Caetano provocava. "Mas que

53

horda é esta que vem do planeta terra bahia, todos os santos?", escreveu o compositor, no texto de apresentação do show.

Ivan Lessa tirou sarro da fase bicho-grilo dos baianos, logo eles tão contestadores. "Manifesto 1 de Caetano Veloso: 'Eu acho que é isso aí, entende? Sabe como é? Joia, né? Tão bonito. Uma coisa linda, né? Não sei, não.' Manifesto 2 de Caetano Veloso: 'Não sei, não. Uma coisa linda, né? Tão bonito. Joia, né? Sabe como é? Eu acho que é isso aí, entende?'"[29]

Até Vinicius de Moraes, escalado pelo *Pasquim* para sabatinar Paulinho da Viola, junto com outros entrevistadores, se irritou quando o sambista começou a falar sobre as discussões estéticas com Caetano nos tempos do Solar da Fossa, pensão em Botafogo (a preferida de jovens artistas na década de 1960):

> Eu quero contestar uma coisa. Eu acho que Caetano Veloso é muito menos importante do que a vida, do que qualquer mulher. Eu prefiro um papo com uma mulher do que com qualquer cara que cria (...). O que eu queria é que você não colocasse a coisa da criação em termos tão cerebrais, esse troço não existe.[30]

Não havia edição do *Pasquim* que não contasse com uma provocação aos artistas baianos, na maioria dirigida a Caetano. Em 1972, Henfil escreveu: "Gal Costa e Caetano Veloso foram barrados na porta da boate Number One por serem cabeludos e sujos. Que tal equiparar cabeludos e sujos à categoria de negros para que possam gozar dos benefícios da Lei Afonso Arinos?"

Um dos muitos textos racistas do *Pasquim*, coerentes com a linha editorial adotada pelos novos chefes do jornal, como sustentava Caetano, que identificava neles também uma xenofobia: "Parece que a gente saiu de um lugar que não era o Brasil, e foi se infiltrar na cultura brasileira. Eu acho que isso é uma bandeira, porque isso, ao mesmo tempo, é uma reação dos cariocas que pensam que o Rio é o Brasil (...). Como a Bahia é a província mais forte, porque tem mais preto e mais história, eles ficam assustados."[31]

O POLÊMICO

Em meio à polêmica com os "ipanêmicos", Caetano confessou preferir o público paulistano ao carioca, aproveitando para dizer que o Rio se achava, injustamente, o centro do Brasil — há tempos, segundo o baiano, a cidade perdera o protagonismo para São Paulo. Nem mesmo a TV Globo, com sede no Jardim Botânico, podia ser considerada uma invenção carioca:

> Li coisas no *Pasquim* que só eu mesmo deixaria passar. Ficaram todos contra a gente. Acontece que existe um Brasil carioca, oficial, e eu me sinto fora dele. Apesar de adorar o Rio de Janeiro (...) ele só tem essa pinta de centro porque está lá a TV Globo, transada por dois paulistas, Boni e Walter Clark.[32]

* * *

Em "Homem vinho", Rita Lee retribui a homenagem recebida em "Sampa" e enaltece a eterna juventude de Caetano, comparando-o a Dorian Gray. Numa paródia de "O que é que a baiana tem", a roqueira lista virtudes e atributos do compositor baiano, entre eles, "fan-club na mídia tem". A menção teria um significado menos imediato se Rita, com o costumeiro sarcasmo, a cantasse em tom de ironia — mas não fez assim —, pois na história da música popular brasileira não há outro artista que tenha colecionado tantas brigas com a imprensa.

É verdade que a canção de Rita Lee e Roberto de Carvalho tinha sido lançada em 1997, quando essas desavenças já não eram tão frequentes e Caetano conquistara muita exposição na mídia devido a seu sucesso popular.

Caetano, ao contrário de Gil, nem sempre aguenta calado alguma provocação. E, depois que os dois voltaram do exílio em Londres, *O Pasquim* iniciou a perseguição, exigindo deles mais "seriedade" nas atitudes e uma contestação explícita ao regime militar. Como esse tabloide alternativo e humorístico era um convincente influenciador de opiniões, não demorou muito para as críticas aos baianos entrarem na moda em setores da grande imprensa.

A atitude tropicalista, de chocar pelo comportamento e pelas criações estéticas, se manteve como marca de Caetano e Gil no retorno ao exílio. Essa postura, muitas vezes tida como alienada, gerou antipatia entre parte da imprensa e do público, especialmente a esquerda tradicional, que acusou a dupla de se ausentar do debate político num momento de endurecimento da ditadura.

Não existia a chance de esse tipo de acusação resvalar em Chico Buarque, que, segundo Caetano, era mais bem considerado por conta das canções censuradas pelo regime militar. Chico continuou sendo um crítico contundente dos desdobramentos da ditadura, mesmo após o início da distensão política no governo Geisel (1974-1979).

Caetano não era movido, como artista, pela gana de manifestar reclamações sociais, pelo menos não com o formato então vigente das obras de protesto. Não se identificava com a maneira como os colegas levantavam a bandeira do engajamento em seus trabalhos. "Eu não me sinto nem um pouco inclinado a fazer coisas assim como o show da Elis, ou como o disco *Meus caros amigos*, do Chico (...). Entendo tudo isso, essa necessidade de se falar em redemocratização, em liberdades, justiça social, distribuição da renda, eu acho certo, mas não é só isso."[33]

A cabeça de Caetano enquanto compositor tinha referências diferentes da chamada arte engajada. Desde criança em Santo Amaro gostava de ouvir no rádio os cantores brasileiros de sucesso e, depois de dominar as teclas do piano de casa, tirava as canções que mais gostava de cantar. Também convivia na cidade com os sambas de roda e os pontos de macumba e era, como ele diz, um adepto fervoroso e participante do carnaval local enquanto lá viveu.

Foi relevante na sua formação musical o período de um ano em que morou em Guadalupe, subúrbio do Rio de Janeiro, quando frequentou o auditório da Rádio Nacional, assistindo de perto às apresentações de seus maiores ídolos, e se deslumbrou com o carnaval carioca, que, como o do Recife, só conhecia pela televisão. De volta a Santo Amaro, teve um dos momentos mais marcantes da vida, que revolucionou sua sensibilidade e pensamento: aconteceu ao escutar pela primeira vez João Gilberto cantando

O POLÊMICO

"Chega de saudade". Com a mudança da família para Salvador, aos 17 anos, vivenciou um novo impacto musical: o carnaval dos trios elétricos, invenção de Dodô e Osmar lançada em 1949 e que ele desconhecia.

Em 1968, em pleno Tropicalismo, Caetano compôs "Atrás do trio elétrico", frevo que consta do repertório do álbum branco (o mesmo de "Carolina"), gravado em 1969, após a prisão no Rio e durante o confinamento em Salvador. Nos anos seguintes, a canção, a mais tocada no carnaval baiano, estimulou Caetano a compor outras para a folia, como "Deixa sangrar" (título tirado do rock "Let it bleed", dos Rolling Stones, que, por sua vez, parodia a canção "Let it be", dos Beatles), "Chuva, suor e cerveja", "La barca" e "Qual é, baiana?".

Em janeiro de 1972, ao voltar do exílio em Londres, Caetano reafirmou ao editor da revista alternativa *Bondinho*, Hamilton Almeida Filho, que o antigo carnaval do Rio e o moderno da Bahia eram sua principal fonte de inspiração:

> A forma do trio elétrico criou um estilo de tocar, um estilo de brincar na rua (...). Eu gostaria que o carnaval da Bahia se tornasse um exemplo de solução estética, de expressão do povo brasileiro, de saúde criativa. [Em Londres] vendo os espetáculos dos Rolling Stones, e vendo Mick Jagger em cena, eu vi muito claramente que o que ali se busca a gente vê aqui no carnaval. Mas eu não quero dizer que seja somente uma coisa dionisíaca de você pular, gritar, de homem se vestir de mulher. É também a forma, o relacionamento entre música, letra e interpretação. Eu fui reencontrar isso no blues tradicional, ouvindo Bessie Smith. (...) Todo esse pessoal inglês, tanto os Beatles como os Stones, e também a juventude americana, foi encontrar vitalidade, sem dúvida nenhuma, numa forma negra de expressão, ou seja, no blues.

Caetano prossegue:

> Hoje eu estava ouvindo um disco de Carmen Miranda, é genial, rapaz: 'Adão, meu querido Adão / todo mundo sabe que

perdeste o juízo / Por causa da serpente tentadora / o Nosso Mestre te expulsou do paraíso / Mas em compensação o teu pobre coração / que era pobre, pobre, muito pobre de amor / cresceu e eternizou, meu Adão / o teu pecado encantador.' Carmem, cantando com todo aquele ritmo de música que é feita para dançar e pular na rua, tem o ar mais debochado possível e não há nada de mais profundo e sério, e mais terrível, que a frase que ela está dizendo. Isso está no carnaval brasileiro, nos Rolling Stones e no blues.

Essa maneira de encarar a criação musical se coloca na contramão do que Caetano chamou, quase uma década depois, de "pessimismo revolucionário" — "Uma espécie de coisa assim: 'nada que existe hoje interessa, é só para enganar: só vai valer depois da revolução, depois que houver uma insurreição.' Eu detesto este tipo de pensamento em qualquer área."[34]

* * *

No início de 1977, Caetano e Gil participaram do II Festival Mundial de Arte e Cultura Negra, em Lagos, então capital da Nigéria (atualmente Abuja). Ficaram na região por cerca de um mês, em contato com a variadíssima e opulenta música local. A viagem provocaria mudanças no trabalho de ambos. Gil, pouco depois de voltar ao Brasil, gravaria o disco *Refavela*, que o aproximou em definitivo da negritude.

Até a viagem à Nigéria, o cidadão e artista Gilberto Gil não se mostrava preocupado com a questão racial, nem a via como causa principal dos males do país e tampouco a considerava mais relevante que os problemas sociais. Como músico e mulato, deixava manifestar a porção herdada da África no jeito de cantar, compor e tocar sanfona e violão. Mas, paralelamente, estudava administração de empresas para seguir uma carreira típica de gente de pele mais clara — embora o chamado "branco baiano", mesmo de longe, não possa ser confundido com um ariano puro.

Caetano, também mestiço e que se define como "mulato nato, democrático do litoral", sentia certo incômodo com a postura do amigo e parceiro. "Quando conheci Gil, em 1963, impressionou-me a total ausência, nele, de qualquer traço de pensamento ou sentimento a respeito da situação do negro entre nós. Eu amava e até invejava sua percepção naturalmente não racialista da vida. Mas sentia também uma ponta de impaciência."[35]

A mistura de europeus, indígenas e africanos, característica dos brasileiros, deixou em Gil uma marca da ascendência negra bem mais nítida do que em Caetano, mas, quando se conheceram, o santo-amarense era o mais ligado nas maravilhas e tragédias envolvendo a negritude. Desde pequeno ele se espelhava nos pretos da cidade, em sua maneira exuberante de ser e estar no mundo, de criar artes e cultura. E se revoltava com o racismo:

> [Em Santo Amaro], a questão racial já era uma coisa que me tocava de maneira violentíssima e chegava mesmo a me causar problemas em casa, quando meus irmãos faziam brincadeiras racistas contra os negros, com quem me sentia identificado, e por quem brigava mesmo. (...) As meninas tinham um cabelo lindo, mas elas alisavam; eu dizia que deveriam deixá-lo como ele é mesmo, que não precisavam imitar cabelo de gente branca.[36]

Seu Zeca, pai de Caetano, despertou nele o respeito e a admiração pelos pretos ao contar com ardor para os filhos o significado e a história do Bembé do Mercado, levando-os todo ano a celebrar o fim da escravidão:

> Na Praça do Mercado, em Santo Amaro, festejávamos o 13 de maio. O Bembé do Mercado é uma festa tradicional de minha cidade. Começou em 1889, um ano depois da Abolição. Quando éramos meninos, meu pai falava com carinho e mesmo um certo orgulho dessa festa. Nos levava para assistir e, à medida que fomos crescendo, continuou nos encorajando

a que participássemos. Parece que é a única celebração pública do 13 de maio que se faz no Brasil. 'Bembé' é uma outra palavra para candomblé — ou para os batuques que o acompanham e sustentam (...).[37]

O Bembé, entendia Seu Zeca, ensinou Caetano a ver a questão racial sem sectarismo. Serviria de base, vida afora, para defender com firmeza suas convicções em polêmicas e bate-bocas sobre o assunto. E daria sustentação às mudanças de pensamento em idade mais madura. Mas aos 18 anos já estava claro para ele que raça era um problema de justiça social — e que gênero também o era:

> Quando votei em [marechal Henrique Teixeira] Lott [em 1960] eu já achava que as questões de raça teriam de ser levadas em conta quando se quisesse enfrentar a injustiça social. Assim como as de gênero: eu tinha lido Simone de Beauvoir, e *O segundo sexo* articulava as ideias sobre a opressão da mulher que me surgiam na mente desde a pré-puberdade.[38]

As posturas herdadas de Santo Amaro ganhariam reforço em Salvador, na convivência com o vanguardismo artístico e cultural em que a cidade vivia quando Caetano lá chegou, antes de completar 18 anos. E em seguida, na época do Tropicalismo, seriam revigoradas pela incorporação da contracultura e da filosofia hippie, contrárias a quaisquer dos preconceitos manifestados por racistas, machistas, homofóbicos, xenófobos, bairristas e outros.

As bandeiras pelo respeito às diferenças, levantadas nos anos 1960 e 1970 e transplantadas por ativistas das então chamadas "minorias", geraram embriões dos movimentos identitários, nascidos com ardor militante — porém, como tática de luta, se fecharam em grupos apartados do resto da sociedade. Com muitos amigos entre os líderes desses segmentos, Caetano se deixou levar pela onda e deu apoio público aos movimentos

O POLÊMICO

de negros, feministas e gays. Apenas no exílio começou a rever essas posições, incluindo o racialismo que — admite —, pelo menos da parte dele, contaminou o Tropicalismo.

"Conto em *Verdade tropical* como me eram insatisfatórias as políticas que, presas ao internacionalismo da luta de classes, emudeciam sobre raça, sexo e gênero. (...) O *Viva a mulata-ta-ta-ta-ta* de *Tropicália* é ironia amarga contra o oba-oba brasileiro quanto à questão racial" — reconheceu o compositor em artigo de 2010 no jornal *O Globo*.

Em Londres, Caetano leu bastante e conversou muito sobre o tema com amigos intelectuais e artistas, alguns também exilados, outros em atividades acadêmicas na Europa. E percebeu que o sectarismo e a imitação de modelos de luta praticados nos Estados Unidos, em especial o do movimento negro norte-americano, não se adequavam à realidade brasileira.

O cantor, escritor e militante comunista Jorge Mautner, então morando em Nova York, estava entre os hóspedes de Caetano que o convenceram das características do Brasil desde os tempos coloniais: a "nossa muito profunda miscigenação" e a "tradição de não manifestar o ódio racial", como diria mais tarde, em 2006, numa entrevista à *Folha de S.Paulo*.

Ao voltar do exílio em Londres, Caetano não revelou logo publicamente seu processo mental de revisão do modo de ver a questão racial. Aos poucos se abriu, cuidando de não perder o diálogo com os amigos do movimento negro. Cinco anos depois, ao retornar com Gil de um período de um mês na Nigéria, em 1977, ambos liberaram e assumiram intensamente sua porção preta.

Praticando as ideias cultivadas no exílio, Caetano mostrou independência de pensamento nas letras das novas e dançantes composições de inspiração nigeriana, feitas "pro mundo ficar odara". Enquanto exaltou o ritmo e a dança de origem africana, tudo bem, mas quando pôs Pelé no meio — e o elevou às alturas — em canções lançadas em 1977, 1978...

> Pelé disse
> Love, love, love...

No meu coração da mata gritou Pelé, Pelé
Faz força com o pé na África
O certo é ser gente linda e dançar, dançar, dançar...

... aí líderes do movimento negro estrilaram: não era admissível a exaltação a esse "preto de alma branca", que não tinha nada a declarar contra o racismo no Brasil. O cantor estaria sendo conivente com a omissão do jogador, atleta do século, mas que não se posicionava nem contra a ditadura militar.

Com o passar dos anos, depois de mais leituras e conversas, Caetano consolidou o pensamento sobre a questão racial, que veio a público de modo mais estruturado num artigo escrito em inglês e publicado no jornal *The New York Times*, em agosto de 2000. O texto contra-ataca o movimento negro brasileiro, acusando-o de copiar e receitar "o antigo princípio americano de 'uma gota de sangue' para o problema do negro no Brasil".

Racistas brancos do sul dos Estados Unidos criaram essa máxima para apartar da sociedade, junto com os negros, também os mestiços que tivessem alguma ascendência africana, mesmo exibindo pele clara, cabelo liso e olhos azuis. Uma gota de sangue negro (*one-drop rule*) bastava para o sujeito ser discriminado. E, numa jogada política, os líderes do *black people* adotaram a regra para multiplicar o público-alvo do movimento, buscando que mulatos com os mais variados fenótipos aderissem à causa e se declarassem "afro-americanos".

Caetano condenou a importação dessa política criada num país com história social bem diferente. Mas admitiu que o espírito de luta dos pretos norte-americanos é exemplar e que, no Brasil, alguma ação afirmativa se torna necessária para superar a "horrenda desigualdade" e melhorar a situação dos brasileiros pobres, não importando a cor da pele de cada um.

Porém, não aceitou a exclusão dos mestiços com a polarização fictícia imitada pelo movimento brasileiro: de um lado, os "brancos" opressores e, do outro, os "negros" oprimidos, abrangendo entre estes quem se declara pardo no censo demográfico. Com essa conta de chegar, os militantes dizem que o Brasil é um país de "maioria negra" — uma falsa notícia de propaganda política, pois grande número de pardos, em especial no norte do país, descende de índios e de europeus, não de africanos.

O cantor se afastou ainda mais do movimento negro ao pôr em dúvida a correção da política afirmativa que pretendia impor cotas para garantir a entrada de negros nas universidades. "Assinei um manifesto para retardar uma possível aprovação apressada do projeto do Estatuto da Igualdade Racial, que torna a proposta das cotas mais recusável. Eu acho que definir os cidadãos brasileiros pela raça em lei não é uma boa ideia" — contou na mesma entrevista à *Folha*, de 2006.

O Estatuto da Igualdade Racial seria aprovado em 2012 depois de muita discussão na sociedade e no Congresso Nacional. Caetano participou dos debates argumentando o seguinte:

> Me parece evidente demais que, uma vez que os pobres são majoritariamente negros, se você fizer um programa de educação e de emprego com vistas a uma reparação da enorme distorção produzida pela má distribuição de renda no Brasil, os negros estarão automaticamente sendo beneficiados, sem que haja critério racial e discriminação dos não negros.

Bastou se colocar contra as cotas para o cantor ser acusado de racista. Mas polêmica é com ele mesmo — Caetano seguiu com suas posições. Com argumentos semelhantes aos usados contra as cotas, conclamou os brasileiros de todas as cores e classes sociais a se mobilizar por uma Segunda Abolição no Brasil. A meta era completar a obra dos abolicionistas, que propunham um amplo programa de ação para ser aplicado imediatamente após a assinatura da Lei Áurea e em benefício dos ex-escravos.

A obra do pernambucano e líder abolicionista Joaquim Nabuco estava entre as leituras que fizeram a cabeça de Caetano no exílio. Quase dez anos depois, em dezembro de 2000, o baiano lançou a canção "Noites do norte", faixa título do novo álbum, que é um pequeno trecho do livro *Minha formação*, de Nabuco, musicado por ele. A primeira frase é clara justificativa sobre a necessidade de uma Segunda Abolição:

A escravidão permanecerá por muito tempo como a característica nacional do Brasil.

Para superar esse carma histórico — sugere Caetano —, seria preciso, primeiro, uma conscientização e mobilização geral para o desencadeamento de uma luta como a dos abolicionistas da segunda metade do século XIX. Eles começaram a pregar o fim da escravidão em teatros e igrejas, depois ousaram fazer campanha próximo aos locais de cativeiro. Pressionavam os proprietários de gente a conceder alforrias — assim conseguiam libertar todos os escravos de uma rua e iam ampliando as áreas livres.

Onde os escravistas resistiam, os abolicionistas conclamavam os escravos a fugirem. Em poucos anos a campanha conquistou mentes e corações entre os mais variados segmentos sociais. No auge do movimento, em São Paulo, o povo organizava e protegia corredores de fuga para os cativos se esconderem em quilombos.

O branco Nabuco e o mulato André Rebouças, entre outros líderes do movimento, exigiam — além de uma legislação para acabar com o direito de posse de um ser humano pelo outro — mais duas medidas básicas para garantir uma vida digna aos ex-cativos: distribuição de terras para posse e cultivo e educação profissionalizante para se integrarem como cidadãos ao processo de modernização e industrialização do país.

As metas da bandeira da Segunda Abolição levantada pelos tropicalistas são basicamente as mesmas, mas atualizadas: primeiro, mobilizar toda a sociedade para essa luta com o objetivo de assegurar condições de capacitação, emprego e moradia para ampla faixa de brasileiros mestiços que vivem em condições miseráveis — "quase todos pretos", "outros quase brancos", mas tão "pobres como pretos" e "tratados como pretos", como diz a letra de "Haiti", composição da dupla Caetano e Gil.

Todos esses aspectos da questão racial, repensados principalmente pelo santo-amarense, continuaram provocando polêmicas com o movimento negro. Em 2010, Caetano caiu num desses bate-bocas, ao vivo, ao participar de um debate sobre o 13 de Maio em Santo Amaro, paralelo ao Bembé do Mercado. O encontro foi narrado por Caetano num artigo para *O Globo*, publicado no dia 19 de novembro de 2011:

O POLÊMICO

> Tanto a representante do Movimento Negro quanto o do Ministério [da Cultura] falaram da consciência do negro brasileiro e, enquanto relembravam Zumbi, não mencionaram nada referente à Abolição — exceto se quisermos tomar como tal o repúdio à "liberdade dada" a que um deles fez menção.

O problema é que essas pessoas não reconheciam nenhum mérito da princesa Isabel em assinar a Lei Áurea. Digno de culto não era o 13 de Maio e sim o 20 de Novembro, data da morte de Zumbi — dia de luta, não de festa.

> (...) a vontade de apagar a princesa do mapa não me parece nem um milímetro mais realista. De modo que, quando chegou a minha vez de falar (fui convidado porque tenho uma composição intitulada "13 de Maio", que canta a tradição do festejo), gritei vivas aos nomes da princesa Isabel e de Joaquim Nabuco.

Durante o debate, o cantor, tachado de racista pelos militantes, recebeu ataques também da área acadêmica, como a acusação de ser mentalmente um escravocrata, sugerida por Liv Sovik, doutora em Comunicação e professora da Universidade Federal do Rio de Janeiro (UFRJ):

> Sei que Liv Sovik já caracterizou meu disco que contém a canção "13 de Maio" (e a transformação do trecho mais denso de *Minha formação*, de Nabuco, em peça musical), assim como minha identificação com as posições de Nabuco, como um olhar "do ponto de vista do senhor".

Caetano disse não se importar com essas críticas. Vale mais para ele o testemunho de pessoa de suas relações familiares que estava lá quando a Lei Áurea se tornou pública, como conta no mesmo artigo de *O Globo*:

A mãe de meu padrinho era uma mulata de olhos verdes que se lembrava do dia 13 de maio de 1888. Uma festa. Seus olhos se enchiam ainda da explosão de alegria que ela evocava. Então, agora, estávamos repetindo a comemoração dessa alegria, tal como a população da cidade faz desde o ano seguinte à Abolição.[39]

* * *

Gilberto Gil também se envolveu em polêmicas ao retornar da África. O primeiro disco da nova fase, *Refavela*, é essencialmente político, pelas questões levantadas, mas fora de sintonia com o discurso ideológico então vigente. Elas não coincidiam com a pauta reivindicatória dos partidos de esquerda, presos a uma bandeira rechaçada pelos dois baianos desde os tempos da Tropicália — e que insistiam em não abraçar na volta do exílio, apesar da pressão para que o fizessem.

Pouco tempo após a volta da Nigéria, em maio de 1977, Gil teve de interromper um show no cursinho do Colégio Equipe, em São Paulo, para se defender das vaias e dos pedidos da plateia para que ele se colocasse de forma mais crítica em relação aos acontecimentos políticos e sociais do país. Gil até tomara posição publicamente, mas para fazer um elogio ao presidente Ernesto Geisel, dizendo sentir simpatia pelo governo — certamente por conta de sua disposição em iniciar o processo de abertura.

Não interessava que Gil trouxesse para o disco *Refavela* temas tão caros ao país, como a questão da desigualdade social e a questão racial. Elogiar um presidente militar, em plena ditadura, chamando-o de "simpático", era uma atitude imperdoável, ainda mais para Gil, preso após o AI-5 e forçado ao exílio. Chamado de "entreguista", o compositor defendeu-se, diplomaticamente. "Eu não quero que se determine que minha música deva servir a uma plataforma política, dessa ou daquela ordem (...). Eu quero é um sonho meu (...). Quero fazer minha arte livre."[40]

O POLÊMICO

Como quase sempre, Caetano tomou as dores do amigo e parceiro, chamando de "calhordas" aqueles que sugeriram que a canção homônima "Refavela" não passava de uma peça de propaganda do regime militar, feita sob encomenda. Segundo os detratores, quando Gil canta que "a refavela revela o salto / que o preto tenta dar / quando se arranca do seu barraco / prum bloco do BNH", ele não estaria se referindo à difícil ascensão social do negro no Brasil e sim enaltecendo o maior programa habitacional da ditadura.

Caetano também voltou da Nigéria com muitas ideias na cabeça, disposto a não se submeter a qualquer tipo de patrulha e decidido a relaxar a postura pública. "As coisas vão pintando, vão saindo sem muita preocupação de fazer as coisas. Houve uma época aqui no Brasil que eu estava muito preocupado em manter uma certa atitude. Agora não."[41]

Livre de amarras, Caetano compôs, compulsivamente, o suficiente para gravar um disco duplo, o que pensou em fazer, mas a gravadora Polygram achou que seria arriscado lançar um álbum nesse formato, ainda mais após o fracasso de vendas do trabalho anterior, o experimental e incompreendido *Araçá azul*. Achou-se uma solução: em 1975, o cantor lançou dois discos, *Joia* e *Qualquer coisa*.

Apesar de musicalmente diferentes, os dois LPs comungavam do mesmo espírito, como o próprio autor fez questão de ressaltar no manifesto que escreveu para cada álbum. Tanto no Movimento Joia quanto no Movimento Qualquer Coisa, Caetano zombava da obrigação de aderir ao tipo de pensamento limitado que, para ele, se convencionou chamar de "pensamento político". "É uma piada sobre movimentos, é uma atitude bem qualquer coisa porque não há movimento, nem necessidade de movimentos."

Os dois discos, com raras exceções, foram trucidados pela crítica. A hostilidade a Caetano não se restringiu às redações. Em São Paulo, na turnê de lançamento de *Qualquer coisa* e *Joia*, o cantor enfrentou o público, irritado com os discursos do artista, que insistia em não cantar, preferindo atacar a imprensa paulista e carioca: "Vocês sabem que as pessoas arranjam empregos, né? Pessoas que não entendem absolutamente nada de música e trabalham em revistas e jornais e escrevem crítica de música. Não sabem fazer um dó maior. Mas vai lá e escreve. E com um tom blasé."

Caetano seguiu protestando, até que alguém da plateia gritou para que ele cantasse. O compositor gritou de volta: "Eu canto quando eu quero!" O show virou um manifesto contra a imprensa especializada. Os principais alvos: os críticos musicais Maurício Kubrusly e Maria Helena Dutra:

> Eu vim fazer esse show aqui em São Paulo e saiu no jornal "Caetano, está triste, Caetano está triste, a MPB está amordaçada, não acontece nada, está um período sombrio". Telefonei pra ele: Maurício, cê tá doente? O que houve? (...) Uma mulher completamente analfabeta, coitada, eu tenho pena. Porque se você for falar realmente o que ela merece, eu acho que alguém ouvindo ela perde o emprego. Uma mulher que trabalha na revista *Veja*, dona Maria Helena Dutra.

Após se queixar de outros jornalistas, Caetano decidiu, enfim, cantar, começando pela versão de "Help", dos Beatles, uma das faixas do disco *Joia*. Não se ouvia nada além de uma estrondosa vaia. Irritado, o músico começou outro discurso, ainda mais violento, que lembrou o feito vinte anos antes, no Teatro Tuca, também em São Paulo, durante a apresentação de "É proibido proibir", no III Festival Internacional da Canção, em 1968. A plateia paulistana, que ele considerava melhor que a carioca, continuava "não entendendo nada":

> Já apagou a luz, por que vocês estão gritando ainda? Eu vou-me embora (...). Não estou aqui para aturar, não. Olha aqui, a situação é a seguinte: Gilberto Gil é genial, Jorge Ben é genial, Hermeto Pascoal é genial. Rita Lee é genial. Ney Matogrosso é genial. Paulinho da Viola é genial. Entendeu? Os Mutantes são geniais. Caetano Veloso é genial (...). Nós representamos uma coisa bonita, tá entendendo? E vocês estão por fora! Vocês são iguais à crítica que é imbecil! E que é blasé, que fica pensando que não está acontecendo nada. Aqui pra vocês! Sabe o que é bom de São Paulo? Rita Lee! (...) Quem tiver de saco cheio, vá embora!

O POLÊMICO

O clima de enfrentamento se repetiu em outros shows da turnê e nos anos seguintes. O patrulhamento aumentou ainda mais após Caetano gravar outros discos de exaltação à dança e à vida, em meio ao crescimento das tensões políticas. Geisel não vinha promovendo apenas avanços na distensão. Ao assistir a mais um projeto do governo sendo derrotado na Câmara pelos deputados do Movimento Democrático Brasileiro (MDB), o partido de oposição, o presidente inverteu as regras do jogo e fechou o regime.

Entre outras medidas, o pacote ampliou o mandato de Geisel de quatro para seis anos, manteve as eleições indiretas nos estados e alterou a relação de forças no Congresso — mudanças na Constituição deixaram de depender do voto de dois terços do plenário. A maioria simples bastaria. O MDB, até então atuante, passou a não ter qualquer possibilidade de veto.

Os atos do presidente botaram fogo na oposição. Havia, porém, o que elogiar no governo. Ao adotar medidas autoritárias, recuando na abertura, Geisel ganhou moral, tanto dentro das forças armadas quanto junto à direita não democrática, e enfrentou com mão firme os setores extremistas da caserna.

Ao cortar as asas da linha dura, Geisel pavimentou o caminho para que o seu sucessor, João Baptista Figueiredo, assinasse a Lei da Anistia, em 1979, que permitiria a libertação dos presos políticos e a volta dos exilados ao país. Para acalmar a extrema direita, essa lei também perdoou os torturadores, assegurando a impunidade.

No dia da posse de Figueiredo, em 15 de março de 1979, o *Jornal do Brasil* publicou enquete com personalidades de diversas áreas, entre elas Caetano Veloso. Perguntado como avaliava o governo Geisel, o cantor respondeu laconicamente (algo raro em seu histórico como entrevistado): "Foi o melhor governo desde 1964. Sem mais comentários."[42]

Não chegava a ser um elogio a Geisel e sim um reconhecimento contido de que, ao contrário dos antecessores, dera passos importantes rumo à redemocratização. Bem diferente, por exemplo, do conterrâneo Glauber Rocha, este sim um entusiasta declarado do general. O hiperbólico cineasta chegou a comparar Geisel a Bertolt Brecht, por conta de sua inteligência e seu brilhantismo.

O que Glauber, um incendiário, pensava sobre política era mais ou menos sabido e esperado — dois anos antes de equiparar Geisel ao dramaturgo alemão, o cineasta chamara Golbery do Couto e Silva, ministro-chefe do Gabinete Civil, um dos ideólogos do golpe de 1964, de "gênio da raça". De Caetano, porém, ainda se esperava o mínimo de comprometimento com as pautas da oposição, sendo o governo militar moderado ou não.

Não era coerente, argumentava Caetano, cobrar dos líderes tropicalistas algum tipo de engajamento se o movimento deflagrado por eles não pretendeu ser político. "Não sei nem mesmo fazer música de protesto. Em 1967, 1968, o mais chocante era o nosso comportamento, nossa atitude no Tropicalismo. Era muito mais pelo nosso anarquismo na forma de fazer música e de apresentá-la."[43]

Enquanto parte da sociedade civil protestava contra os retrocessos do governo Geisel, Caetano indagava ao *Folhetim*: "Existe coisa mais agradável do que dançar, e todo o mundo ficar odara?"

Essa era a tônica do álbum *Bicho*, lançado nos primeiros meses de 1977, em seguida à viagem à Nigéria. A paixão pela dança, despertada desde pequeno pelo trio elétrico do carnaval baiano e pelos batuques de matriz africana ouvidos em Santo Amaro da Purificação, não saía da cabeça e do resto do corpo, depois de um mês vivendo no coração da África.

Dançar, dançar e dançar. De preferência, sem nada para atrapalhar. Numa operação inédita, foram retiradas as primeiras filas de cadeiras do Teatro Carlos Gomes, no Rio, abrindo espaço para uma pista de dança. Acompanhado da Banda Black Rio, usando um macacão de cetim cor-de-rosa, repleto de franjas, os lábios pintados de batom vermelho, Caetano deixava o corpo dançar para ficar "odara".

A palavra de origem africana, título da canção de abertura do disco *Bicho*, transmitia um estado de felicidade pouco apropriado para o momento do país — pelo menos para a vigilante militância de esquerda, segundo Caetano fortemente representada nos cadernos culturais dos grandes jornais: "Eles [jornalistas] avaliam discos e shows fingindo que estão fazendo um trabalho da revolução operária, e se acham no direito de esculhambar com a gente,

O POLÊMICO

porque se julgam numa causa nobre; quando não têm nobreza nenhuma nisso", afirmou Caetano. Nessa mesma entrevista, ao *Diário de S. Paulo*, no fim de dezembro de 1978, o músico listou nominalmente quatro críticos musicais (Tárik de Souza, José Ramos Tinhorão, Maria Helena Dutra e Maurício Kubrusly), que, segundo ele, obedeciam a dois senhores: "Um é o dono da empresa, o outro é o chefe do partido."[44]

Contaminados ou não pelo espírito de uma geração, a verdade é que a maioria dos jornalistas especializados em música parecia mesmo mais preocupada em analisar os discos sob a óptica sociopolítica do que escrever textos menos enviesados. As policialescas críticas ao disco *Bicho*, de Caetano, davam razão, em parte, ao compositor baiano:

> "Dançar, nesses tempos sombrios?" (...) "Um exercício de tolice e narcisismo" (...) "Não tinha o direito de pôr uma roupa colorida e sair brincando por aí" (...) "O artista não pode alienar-se da realidade que o cerca" (...) "Oportunista e malsucedida incursão ao alienado clima que hoje embala os subúrbios cariocas" (...) "Oba-oba inconsequente".

Mas, ao afirmar que os cadernos de cultura dos jornais e revistas mais influentes estavam sob o domínio de uma "esquerda medíocre, de baixo nível cultural e repressora", e, mais do que isso, ao dar nome aos bois, denunciando os jornalistas que, supostamente, trabalhavam sob as ordens do PCB, Caetano estava fazendo uma acusação grave e perigosa.

Naquele período, a linha dura parecia praticar atos de contestação à distensão de Geisel ao perseguir, prender, torturar e matar dirigentes e militantes juntamente com os comunistas do PCB, contrários à luta armada e defensores da paz e da democracia. Por essa posição, estariam sendo tolerados pelo governo — assim poderia interpretar a linha dura, para quem a esquerda deveria ser alijada do território brasileiro. O presidente reagiu com energia, mas isso não resultou no fim de torturas e assassinatos. Apesar dos riscos, Caetano não baixou o tom:

> Se eles [jornalistas] não se tornarem uma União Soviética e mandarem me matar, não conseguirão jamais nada comigo, a não ser que eles ganhem os tanques. Se eles tiverem os tanques nas ruas, nas mãos deles, aí eles poderão me impedir de alguma coisa. Fora isso, é impossível (...) eles não são de nada. É uma canalha que eu digo que vou acabar, que a gente já acabou, já matou, são defuntos que fingem que estão vivos.[45]

Poucos artistas saíram em defesa de Caetano. Cacá Diegues, em entrevista ao *Estadão*, disse sofrer perseguição parecida por se recusar a seguir os ditames impostos pela militância de esquerda e chamou de "patrulha ideológica" o grupo que insistia em impor regras e cartilhas e vigiar a produção de artistas como ele, Caetano e Gil. "Essas pessoas, esses intelectuais mórbidos, não gostam da vitória. Gostam da derrota. (...) Eu acho que a tristeza e a seriedade são de direita, são fascistas. Eu quero uma sociedade mais feliz e mais alegre. (...) E não vou tentar chatear ninguém com meus filmes",[46] declarou o cineasta.

Chico Buarque, já transformado, a contragosto, num ícone da canção de protesto, também achava que os patrulheiros tinham passado do ponto. "É absurda a mania de se cobrar do artista, hoje, no Brasil, um engajamento político em sua arte (...). Nesse momento o que me dá vontade de fazer é música, da mesma maneira que acontece com Caetano e que lhe tem valido tantas críticas. (...) Considero o trabalho atual de Caetano revolucionário, como tudo o que Caetano faz."[47]

Até então poupado, Chico também passou a ser patrulhado — chegaram a sugerir que ele fizesse uma canção na esteira dos desdobramentos do Pacote de Abril, denunciando as arbitrariedades do governo Geisel e o consequente enfraquecimento da oposição. Chico recusou-se. E ainda provocou: "Não é este o momento ainda. Afinal, MDB nem cabe em letra de samba (...). Nunca fiz música de protesto, com exceção de 'Apesar de você', que, afinal, é a música mais alegre que eu tenho."[48]

Apesar do posicionamento contrário às patrulhas, Chico assustou-se com o grau de agressividade das declarações de Caetano, sobretudo as

O POLÊMICO

denúncias contra jornalistas, muitos deles amigos dos artistas, e se ofereceu para intermediar uma espécie de trégua. O compositor tomou a iniciativa de ligar para Tárik de Souza, do *Jornal do Brasil*, um dos acusados por Caetano de manter vínculos com o Partido Comunista e escrever sob as ordens de seus chefes políticos.

Tárik explicou a Chico que, após a entrevista de Caetano ao *Diário de S. Paulo*, a preocupação, naquele momento, era se manter vivo e que não existia a mínima chance de os ânimos se apaziguarem. O cartunista Henfil, em entrevista à revista *Playboy*, em maio de 1979, ameaçou: "Se um desses críticos chegar a ser preso ou sofrer um arranhão por causa das denúncias dele [Caetano], eu não sei o que vai dar para fazer, não. Eu acho que vou querer descontar, porque são todos meus amigos, e, se não são, passaram a ser."

Três meses depois, também em entrevista à *Playboy*, Caetano respondeu a Henfil. "Os jornalistas do *Pasquim* é que começaram a me encher o saco, eles só gostavam de mim enquanto eu estava preso e exilado." A revista quis saber se o cantor não admitia que passara do ponto ao citar nominalmente jornalistas e a suposta ligação deles com partidos de esquerda. "Não, não acho. Está todo mundo vendendo esquerdismo, porra! (...) Vendem esquerdismo em embalagem de bombom."

Os embates com os jornalistas, os confrontos com o público durante os shows e os elogios ao governo Geisel aumentaram a rejeição ao cantor baiano. O disco *Muito* vendeu apenas 30 mil cópias — em Salvador, chegou a ser boicotado por alguns lojistas.

A relação com a imprensa só piorou. "Eu acho uma safadeza quatro ou cinco semianalfabetos, que não sabem escrever português, sentar numa revista e num jornal e escrever qualquer coisa sobre a gente, assim, depreciando",[49] disse Caetano, em mais um ataque a jornalistas. Um amigo de Caetano sugeriu que ele cantasse numa assembleia organizada pela Associação Brasileira de Imprensa (ABI), um gesto conciliatório rumo a um possível entendimento. Não deu certo:

> Ia fazer um número para animar as pessoas, igual ao dessas cantoras que cantam para os soldados na guerra, e recebi um

bilhete de que levaria porrada se cantasse "Leãozinho". Na hora ia cantar, mas fiquei com medo. Nem sabia direito que manifestação era aquela. Foi um amigo que me pediu para ir.[50]

Em janeiro de 1979, em entrevistas ao *Correio da Bahia*, matutino recém-fundado por Antônio Carlos Magalhães, nomeado por Geisel governador biônico da Bahia, Caetano e Gil voltaram a atacar os patrulheiros ideológicos e a imprensa de São Paulo e do Rio: "Na verdade, os comunistas, os socialistas são uns tremendos beócios", disse Gil. "Eles [os jornalistas] escrevem como se estivessem defendendo o destino histórico do proletariado ou qualquer coisa assim. É ridículo", criticou Caetano.

Em 1980, finalmente, selou-se um armistício entre Caetano e os patrulheiros. Recém-fundado por uma ala mais arejada do Partido Comunista, contrária à orientação soviética e mais alinhada às ideias da corrente renovadora democrática do PCB, o jornal *Voz da Unidade* decidiu entrevistar Caetano. A ideia partiu de um casal de amigos do compositor, Cláudio Guedes e Monique Deheinzelin, respectivamente editor e repórter da publicação.

Caetano recebeu Monique em sua casa no Jardim Botânico, no Rio. O cantor vivia uma fase menos colérica, feliz com a boa repercussão do disco *Cinema transcendental*. O LP recebera até um inédito e caloroso elogio do mais ranzinza dos críticos, um perseguidor implacável de bossa-novistas e tropicalistas. O marxista José Ramos Tinhorão, apesar de algumas ponderações (implicou como sempre com o excesso de "estrangeirismo" em "Beleza pura"), gostou do que ouviu: "quando Caetano Veloso, afinal, submete sua poesia tão brasileira à forma musical adequada, resultam obras-primas, como a toada moderna 'Trilhos urbanos' e sobretudo o maravilhoso xaxado-canção que é 'Cajuína'."

A entrevista ao *Voz da Unidade*, com forte penetração entre setores mais engajados da militância de esquerda, acabou sendo encarada com uma espécie de retratação de Caetano com os comunistas — muito por conta do tom cordial e respeitoso adotado pelo compositor, bem diferente do demonstrado nas entrevistas anteriores:

O POLÊMICO

Caetano, como você se sente falando para um jornal de comunistas?

Quando eu era pequeno, minha professora primária — muito conservadora, católica, de família integralista, embora fosse muito carinhosa comigo — vivia me falando que os comunistas eram pessoas más, terríveis, horrorosas. Certa vez, contei o caso a meu pai, que imediatamente desdisse tudo, me dando uma ideia bastante diferente. Me lembro muito bem que ele frisou que os comunistas lutavam no Brasil contra a dominação americana, e que na verdade eram, em geral, pessoas inteligentes e humanas. Fiquei então com esta ideia, da qual nunca me desliguei.

Por fim, Caetano negou ter tido qualquer intenção de delatar jornalistas e suas supostas ligações com o Partido Comunista:

E seus problemas com a crítica, foram problemas com os comunistas?

Profissionalmente eu tive muitos problemas com a crítica, mas não especificamente com os comunistas. Embora tenham dito que eu dedurei algumas pessoas, nunca soube quem é do Partido e quem não é.

Caetano não se arrependeu de ter respondido, na mesma moeda, ou mesmo num tom acima, às críticas da imprensa, mas reconheceu, em fevereiro de 1981, que o seu posicionamento, apesar de necessário, o desgastou profundamente: "Já fiz muito discurso, briguei muito, primeiro porque havia um ataque pessoal a mim (...). Era uma tentativa de fechar um caminho que eu tinha contribuído para abrir (...). Eu precisava fazer aquilo. Mas não quero ficar lembrando, precisa? Foi tudo muito desagradável."[51]

* * *

OUTRAS PALAVRAS: SEIS VEZES CAETANO

A fase odara durou pouco tempo. Nos anos 1980, a relação com a imprensa melhorou, os atritos com os militantes de esquerda diminuíram (estavam todos no mesmo palanque na campanha pelas Diretas Já, embora o músico tenha sido novamente cobrado por falta de engajamento), mas a necessidade atávica de se posicionar, até quando não provocado, colocou Caetano de novo no centro de grandes polêmicas.

"Eu acho que a minha curiosidade intelectual provoca polêmicas, mesmo em terrenos em que elas não deveriam existir. Talvez minha excitação mental tenha a ver com isso", reconheceu o músico.[52] Após passar uma década inteira se engalfinhando com a patrulha de esquerda, Caetano se indispôs com dois oráculos da direita brasileira: José Guilherme Merquior e Paulo Francis.

Mesmo antes de se tornar um leitor compulsivo, prática que adquiriu depois dos 50 anos, Caetano já se dizia pronto para debater com próceres da intelectualidade nacional. "Não tenho nenhuma vida de estudioso, não sento numa mesa pra ler. Leio uma hora e meia antes de dormir. Mas não sou ignorante, um intuitivo. Com a idade que eu tenho [tinha 43], se lesse muito, deixaria o José Guilherme Merquior humilhado, o Carlos Nelson Coutinho me invejaria e o [Antonio] Houaiss me telefonaria para pedir informações."[53]

Para o diplomata, ensaísta e crítico literário José Guilherme Merquior, citado no arroubo de imodéstia de Caetano, o compositor não passava de um "pseudointelectual de miolo mole". Os dois haviam trocado ofensas pela imprensa, em 1982, após o cantor baiano começar a provocação, tecendo comentários sobre uma entrevista de Merquior que ele considerou ofensiva e preconceituosa:

> Detestei aquela entrevista do José Guilherme Merquior. Ele fala assim: o narcisismo, as pessoas ficam contando muito as coisas de sua vida pra dar um sentido às suas vidinhas, vão fazer psicanálise pra dar um sentido às suas vidinhas. Pensei, puxa vida, eu faço análise justamente pelo contrário (...).

O POLÊMICO

> (...) Todos nós, eu, Chico Buarque, Elizeth Cardoso, todos somos narcisistas e exibicionistas. Agora, quem vem de lá, que está sempre dentro do escritório estudando de óculos e vem para a televisão e para a revista com todos os livros enfileirados na frente da fotografia dizer que os narcisistas estão acabando com o respeito e o pudor, nada disso.

> (...) Eu não permitirei isso. Quer dizer, aqui no show business, pelo menos, quem manda sou eu. Se não for eu, é o Nelson Ned. Mas não pode ser o José Guilherme Merquior.[54]

Liberal e crítico do marxismo (posição que lhe valeu um cargo de assessor do então ministro da Casa Civil, Leitão de Abreu, durante o governo de João Figueiredo), Merquior era conhecido pelo temperamento moderado, o que não o impedia de se posicionar de forma mais eloquente quando provocado:

> Não são os ensaístas como eu que estão querendo invadir a área do espetáculo. São os Caetanos da vida que tentam há vários anos usurpar a área do pensamento. A meu ver, com as mais desastrosas consequências, já que se trata de pseudointelectuais de miolo mole, cujo principal defeito é serem deslumbrados diante dos mitos da contracultura, isto é, o elemento do sub-romantismo mais sovado e furado da ideologia contemporânea.[55]

Caetano replicou:

> Não estou invadindo nada (...). Por que procuram os artistas e não os pensadores? Não sei. Paulo Francis, jornalista que respeito muito, vive perguntando: "Por que ouvem tanto Caetano Veloso?" Eu também me pergunto. É uma questão interessante, deve ser pensada com amor e delicadeza e não com a mão pesada do Merquior. Prefiro o Belchior.[56]

OUTRAS PALAVRAS: SEIS VEZES CAETANO

Sete anos depois, Merquior negou ter tido qualquer pendenga com Caetano, pelo simples fato de o músico não estar à altura de alguém como ele para um debate: "Quanto a Caetano, eu nunca tive nenhuma polêmica, até porque não compartilho desta visão completamente pateta que há no Brasil de considerar os astros da música popular necessariamente grandes intelectuais."[57]

Caetano respeitava Paulo Francis desde a juventude em Santo Amaro, quando o irmão Rodrigo, sempre atento às curiosidades intelectuais do irmão mais novo, lhe deu de presente uma assinatura da revista *Senhor*, editada pelo jornalista. "Ele não sabe o que devo a ele. Acho que gosto muito mais dele do que ele de mim. Ei, Paulo Francis, você gosta de mim?", tietou o músico, em entrevista à *Folha de S.Paulo*, em 1981.

O aceno de Caetano era uma tentativa de se aproximar de um jornalista com quem nunca tivera uma relação amistosa. Pelo contrário: os dois se estranhavam desde os tempos do *Pasquim*. Mais de uma vez, o músico acusou Francis de ser preconceituoso e xenófobo ao se referir a artistas nordestinos.

Ao compor "Reconvexo" para Bethânia, um dos grandes sucessos da carreira da irmã, Caetano admitiu que a letra era "meio contra o Paulo Francis",[58] uma resposta "àquele estilo de gente que queria desrespeitar o que era brasileiro, o que era baiano".[59] O que não o impediu, no entanto, de fazer outros elogios, nesse meio-tempo, ao jornalista. "Gosto quando o Paulo Francis diz umas coisas que um pouco assustam a esquerda convencional."[60]

Quando Francis lançou o romance *Cabeça de papel*, em 1977, Caetano também mordeu para depois assoprar. "Ele fala às vezes de mulher, assim como se tivesse um desprezo (...). 'Mulher fala muito e só fala burrice' e que é um humor, assim, cansado. É o mesmo que dizer: 'Ah, mulher no volante.' É uma misoginia, assim, baixo nível, que transparece por trás daquilo tudo."[61] Após reforçar o aspecto sexista do romance, Caetano contemporizou: "Mas estou falando de um cara que eu admiro. Eu acho ele inteligente, bacana e honesto, mas fico com raiva quando ele fala sobre mulher."[62]

A briga pra valer começou em junho de 1983, dois anos depois de Caetano, pela imprensa, perguntar se Francis gostava dele. Na coluna

Diário da Corte, escrita de Nova York e publicada na *Folha de S.Paulo*, o jornalista debochou da entrevista que o músico baiano fez com Mick Jagger no *Conexão Internacional*, programa da TV Manchete apresentado por Roberto d'Ávila.

Para o colunista, Caetano se comportara de forma reverente e submissa durante o encontro em Nova York. "É evidente, por exemplo, que Mick Jagger zombou várias vezes de Caetano (...). O pior momento foi aquele em que Caetano disse que Jagger era tolerante e Jagger disse que era tolerante com latino-americanos (sic), uma humilhação docemente engolida por nosso representante no vídeo."[63]

Caetano respondeu de forma violenta: "Eu não quero gostar mais dele. Gostava, não gosto mais. Agora, o Francis me desrespeitou. Foi desonesto, mau-caráter. É uma bicha amarga. Essas bonecas travadas são danadinhas."[64] O nível do debate caiu e os jornais e revistas logo aproveitaram.

A *Folha de S.Paulo* chegou a promover uma enquete: "QUEM FAZ MAIS A SUA CABEÇA: PAULO FRANCIS OU CAETANO?" Até João Dória Júnior, então presidente da Paulistur, empresa municipal de turismo de São Paulo, opinou. "Nenhum dos dois",[65] respondeu, laconicamente, Henfil, uma das quarenta personalidades ouvidas pelo jornal, que aproveitou para fazer um novo e duro ataque a Caetano:

> Paulo Francis. Pela sabedoria, pelo compromisso com as outras pessoas e pelo orgulho de ter sido preso por suas ideias, enquanto Caetano se envergonha disso. Caetano diz que não lê jornais, mas é capaz de citar o dia e a página de qualquer jornal que tenha falado dele, mesmo que seja a *Gazeta de Nanuque*. E eu gosto mais da música de Paulo Francis.[66]

O publicitário Washington Olivetto deu a resposta mais sábia: "Que país mais chato esse, em que os inteligentes brigam e os burros andam de mãos dadas."[67]

Francis foi admirado e lido, durante quarenta anos, por gente que não concordava necessariamente com as suas posições. Merquior era tido, até

OUTRAS PALAVRAS: SEIS VEZES CAETANO

por desafetos, como um intelectual brilhante, o "mais talentoso porta-voz da direita brasileira",[68] nas palavras de Marilena Chauí, pensadora ligada à esquerda.

O mesmo não se podia dizer do filósofo Olavo de Carvalho, que, antes de se tornar guru do presidente Jair Bolsonaro e mentor da nova onda de conservadorismo no país, era esnobado pelo *establishment* intelectual, embora tenha recebido elogios do próprio Paulo Francis (em 1996, um ano antes de morrer, o jornalista classificou *Imbecil coletivo*, livro de Olavo lançado naquele ano, como "imperdível") e, quem diria, de Caetano Veloso.

Caetano passou a ler a obra do ex-astrólogo, que cobrava 30 dólares por mês para ministrar cursos de filosofia on-line na internet, por indicação de Stella Caymmi, neta de Dorival Caymmi. "Li muito Olavo de Carvalho (...). Depois que ele se mudou para os Estados Unidos passei a acompanhar em ritmo bem mais espaçado o desenvolvimento de sua posição intelectual", escreveu Caetano na coluna semanal de *O Globo*, publicada no dia 2 de março de 2014.

No artigo, Caetano falava do interesse por filósofos de diversas vertentes — e que achava importante a existência de um liberal como Olavo para se contrapor ao pensamento radical de esquerda. E que um autor como ele deveria ser lido inclusive por leitores mais progressistas. "Percebi que o pensamento conservador pode abordar muitas coisas que as esquerdas recalcam. Acho perigoso e empobrecedor que esquerdistas só leiam autores de esquerda."

Olavo só passou a se tornar popular a partir de 2015, quando abriu um canal no YouTube e rapidamente ganhou adeptos e seguidores, multiplicados após o filósofo ganhar notoriedade como o principal ideólogo da candidatura de Jair Bolsonaro à presidência. Olavo prometia combater o globalismo, o marxismo cultural e a ideologia de gênero, inaugurando uma nova agenda de costumes para o Brasil. Jair Bolsonaro seria o principal catalisador dessa mudança, mesmo que ele e seu guru não fossem lá grandes exemplos de decoro.

O POLÊMICO

Em 2017, a exposição *Queermuseu: cartografias da diferença na arte brasileira*, realizada no Santander Cultural, em Porto Alegre, acabou cancelada após protestos em redes sociais. As tropas conservadoras, lideradas por Olavo, acusaram o curador Gaudêncio Fidelis e os artistas da mostra de apologia à zoofilia e à pedofilia, além de desrespeito à moral cristã — as peças abordavam a temática sexual de forma distinta, muitas vezes abstrata.

Caetano solidarizou-se com os organizadores da exposição e se comprometeu a lutar para que ela voltasse a ser exibida em outros espaços culturais pelo país (no ano seguinte, faria um show beneficente para arrecadar fundos para a mostra). Olavo publicou posts em sua rede social comentando o apoio do músico baiano, chamando-o de pedófilo e fazendo referência ao romance dele com sua atual produtora e mulher, Paula Lavigne.[69]

Em 1982, quando os dois começaram a namorar, ela com 13 anos e ele com 40, não era crime se relacionar com uma pessoa menor de 14 anos. As decisões eram tomadas caso a caso pelos juízes. Após os posts, Caetano processou o filósofo. Os advogados do músico tiveram que entrar com uma carta rogatória no estado da Virgínia, Estados Unidos, onde residia Olavo, para fazer a intimação.

Como Olavo se recusou a retirar os posts e a pagar as taxas cobradas por dia pelo conteúdo ofensivo, a multa acumulada chegou a R$ 2,9 milhões em maio de 2021, quando a Justiça do Rio determinou que o escritor fizesse o pagamento em até quinze dias. Olavo recorreu.

Dois anos antes, em 2019, o filósofo sofrera nova derrota para Caetano na Justiça, dessa vez por uma queixa-crime movida contra o compositor. Olavo se sentiu ofendido com um texto de Caetano, publicado na *Folha de S.Paulo*, no dia 14 de outubro de 2018, às vésperas do segundo turno da eleição presidencial, disputado por Jair Bolsonaro e o petista Fernando Haddad.

No artigo, Caetano, apoiador de Haddad, comparou Olavo a Martin Heidegger, filósofo e escritor alemão que ganhou uma cadeira de reitor por incensar Hitler e o nazismo. E convocou todos os cidadãos brasileiros a repudiá-lo: "Olavo é figura histórica da antiesquerda. Catequizou gerações de jovens brasileiros a um anticomunismo delirante e ressentido."

Na queixa-crime contra o músico, um documento de 27 páginas entregue ao Foro Central Criminal da Barra Funda, o filósofo se referiu a Caetano como "canalha" e "delinquente travestido de colunista", além de sugerir que o músico teria forjado o próprio exílio para escapar da Justiça. "[Caetano] fugiu das duas responsabilidades cíveis e penais alegando ser exilado, mas nunca mostrou um documento como tal."

Em junho de 2019, o Juizado Especial Criminal de São Paulo absolveu Caetano das acusações de Olavo. Já o filósofo seguiu recorrendo do processo movido pelo músico. Com o valor da multa aumentando em cada recurso, teve de vender uma de suas duas casas na Virgínia, em fevereiro de 2020. O valor pago pelo imóvel não melhorou muito o seu humor: módicos (perto da multa milionária) 72,5 mil dólares.

Desesperado, o filósofo postou um vídeo na madrugada do dia 7 de junho de 2020, dirigido ao presidente Jair Bolsonaro. Segundo Olavo, o mandatário dava pouca atenção ao supremo guru, ignorando seus problemas financeiros, originários das dezenas de processos abertos contra ele, o único a defender o governo de forma veemente e corajosa. Portanto, estava na hora de ser recompensado — uma vaquinha de empresários governistas cairia bem. Condecorações não enchiam o bucho de ninguém: "O que ele [Bolsonaro] fez para me defender? Bosta nenhuma! Chega lá e me dá uma condecoraçãozinha. Enfia a condecoração no seu cu. Se você não é capaz de me defender contra essa gente toda, eu não quero a sua amizade. Porque eu fui seu amigo, mas você nunca foi meu amigo."

O desabafo de Olavo, ignorado em Brasília, sensibilizou o empresário Luciano Hang, dono da rede varejista Havan e notório apoiador do presidente. Num grupo de WhatsApp, Hang apelou aos empresários: "Olavo está sem dinheiro e precisa de apoio financeiro para continuar lutando pelo Brasil." Pouca gente se dispôs a contribuir.

Os "olavetes", como eram chamados os fanáticos seguidores do filósofo, organizaram um *crowdfunding* solidário. Em uma semana, a contribuição atingiu pouco mais de R$ 2 mil, obrigando o organizador da vaquinha a cancelá-la.

Crítico das medidas de confinamento e contra o uso de máscaras, Olavo questionava a letalidade do coronavírus. Mas não teve tempo de negar a própria morte, aos 74 anos, no dia 24 de janeiro de 2022, dias após contrair Covid-19. (A causa do falecimento não foi revelada.)

Caetano poderá pedir que a ação volte a correr representada pelos sucessores ou pelo espólio do escritor.

Uma vida inteira dedicada à controvérsia não fez de Caetano um homem solitário. O temperamento não o isolou do mundo, tampouco lhe fechou portas. "Das pessoas polêmicas do Brasil, nenhuma delas tem tantos amigos em tantas áreas diferentes como eu. Recebo muita doçura de volta."[70]

3. O LÍDER

Eu organizo o movimento

"O Tropicalismo é Caetano. Eu fui um servente dedicado."
(Gilberto Gil)[1]

"Outro dia Augusto de Campos me contou uma história engraçada. Um entrevistador chegou para Jorge Luís Borges e disse que ele era 'o maior escritor vivo do mundo'. Aí o Borges respondeu: 'Eu? Pobre mundo'. É o que eu falo em relação a isso que você chamou de superexposição: se o Brasil precisa tanto da minha presença, pobre Brasil."[2]

Pobre do Tropicalismo, que talvez tivesse se resumido a um movimento de gueto, sem grande projeção artística, se Caetano não tivesse tido a audácia de romper as estruturas dominantes, comprar brigas até hoje não cicatrizadas e tirar do limbo gênios como Tom Zé e Torquato Neto.

Sem falar em Gilberto Gil, este sim já um artista reconhecido, mas que em 1967 parecia não compreender ainda o que se mostrava tão nítido para Caetano. As intuições artísticas de Gil não correspondiam às suas atitudes. Como explicar, por exemplo, a participação do baiano na passeata contra a guitarra elétrica, um dos mais simbólicos atos xenófobos da história da música brasileira?

A marcha aconteceu em São Paulo, no dia 17 de julho de 1967, três meses antes de "Domingo no parque", a primeira canção tropicalista de Gil, ser apresentada — com acompanhamento de guitarra elétrica — num festival da TV Record. "Ele [Caetano] foi, no meu início de carreira, uma espécie de batedor de estrada, um guia de cego. Se não existisse Caetano, eu não seria o Gilberto Gil."[3] "É a mesma coisa no Tropicalismo. Sem ele [Caetano], talvez o Tropicalismo não existisse. Comigo, não existiria."[4]

E por que não? Porque Gil era movido mais pela intuição. Foi o primeiro a identificar a chama tropicalista durante uma reveladora viagem a Pernambuco, em maio de 1967, dois meses antes da passeata contra a guitarra. Retornou do interior pernambucano defendendo o rompimento das

OUTRAS PALAVRAS: SEIS VEZES CAETANO

barreiras estéticas e a mistura nas maneiras de compor — colocava a Banda de Pífanos de Caruaru, que o deslumbrara, no mesmo nível dos Beatles.

Mas, ao participar da preconceituosa manifestação de rua, agiu na contramão do caminho que acabara de prever como necessário na sequência. O movimento tropicalista, concebido e organizado por Caetano, iria se caracterizar justamente pela convergência das diversas correntes artísticas de vanguarda com a cultura pop nacional e estrangeira.

Antes de acabar aderindo à guitarra elétrica, ainda naquele ano de 1967, Gil deu um depoimento confuso e indeciso ao *Diário de Notícias*. Além de não levantar a bandeira da renovação, voltou a defender os ideais encampados pelo Frente Única — programa de TV que virou também uma espécie de movimento, um colegiado de artistas liderados por Elis Regina e Geraldo Vandré e unidos contra o instrumento que simbolizava uma ameaça à pureza da música brasileira:

> Quando digo música popular brasileira, digo música de raiz brasileira (...). A bossa nova foi uma evolução enorme que serviu para o nosso movimento de agora, mas espelhou-se na música norte-americana, fugindo das nossas raízes (...). Alguns compositores têm preconceito contra o que é nosso e querem logo pensar em termos de música desenvolvida lá de fora sem procurar evoluir o que realmente temos.

Gil referia-se à Jovem Guarda de Roberto e Erasmo Carlos, sucesso absoluto entre o público jovem — os programas desse movimento minavam a audiência de outros especiais da TV Record, como o *Fino da Bossa*, apresentado por Elis Regina e Jair Rodrigues. Daí o motivo de tanta revolta por parte dos insurgentes: a luta pela preservação das tradições brasileiras era também uma demonstração pública de dor de cotovelo.

Os que bradavam contra a guitarra no centro de São Paulo entoavam o hino do Frente Única — "Moçada querida / Cantar é a pedida / Cantando a canção da pátria querida / Cantando o que é nosso / Com o coração..." —, versos que ficariam bem melhor na voz de Dom e Ravel, a famosa dupla das canções de apelo emocional e ufanista, não na de Gil, definido assim por Torquato Neto: "Há várias maneiras de se cantar e fazer música brasileira; Gilberto Gil prefere todas."

Isso ele já havia demonstrado no primeiro LP, *Louvação*. Canções de crítica social em tom esquerdista, mas sem ser panfletário, predominam no disco de alta qualidade na interpretação e nos arranjos. Numa das faixas, "Lunik 9", a letra destoa da linha geral, ao problematizar a tecnologia espacial de um ponto de vista romântico, indicando que seu autor poderia estar em busca de novos rumos nas suas composições. Mas nada apontava para a mudança radical que aconteceria em pouquíssimo tempo.

Louvação foi gravado em março e lançado em maio de 1967. Dois meses depois, em 26 de julho, encerraram-se as inscrições para o *Festival de Música Popular Brasileira*, da TV Record, e nelas estavam incluídas, já prontas, as duas canções que iriam deflagrar o Tropicalismo: "Alegria, alegria", de Caetano, que seria apresentada em 14 de outubro, e "Domingo no parque", de Gil, mostrada oito dias antes. Isso significa que ambos os autores se transmutaram rapidamente durante o primeiro semestre de 1967.

Caetano virou tropicalista naturalmente; tinha um pensamento claro e determinado. Gil, por sua vez, vacilou entre os dois mundos naquele primeiro momento e talvez não chegasse lá se o santo-amarense não o empurrasse, a fórceps, para a luta. É sintomática a cena do compositor tremendo de febre num hotel em São Paulo — "amarelou" poucas horas antes da apresentação, junto com Os Mutantes, de "Domingo no parque": ele não levantaria da cama se não tivesse a certeza de que Caetano estava prontíssimo para segurar a barra. O cabeça do movimento falou sobre as hesitações do parceiro.

> Ele [Gil] é muito articulado, muito brilhante, mas é mais de rompantes. De repente se fecha e para, como se não tivesse mais nada a ver com aquilo, para depois se entusiasmar de novo. Eu não. Criei uma linguagem coerente pra isso e, nesse sentido, exerci uma liderança mais visível por ter feito a articulação final da proposta.[5]

Caetano admite ser um bom articulador, podendo exercer, mesmo a contragosto, certa ascendência sobre outros artistas, estimulando-os a libertar a própria criatividade por um objetivo em comum. No entanto — esta é sua teoria — isso se dá muito mais pela incapacidade de outras pessoas de se posicionarem do que por uma capacidade genuína sua de assumir a liderança de um grupo.

Assim exposto, se torna alvo de louvores e execrações fora do grupo: "Tornei-me uma caricatura de líder intelectual de uma geração (...). Na sua miséria, a intelectualidade brasileira viu em mim um porta-estandarte, um salvador, um bode expiatório."[6]

Contudo, poucos anos antes, Caetano se sentia absolutamente perdido, sem saber que rumo tomar na vida, refém da própria insegurança. Não parecia talhado para tomar a frente de um movimento como a Tropicália. "Saí muito velho da minha cidade. Tinha 18 anos. Então, eu sou muito tabaréu."[7] "Eu me mostrava extraordinariamente tímido. Minhas ambições eram muito maiores do que minha capacidade de concentração e de liderança — e eu via surgir um aleijão."[8]

Caetano se sentia desestimulado para levar adiante habilidades e sonhos surgidos na infância e na juventude, como a facilidade para a pintura e a vontade de fazer cinema, a grande paixão: "A pintura fora deixada de lado por eu então considerar melancólica a alternativa entre fazer coisas para burgueses pendurarem nas paredes ou fazer coisas que ninguém pudesse pendurar em lugar nenhum."[9] "Cinema dependia de uma disposição para levantar financiamento — e de uma desinibição no trato com pessoas variadas, cada uma com razões para estar tensa ante a iminência de um filme a se produzir — que eu não tinha.[10]

E, quando a música finalmente se insinuou como projeto de vida — muito mais pela insistência de amigos do que por uma vontade própria —, Caetano continuou se considerando meio tabaréu, principalmente quando comparado aos outros nomes de sua geração:

> Considero minha acuidade musical mediana, às vezes abaixo de mediana. Isso mudou com a prática, para minha surpresa.

Mas não me transformou num Gil, num Edu Lobo, num Milton Nascimento, num Djavan. Reconheço, no entanto, que tenho uma imaginação inquieta e uma capacidade de captar a sintaxe da música pela inteligência que me possibilitam fazer canções relevantes.[11]

A originalidade do canto e o violão de João Gilberto abriram a cabeça do jovem pensador santo-amarense, lhe apontaram um rumo de modernidade para o Brasil, mas, num primeiro momento, não o levaram a tomar alguma atitude. Diferentemente de muitos outros artistas de sua geração, também arrebatados após a audição de *Chega de saudade*, Caetano não decidiu ser músico — caminho que, por um bom tempo, continuou sendo o mais tortuoso.

"Como projeto de vida, o cinema veio antes da música. Eu compunha e esquecia as músicas. Cinema era minha prioridade."[12] Deixou de ser após Caetano se dar conta das dificuldades inerentes à atividade audiovisual no Brasil, ao mesmo tempo que passou a conviver com um diretor de teatro que mudaria o seu modo de ver as coisas: "Alvinho Guimarães foi uma pessoa determinante na minha formação. Foi mesmo mais do que isso: foi um anjo do Destino."[13] "Nas nossas primeiras conversas, ele me agradou em cheio e me interessou ao externar suas críticas ao teatro panfletário do CPC [Centro Popular de Cultura]. Também me falava muito de Glauber [Rocha], com quem tinha intimidade."[14]

Sem jamais tê-lo visto cantar ou tocar um instrumento, Alvinho enxergou em Caetano potencialidades que ele próprio desconhecia. "Ao planejar montar uma comédia brasileira do século passado [século 19], ele me encomendou a trilha musical. Recusei-me a fazê-la sob a alegação (sensata) de que não tinha competência. Ele recusou minha recusa (...), respondeu que se decidira ao me ouvir falar sobre a relação da música de João Gilberto com a de Dorival Caymmi. E me disse que só eu é que poderia fazer o que ele queria. Alvinho é assim."[15] Caetano compôs para essa peça e para um filme de Alvinho, revelando-se ao mundo como compositor.

Se Gil não se tornaria tropicalista sem o impulso dado por Caetano, este não seria músico sem as dicas e exemplos do amigo, parceiro e mestre. "Eu me cerco de quem sabe, desde o início. Do Gil, por exemplo. Eu suguei o sangue dele o quanto pude, eu aprendi tudo com ele. É claro que sou muito inteligente e ficava olhando a mão dele no violão. Eu compreendi o que se passa quando se faz música."[16]

Em 1965, quando Nara Leão, em plena pesquisa musical por Salvador, deparou-se com o talentoso elenco do espetáculo *Nós, por exemplo*, Caetano, um dos integrantes, já havia deixado de ser o sujeito do começo da década que vacilava em assumir um comando sobre aquele grupo. Era então uma liderança silenciosa, sem imposições, praticada naturalmente para fazer as coisas acontecerem, e mudar o que aparentemente estava preestabelecido.

Já agia assim desde a infância em Santo Amaro. "Eu tenho desde menino um negócio meio místico, eu era predestinado a salvar o mundo."[17]Quando sentia que, de alguma forma, havia chegado lá, era hora de lidar com sentimentos contraditórios:

> E, quando a realidade às vezes parece confirmar, isso me angustia. Eu não gosto, eu reajo, eu esperneio, eu digo que não tenho nada com isso. Não me negaria a liderar se eu fosse capaz de liderar. Mas eu não quero que um pouco de talento, misturado com um pouco de charme, seja confundido pelas pessoas como liderança.[18]

O charme e o talento de Caetano não mudaram o destino de parte dos integrantes do musical *Nós, por exemplo*. O enredo é conhecido, reproduzido em dezenas de livros sobre a história da música brasileira. Nara Leão, de volta ao Rio, encantada com aquela turma, especialmente por Maria Bethânia, a convidou para substituí-la no espetáculo *Opinião*, pavimentando o caminho para a invasão baiana e, mais adiante, para o desabrochar tropicalista.

Mas Caetano, e muito menos Gil, Gal, Tom Zé e José Carlos Capinan não chegaram ao Rio decididos a salvar o mundo. O primeiro ato de rebeldia partiu da não tropicalista Bethânia, avessa a integrar o nome a qualquer movimento. Após brilhar no *Opinião*, recusou-se a ser enquadrada por quem, teoricamente, tinha autoridade para isso: Augusto Boal, diretor do musical.

Um dos principais líderes do Teatro de Arena, criador do teatro do oprimido, metodologia que incorpora a ação social, Boal sonhava, em 1965, fazer da intérprete de "Carcará" símbolo da luta contra as injustiças no Brasil e a ditadura, iniciada no ano anterior. Bethânia pulou fora, pelos motivos que levaram Nara a fazer o mesmo — elas se pareciam em muitas coisas.

A imagem idealizada por Boal virou um produto, a ponto de a TV Record exigir, por meio de uma cláusula contratual, que Bethânia sempre se apresentasse na emissora usando jeans, camisa de gola masculina, sandália de couro e cabelos presos: "Começaram a me amarrar e falei 'Ih, nem pense, tchau'. Quando disseram 'pode fazer o que quiser', voltei."[19] "Depois de sete meses, quando retornei ao Rio, foi para estrear na boate Cangaceiro, não mais com aquela imagem de retirante morta de fome."[20] "Era completamente diferente, vestido vermelho, mil perucas, para quebrar aquilo, tirar. Já estava dona de mim."[21]

Caetano demorou mais para ser dono de si, mas, quando passou a se mover pelos próprios sonhos e ideias, moveu um mundo com ele, de maneira diferente da irmã autossuficiente. Os dois trabalharam juntos com Boal em *Arena canta Bahia*, musical que também contou com a participação de Gil, Gal e Tom Zé, a estreia de todos eles num grande palco de São Paulo, o Teatro Brasileiro de Comédia (TBC), em setembro de 1965.

Embora grato às lições cênicas de Boal ("ele nos ensinou o que significa mover-se num palco"),[22] Caetano não se entusiasmou com as posições políticas e estéticas do diretor. Era o mesmo desconforto que sentira durante a discreta colaboração com o Centro Popular de Cultura (CPC) baiano, também submetido — na visão do compositor — a um engessado nacionalismo de esquerda.

Os reducionismos de Boal o impediam, por exemplo, de reconhecer a importância de um espetáculo como *Rosa de ouro* — o festejado musical, também de 1965 —, que inaugurou a carreira artística de dois grandes nomes do samba brasileiro, a já veterana Clementina de Jesus e o jovem Paulinho da Viola.

Para Boal, esse espetáculo, que me comovia pelo modo poético como apresentava músicos autênticos da mais refinada tradição de samba carioca, era "folclórico". Naturalmente eu era tímido demais para argumentar contra Boal, a quem respeitava e admirava — e ele demasiadamente despreocupado das minhas opiniões para encorajar uma verdadeira discussão.[23]

As amarras impostas por Boal tornaram Caetano ainda mais inseguro. Ele cogitou, de novo, abandonar a música:

Deixei São Paulo e as dúvidas a respeito das posições estéticas de Boal para trás, e voltei a Salvador para morar, namorar e planejar preguiçosamente um futuro de cineasta ou professor: minha incapacidade de orientar os arranjos segundo o meu gosto e minhas ideias, o que sempre atribuí à mediocridade de um talento musical que cria impossível desenvolver, me fazia sonhar outra vez com um futuro afastado da música.[24]

Como se deu esse périplo transformador vivido por Caetano, da posição de fragilidade e timidez para a de certeza e comando de um dos mais importantes e influentes movimentos da história da música popular brasileira? Para entendê-lo, é preciso saber o que se passava em Salvador no começo dos anos 1960.

O santo-amarense encontrou na capital baiana uma atmosfera revolucionária desencadeada no ensino superior por Edgard Santos como reitor da Universidade da Bahia (futura Universidade Federal da Bahia – UFBA). Assistindo como ouvinte a aulas na Escola de Música, Caetano entrou em contato com correntes vanguardistas, como o dodecafonismo — técnica de organização da música atonal —, introduzido no Brasil pelo diretor da escola, o maestro Hans-Joachim Koellreutter.

O suíço naturalizado brasileiro Walter Smetak foi outro convidado do reitor a influenciar o experimentalismo musical dos tropicalistas. Ele contava com uma oficina no porão da Escola de Música frequentada pelos futuros tropicalistas Gilberto Gil e Rogério Duarte e onde dava aulas, tendo como aluno outro tropicalista, Tom Zé.

Smetak construía e ensinava a montar instrumentos com tubos de PVC, cabaças e outros materiais, concebidos como esculturas — batizadas de "plásticas sonoras". Eram afinadas de maneira a permitir o resgate de sons abandonados pela música ocidental, os microtons, inaudíveis para ouvidos não treinados e que são os intervalos existentes — nove no total — entre uma nota e outra na escala maior tradicional (dó, ré, mi...).

Caetano visitava a oficina, assistia a apresentações de Smetak e alunos e se informava sobre a eubiose, filosofia esotérica que fundamentava tal experiência musical. Não se aprofundou no assunto, nem nas demais vanguardas, como Tom Zé e Gil fizeram, mas absorveu o suficiente para, pouco tempo depois, aplicá-lo no Tropicalismo.

O conhecimento sobre invenção nas artes orientou o líder na arregimentação de artistas para o movimento. Chamou Tom Zé a seguir com ele para São Paulo e, após ouvir Augusto de Campos e demais poetas concretos, convidou maestros envolvidos com experimentação, como Rogério Duprat e Júlio Medaglia, a fazerem arranjos para a Tropicália.

Além da Escola de Música, outros espaços criados por Edgard Santos ajudavam a abrir mais ainda a mente de Caetano. Como o Centro de Estudos Afro-Orientais (Ceao), fundado pelo professor português Agostinho da Silva. Através desse intelectual, que fugira do salazarismo migrando para o Brasil, tanto Glauber Rocha quanto Caetano foram iniciados na mitologia do sebastianismo, utopia de origem portuguesa recriada no Brasil e que o cantor abraçaria pelo resto da vida (tema tratado no capítulo 6 deste livro).

Nesse ambiente de agitação cultural inovadora, Caetano encontrou duas figuras que deram um rumo a suas próprias buscas: o diretor de teatro Álvaro Guimarães, já citado no início deste capítulo — foi quem o levou a compor e a cantar —, e Duda Machado, apresentado por Alvinho.

Ainda era o primeiro ano de vida dos irmãos santo-amarenses na Cidade da Bahia — como Salvador era então chamada. Caetano, aos 18 anos, tratava os novos amigos como mestres, embora fossem um pouco mais novos do que ele, nascido em 1942: Alvinho era de 1943, e Duda, de 1944.

Assim são lembrados em *Verdade tropical*: "Os dois tinham muito mais cultura do que eu e seus diálogos, cheios de responsabilidade intelectual e comprometimento existencial, logo se tornaram verdadeiros ensinamentos para mim. Eu falava com humilde irresponsabilidade."

Quanto a Duda Machado, o grande lance dele na vida de Caetano ocorreu num dia em que o santo-amarense estava muito falante comentando o novo filme de Michelangelo Antonioni, *A aventura*:

> Elogiei o filme numa conversa em que frisei petulantemente que, contra toda a moda crítica da época, eu continuava preferindo Fellini a Antonioni. Duda ouviu tudo e, em vez de tomar partido, veio com algo totalmente diferente: "Você tem que ver é *À bout de souffle* [*Acossado*]." E eu fui ver o primeiro filme de Godard no Cine Capri, no largo Dois de Julho. Realmente fiquei maravilhado com a agilidade do ritmo e com a atmosfera poética.[25]

Por sugestão de Duda, Caetano acabara de descobrir em Jean-Luc Godard a sua segunda maior referência como modernista de vanguarda. A primeira, evidentemente, era João Gilberto: "Eu não apenas constatei que tinha encontrado um novo favorito no cinema mas também que todo o cinema tinha que ser revisto por causa dele."[26]

Ao mesmo tempo, Caetano decidira enfrentar com mais determinação e jogo de cintura o que parecia ser um eterno entrave à atuação como músico: a falta de habilidade e talento para tocar o instrumento preferido do ídolo João Gilberto. "O violão é tudo ao contrário; não é do grave para o mais agudo, linearmente. É aquela complicação de mão esquerda com mão direita. 'Nunca vou aprender isto', eu disse."[27]

Gilberto Gil, o primeiro professor, o ensinou a encarar o violão como um instrumento possível, palatável, mas o medo de tocar ele só perderia após aulas informais com outro mestre, que conhecera num verão de 1963, em Salvador, e de quem se tornara imediatamente amigo: o tijucano Jards Macalé. "Havia muita intimidade com ele (...). Eu tinha muita timidez como músico, e com ele não ficava intimidado."[28]

O LÍDER

Mesmo com Caetano se sentindo mais à vontade, Macalé assustou-se com a timidez quase crônica do jovem artista baiano, que, apesar de ser um ano mais velho, se comportava como um calouro no primeiro dia de aula:

> Ele era muito tímido e inseguro, muito diferente do Caetano que conhecemos, do trovador tropicalista de cinco anos depois, exuberante e questionador, que colocou tudo para fora. A gente tocava um pouco de violão na sala e depois íamos para o quarto dele. Ele plantava bananeira, ficava de ponta-cabeça na cama e dizia: "Vire também, vai começar a sessão." A luz que entrava pela janela projetava na parede do quarto tudo que se passava no lado de fora — mas por conta de um fenômeno óptico, que não sei explicar, essa imagem era projetada de forma invertida, de modo que, para ver o que estava rolando, era preciso ficar de ponta-cabeça. A gente ficava assim um tempão, vendo as imagens. Caetano mudo, no mais completo silêncio. Nos conhecemos assim.[29]

Os mestres Gil e Macalé deram imensa contribuição, aproximando definitivamente Caetano da música. Mas quem o virou de ponta-cabeça mesmo, com um bombardeio de informações e análises conjunturais e históricas sobre cultura, artes e política no Brasil, foi o designer, poeta e agitador cultural Rogério Duarte, um baiano de Ubaíra, apelidado pejorativamente pela sentenciosa turma do CPC de "Rogério Caos".

O que para muitos não passava de confusão e desordem, para Caetano era lucidez pura. "Chamavam de caótico exatamente o que nele era mais lógico e construtivo."[30] "Ele nos influenciou, a mim sobretudo, para que tudo se tornasse possível. Eu não chegaria aonde cheguei se não tivesse tido as conversas todas que tive com Rogério."[31]

Embora marxista, Rogério enxergava o processo criativo como algo que ultrapassava a razão no sentido dogmático, uma visão pouco convencional que o distanciou da militância estudantil, para ele sectária e castradora:

A estética marxista chamava de lixo burguês as vanguardas, a pintura abstrata, a pop art, a música dodecafônica, com as quais eu tinha tido contato no Museu de Arte Moderna da Bahia como estudante de artes plásticas e membro da Escola de Teatro. Além disso, os meus cartazes [como o desenhado para o filme *Deus e o diabo na terra do sol*, de Glauber Rocha], por exemplo, se comunicavam mais fortemente com a chamada massa do que aquela coisa programada. Mas o CPC me recusava como burguês vanguardista.[32]

Por rejeitar o receituário marxista, embora de forma menos eloquente, Caetano sofreu perseguição parecida da esquerda tradicional nos tempos de faculdade e de colaboração para o CPC. O patrulhamento se ampliaria depois de ele perceber que não estava mais sozinho. A partir das conversas com amigos pensadores, como Rogério Duarte, se sentiu encorajado a tomar posições mais desafiadoras.

E isso só ocorreu, segundo Rogério, porque Caetano mostrou destemor ao romper com as estruturas estéticas e políticas vigentes, num momento em que poucos, por medo ou comodismo, estavam dispostos a comprar essa briga:

> Caetano resistiu a isso (...). Considero Caetano a pessoa que teve a mente mais sólida dessa geração. Aquele cara que teve virtudes firmes, que não se deixou levar por nada. Nunca fumou maconha no meio de mil maconheiros. No meio da maior depravação ele estava ali, na dele. Tinha um modo de vida pessoal. Teve uma missão.[33]

Rogério Duarte abriu a cabeça de Caetano, criando espaço para a concepção de um movimento de vanguarda na música popular brasileira. O primeiro passo foi levá-lo a conhecer o pensamento do intelectual francês Edgar Morin:

O LÍDER

> Ao tratar as estrelas hollywoodianas e as personagens das revistas em quadrinhos em termos de uma nova mitologia, [Edgar Morin] abriu o caminho em minha mente para o entendimento que eu futuramente viria a ter da arte pop, para a absorção mais intensa da poeticidade de Godard, para todo um redimensionamento do rock'n'roll e do cinema americano.[34]

Por influência, primeiro de Rogério Duarte, Caetano aproximou-se da cultura de massa norte-americana, da qual até então se mantivera distante. Essa tendência se fortaleceu quando surgiu na vida de Caetano outro grande influenciador das ideias tropicalistas: José Agrippino de Paula, que lhe foi apresentado pelo próprio Rogério:

> A simples presença de Zé Agrippino representava como que um aprofundamento das ideias mais audaciosas de Rogério (...) [Ele] só fez aumentar essa excitação e levar minha imaginação mais longe, revelando interesse pelo rock em detrimento da MPB, afirmando que Chacrinha — o espalhafatoso e original apresentador da TV brasileira — era "a personalidade teatral mais importante do país".[35]

Tanto Rogério quanto Zé Agrippino insistiram para que Caetano visse o mais rápido possível *Terra em transe*. O novo e polêmico longa de Glauber Rocha ridicularizava a demagogia populista praticada pela direita — e também pela esquerda. A desconstrução glauberiana provocou a ira de intelectuais como o jornalista Fernando Gabeira, que classificou a obra de fascista, dirigida a uma "minoria intelectualizada, capaz de entender e interpretar suas alegorias".[36]

Nelson Rodrigues quis conferir o filme que causara tanta indignação e revolta entre os esquerdistas. Alguns líderes do teatro engajado até armaram um protesto em frente ao Bruni Copacabana, a mesma sala que o autor de *Vestido de noiva* escolhera para assistir ao novo libelo de Glauber Rocha:

Fomos ver *Terra em transe*, de Glauber Rocha. Na própria tarde de sexta-feira, perguntei a um conhecido: "Bom o filme?" E o sujeito, que é um legionário da esquerda-idiota, respondeu: "Fascista." Insisti: "Rapaz, não perguntei se era fascista. Perguntei se era bom." (...) *Terra em transe* era o Brasil. Aqueles sujeitos retorcidos em danações hediondas somos nós. (...) Pois Glauber nos dera um vômito triunfal. *Os sertões*, de Euclides, também foi o Brasil vomitado.[37]

Para Nelson Rodrigues, *Terra em transe* escancarou ainda mais o esgotamento das aspirações populistas da esquerda. Já para Caetano, significou as respostas para as suas perguntas, a iluminação de um caminho que desembocaria na aventura tropicalista:

Terra em transe foi um detalhe muito importante num momento determinado da minha vida. Foi fundamental, numa época que com relação à música brasileira estava predisposto a encontrar uma coisa que dissesse o que aquele filme dizia, como aquele filme dizia para fazer um negócio arrebentar dentro de mim. Então, foi um momento o meu encontro com aquele filme, o filme foi um catalisador de uma série de coisas que estavam no ar para mim, que me angustiavam, que eu não sentia a maneira de fazer sair, e ele me deu a chave.[38]

Também por recomendação de Agrippino, Caetano conferiu a estreia da nova peça de José Celso Martinez Corrêa, *O rei da vela*, de Oswald de Andrade. E constatou que o diretor dedicava a encenação do Teatro Oficina ao filme *Terra em transe*, de Glauber, e a Chacrinha. Se Caetano ainda tinha alguma dúvida sobre o caminho já traçado que estava seguindo, ela se encerrou ali: "Quando eu vi, pensei que aquilo era tudo que eu queria fazer no meu primeiro disco, que já estava pronto (...). A peça era uma coisa nova, muito agressiva na estética. Isso foi uma coisa muito nova para mim."[39]

O LÍDER

É preciso separar um artista de outro: o cantor e compositor de *Domingo*, o primeiro disco da carreira, gravado em parceria com Gal Costa, não é o mesmo do primeiro disco solo e tropicalista, que leva o seu nome. São antípodas. Talvez seja a maior transformação vivida por um músico em tão pouco tempo — ambos os álbuns foram gravados em 1967, o primeiro lançado no mesmo ano, e o segundo, em janeiro de 1968.

O Caetano de *Domingo*, recebido dois anos antes na rodoviária do Rio por Sylvinha Telles e seu cachorrinho, é bem diferente do intérprete da marcha-rancho "Paisagem útil", o provocativo contraponto tropicalista à canção "Inútil paisagem" — clássico bossa-novista assinado por Tom Jobim e Aloysio de Oliveira.

O sonolento cantor de "Quem me dera" (faixa de *Domingo*, gravada pela manhã, no horário em que ele costumava ir para a cama depois de passar a noite em claro) não é o Caetano de "Superbacana", do outro disco, com arranjos orquestrais de Júlio Medaglia se misturando à levada pop da RC-7, a banda de apoio de Roberto Carlos.

O canto bossa-novista, comportado e bonitinho, em "Onde eu nasci passa um rio", com arranjos de Dori Caymmi, não tem nada da interpretação alarmista de "Anunciação", parceria com o Rogério "Caos" Duarte ("Maria, Maria / Nosso filho está perto / Esta noite eu o vi em sonhos / Me chamando / (...) Maria tenho medo / que você não chegue a tempo / Que ele apareça em meu quarto noturno / Com uma faca na mão / E um sorriso violento nos lábios").

As chocantes imagens poéticas e os sons estranhos das primeiras composições tropicalistas do santo-amarense assustaram os anfitriões cariocas, amantes — como ele — de João Gilberto e Tom Jobim. "O Caetano deu uma virada de gosto muito rápida para o meu gosto",[40] protestaria Edu Lobo. Era isto mesmo: uma radical virada de gosto, sinalizada no texto de contracapa de *Domingo*, escrito pelo baiano: "A minha inspiração não quer mais viver na nostalgia de tempo e lugares, ao contrário, quer incorporar essa saudade num projeto de futuro."

Era uma forma elegante achada por Caetano para o anúncio de uma ruptura em gestação. Mas a tentativa de não melindrar os colegas tradicionalistas não adiantou; eram refratários a qualquer tipo de experimento para além dos acordes bossa-novistas. Duas décadas depois, ele seria mais claro: "A gente não queria ficar fazendo 'sub-bossa' nova depois de João Gilberto e do Tom Jobim."[41]

Essa frase se refere aos colegas tropicalistas, sobretudo a Gil, que retornara da luminosa viagem a Pernambuco disposto a mudar tudo. "Ele exigia de nós uma adesão irrecusável a um programa de ação que esboçava com ansiedade e impaciência", escreveu Caetano, em *Verdade tropical*.

A impaciência de Gil não resultou em atitudes mais radicais, nem numa ruptura imediata. Mas chamou atenção para a necessidade de renovar a música popular brasileira e dar fim ao reducionismo que cercava as discussões estéticas na época.

Caetano abraçou com entusiasmo as ideias do conterrâneo. Para ele, o movimento proposto por Gil pretendia juntar "as verdadeiras forças revolucionárias da música brasileira, para além dos slogans ideológicos das canções de protesto, dos encadeamentos elegantes de acordes alterados e do nacionalismo estreito".[42]

A adesão foi alta — o engajamento, pífio. Nos primeiros encontros, se fizeram presentes até os menos interessados, como Dori Caymmi, Francis Hime e Edu Lobo, que logo pularam fora. Chico Buarque não faltou a nenhum debate, mas não levou a iniciativa a sério. "[Chico] embriagava-se e ironizava o que mal ouvia", escreveu Caetano em *Verdade tropical*.

Gil, com grande dificuldade de se fazer entender, recuou. A insistência na briga para convencer os colegas não combinava com seu temperamento — muito menos quando enxergava incompreensão e resistência do outro lado. "Gil é, de ordinário, adaptável e mesmo passivo",[43] definiu Caetano, este sim responsável por arrombar a festa.

Não se trata de desmerecer a importância de Gil no despertar tropicalista e sim de reconhecer a sua incapacidade, naquele momento, de transformar ideias em atitudes. "Gosto de experimentar, mas sou conservador. Um pouco medroso. Talvez seja aquele medo de morrer que todos temos. Tenho medo da aventura."[44]

Gil deu inúmeros exemplos de hesitação, como a já citada participação na passeata contra a guitarra elétrica. Na época, se justificou a Caetano alegando que estava interessado em flertar com Elis Regina, líder da manifestação. Se o motivo de fato era esse, não havia hora e lugar menos apropriados para uma paquera.

A cantora e apresentadora do *Fino da Bossa* só pensava naquilo: barrar a ascensão da Jovem Guarda e salvar a música brasileira da nociva ingerência do rock'n'roll na cultura de massa. Se em algum momento Gil sussurrou no ouvido de Elis, ela certamente não ouviu — ou não prestou atenção, ocupada que estava em cantar o hino em tom integralista do Frente Única da Música Popular Brasileira.

Gil esteve na passeata contra a guitarra também por consideração a Geraldo Vandré, autor de "Pra não dizer que não falei das flores", a mais marcante das canções de protesto contra a ditadura. Nos shows, em mesas de bar e nos debates, Vandré atacava alguns artistas (Caetano era um deles), acusando-os de irresponsabilidade política e distanciamento das raízes brasileiras.

Vandré e Gil mantinham boas relações — eram parceiros em duas composições, "Pra que mentir" e "Rancho da rosa encarnada" (também assinada por outro futuro tropicalista, Torquato Neto). Além disso, a direção da TV Record havia escolhido ambos para dividirem a liderança do Frente Única com Simonal e Elis.

Eles se revezariam na apresentação de programas mensais, atuando nesse campo de batalha sem compartilhar posições estéticas e ideológicas. O objetivo principal seria combater um inimigo comum — Roberto Carlos e a febre do iê-iê-iê —, mas, na prática, o Frente Única havia sido criado para que os quatro líderes tentassem efetivar seus planos de carreira.

O programa de Vandré serviria para propagar o descontentamento com os rumos da música brasileira e do país. E ele esperava que o de Gil seguisse pelo mesmo caminho. Mas o baiano vinha se distanciando do discurso polarizado do paraibano e estava com a atenção voltada para novas influências musicais.

OUTRAS PALAVRAS: SEIS VEZES CAETANO

A percepção sobre a necessidade de um movimento renovador resultara da epifania vivida em Pernambuco, que o induzia a se perguntar: de onde vinha a obrigatoriedade de manter Beatles, Jimi Hendrix, Luiz Gonzaga, Jackson do Pandeiro, Vicente Celestino, bossa nova, samba-canção e Banda de Pífanos de Caruaru separados uns dos outros em estilos compartimentados que não dialogavam entre si, nem se harmonizavam?

Gil retornou de Caruaru defendendo o rompimento das barreiras estéticas e a mistura nas maneiras de compor. Mas a mudança mental não o tirou de reuniões e atos comandados por Vandré. Nem impediu que manifestasse sintonia com o pensamento do líder da ala nacionalista da música popular brasileira, como registrado em algumas entrevistas dadas na época. Essa contradição havia sido deixada de lado durante os ensaios para a sua vez de liderar o Frente Única, que iria ao ar no dia 24 de julho de 1967.

Nas rodas de discussão sobre esse quarto programa, com os irmãos Veloso, o empresário Guilherme Araújo, além de Nara e Torquato, uma ideia de Caetano ganhou força: a de subverter o plano original de Vandré e Elis, transformando-o numa grande homenagem à Jovem Guarda. Seria ótima oportunidade para Gil virar o jogo e limpar a barra após a participação na passeata contra a guitarra elétrica.

O roteiro, escrito por Caetano e Torquato, não podia ser mais provocador. Era preciso dar uma resposta àquela enfadonha manifestação. "A necessidade de compensação por esse papelão exacerbou a minha verve rebelde. Achei que, na noite de Gil, o programa deveria se transformar num escândalo antinacionalista e anti-MPB", escreve Caetano em *Verdade tropical*.

Bethânia subiria ao palco no estilo Wanderléa, de minissaia e botinhas — e empunhando uma guitarra. Ela seria acompanhada por um conjunto de iê-iê-iê e cantaria uma canção de Roberto ("Querem acabar comigo"), que, aliás, também foi convidado para o programa. Tudo correu bem durante os ensaios — até o roteiro cair nas mãos de Geraldo Vandré.

O paraibano reagiu violentamente. Saiu da TV Record diretamente para o Hotel Danúbio, onde Gil estava hospedado. Ao esmurrar a porta do quarto do parceiro, chorando de raiva, Vandré deu de cara com Caetano, que, leoninamente, partiu para o bate-boca. Gil, constrangido, tentou dialogar, mas foi chamado de traidor.

O LÍDER

A reação de Vandré dividiu a turma de amigos. Nara e Torquato achavam que, depois desse faniquito, o roteiro do programa fazia ainda mais sentido. Mas, diante dos panos quentes de Gil, que sentiu o baque, Caetano achou melhor derrubar a ideia — só valeria a pena levá-la ao ar se eles pudessem mesmo virar o jogo. Roberto Carlos, apavorado, nem esperou para ver no que deu o embate — mandou um recado cancelando a participação.

"Eu sinto que nós estamos mexendo em coisas perigosas",[45] confidenciou Gil a Caetano, dias antes da apresentação de ambos no Festival de Música Popular Brasileira de 1967, organizado e transmitido pela TV Record. O deflagrar tropicalista se daria ali, com Gil interpretando "Domingo no parque" ao lado de Os Mutantes e Caetano cantando "Alegria, alegria" acompanhado dos Beat Boys.

Gil sofreu para se assumir como integrante de um movimento de vanguarda. "Me sentia como que fazendo um profundo exercício masoquista. Não me achava culto e inteligente e nem compreendia o universo teórico sobre o qual se debruçava o Tropicalismo. E eu era o portador daquela confusão."[46]

O sofrimento virou pânico. No dia da apresentação, escondido sob os cobertores e tremendo dos pés à cabeça de febre, recusava-se a deixar o quarto do hotel Danúbio — só o fez após Paulinho Machado de Carvalho, diretor artístico da TV Record, e seu patrão, colocá-lo debaixo de um chuveiro frio.

Caetano suspeitou que isso estava para acontecer. "Gil não ia cantar ['Domingo no parque']. Ele sabia que aquilo era uma espécie de autossabotagem."[47] Livre ,da febre, e mesmo obrigado a fazer o que não queria, Gil foi lá e cantou — e se libertou para sempre. "Depois do fato consumado, eu sentia a euforia de quem quebrou corajosamente amarras inaceitáveis",[48] disse Caetano.

Tão difícil quanto fincar a bandeira foi mantê-la em pé. Não há dúvida de que o Tropicalismo não teria o mesmo vigor poético, musical e cultural se ali não estivessem os irmãos Baptista, Rita Lee, Gil, Nara Leão (que não atuou na "linha de frente", mas contribuiu com suas opiniões e seu apoio ostensivo), Tom Zé, Rogério Duarte, Torquato Neto, José Carlos Capinan, Rogério Duprat e Júlio Medaglia. Mas ele existiria como movimento sem a liderança de Caetano?

Foi Caetano quem segurou a onda no tsunami de ataques ao Tropicalismo. A maioria dos integrantes não mostrava vocação para o conflito. E os que a tinham não queriam se meter numa briga daquele tamanho. "O pensamento agudo, a conceituação tropicalista, foi do Caetano. Não teria havido Tropicalismo sem ele. Certamente não teria havido Tropicalismo comigo. Eu não teria chegado àquela inspiração sobre a necessidade",[49] reconheceu Tom Zé.

Os tropicalistas realizaram a proeza de descontentar os dois polos da política. "Todo mundo parecia nos odiar",[50] observou Caetano. Eram chamados de entreguistas pela maioria da esquerda, porque estariam se submetendo ao imperialismo norte-americano e sua cultura de massa. E, para a direita, representavam uma ameaça comportamental — seriam perigosos violadores dos costumes e tradições da sociedade brasileira.

Caetano rebateu as agressões até de quem, anos antes, ainda "tabaréu", não tivera coragem e disposição de peitar. Augusto Boal, que dirigiu — e tolheu — o baiano em *Arena canta Bahia*, incomodou-se com o advento do Tropicalismo por subverter a hegemonia da arte de esquerda, da qual era um dos próceres. E assinou um manifesto dizendo, entre outras coisas, que o movimento pretendia destruir a cafonice apoiando a cafonice.

Boal errou o alvo. A intenção dos tropicalistas não era a de combater a música considerada cafona. Ao fazer paródias de canções populares condenadas pelos padrões vigentes, eles atacavam exatamente o preconceituoso bom gosto já estabelecido. Caetano costuma dizer que parodia apenas o que ama, não o que odeia. "Um dos aspectos centrais da atitude tropicalista é transitar em repertórios diferentes e tentar fazer com que a sociedade se mova em relação a eles. É também, na medida do possível, tentar borrar eficazmente as linhas de demarcação entre esses repertórios."[51]

Entretanto, essa definição do cantor, para outra celebridade da esquerda tradicional, ficava só na teoria, porque a prática seria no sentido contrário. José Ramos Tinhorão, santista radicado no Rio, pesquisador, crítico e sobretudo um polemista, denunciava o baiano como um posseiro que teria ocupado todo o território da música popular do país, eliminando fronteiras internas e construindo um muro intransponível para novas gerações. E acrescentava: essa atitude fora tomada justamente por quem se dizia contra qualquer tentativa de demarcação.

Depois do Tropicalismo, continuava Tinhorão, a figura de Caetano tornou-se tão onipresente na música brasileira e no debate de ideias que numerosos intérpretes, instrumentistas e compositores, envolvidos tão profundamente por essa influência, passaram a cantar com sotaque baiano. E o pesquisador apontava o dedo para dois dos mais destacados — e originais — artistas surgidos na época.

Citava o caso de João Bosco com este argumento: "Mineiro que é mineiro não canta como baiano, e compositor que se preze não imita Gilberto Gil e Caetano Veloso."[52] Alceu Valença também entrava na roda: "[São] as más companhias que o fazem imitar Caetano Veloso naquela bossa de repetir palavras de maneira reticente."[53]

A provocação de Tinhorão ignorava o fato de que outros nomes dessa geração se recusaram a emular os modos e trejeitos tropicalistas e contestaram a vitalidade do movimento. Para Belchior, cearense de sotaque carregado e quatro anos mais novo, Caetano não passava de "um antigo compositor baiano" desconectado da realidade social do país ("Veloso, o sol não é tão bonito pra quem vem do norte e vai viver na rua").

A queixa do também cearense Raimundo Fagner completava o libelo de Tinhorão: a liderança de Caetano havia se tornado tão forte e inquestionável que nada era decidido na gravadora sem o aval do cantor baiano. "[Ele] estava me sabotando na gravadora Philips. Agora, o Caetano já deu o que tinha que dar e ele não quer ver o meu sucesso. Ele parou, eu não (...). A música brasileira precisa acabar com essas panelinhas",[54] disparou Fagner.

Caetano ignorou as provocações. Sobre Belchior insinuar que envelhecera (em "Apenas um rapaz latino-americano"), ironizou: "É sinal de admiração, vinho quanto mais antigo, melhor."[55] Um inesperado revide mais eloquente partiu de Gilberto Gil, normalmente comedido:

> Nós não estamos querendo ocupar o espaço de ninguém. Nós exigimos apenas é o nosso espaço. Porque o nosso espaço é nosso e foi conquistado com muito suor, muita luta, com lágrimas, sacrifícios e muita injustiça em cima. Então nós vamos dar isso de graça para eles?[56]

Fagner continuou esperneando e, no seu delírio paranoico, ampliou a denúncia dizendo que o santo-amarense mandava mais do que André Midani, o todo-poderoso presidente da gravadora. Caetano voltou a ser Caetano e partiu para a batalha. Ironizou a argumentação dos desafetos de que "tem de deixar lugar para os novos":

> O que é que vão fazer agora? Enforcar o Chico Buarque? Fuzilar Gilberto Gil? E guilhotinar Jorge Ben? Pra quê? Pra ficar a mediocridade? (...) É preciso acabar com essa demagogia imbecil! Porque, senão, o que vão dizer? Ah, nós temos que impedir que saiam os livros de Carlos Drummond de Andrade, porque ele escreve muito bem, demais, e vai humilhar os jovens poetas que são medíocres e que não conseguiram fazer igual?[57]

E generalizando a mira da investida:

> Se tem alguém que cria, no Brasil, são os artistas de música popular. Isso não tem a menor dúvida, não tem ninguém igual, nós somos os melhores. Então, por que vai ter esses caras reclamando? Eu ficava revoltado, mas agora não. Não quero nem saber se vão gostar ou não vão gostar. Eu já parto atacando, não vou esperar.[58]

A fila andou. Belchior e Fagner receberam o rótulo de antigos, dado pelos novos compositores. O que não mudou foi a cisma sobre o reinado de Caetano. Criou-se até uma expressão, nascida na imprensa paulista, para designar a poderosa e duradoura união de artistas, liderada pelo cantor: *Máfia do Dendê*. O baiano, segundo esses jornalistas, teria inclusive poder para pedir a cabeça dos que se insurgiam contra o sindicato bairrista.

Mas quem conhece Caetano de perto garante que o santo-amarense não se impõe pela força. Pelo contrário, ele conquista espaço e admiração com a qualidade de seu trabalho, a criatividade, a inteligência, a clareza de pensamento e de propósitos, o profissionalismo e o respeito aos colegas, resultando em obras que já se destacam na história da MPB.

Duas décadas à frente, as bandas de rock surgidas nos 1980, muitas nascidas sob forte influência tropicalista, foram espontaneamente pedir a bênção ao baiano. Caetano assinou — para a imprensa — o texto de apresentação dos discos *Õ blésq blom*, dos Titãs, e *Big bang*, dos Paralamas do Sucesso. No auge da carreira, essas bandas não precisavam da chancela do cantor para se firmarem.

O mesmo pode-se dizer do Barão Vermelho de Cazuza, fã confesso do cantor, e do RPM de Paulo Ricardo, que regravou "London, London" no disco *Rádio pirata*, um dos maiores sucessos de venda da década de 1980, com 2,5 milhões de cópias vendidas. O disco teria menos sucesso se ali não tivesse uma canção de Caetano Veloso?

Formada a lenda, houve, no entanto, artistas que se incomodaram com o convite para associar de alguma forma seus trabalhos ao "Dom Corleone da MPB" — entenderam isso como ter de pedir um selo de aprovação a ele. Marcelo D2, à frente da banda Planet Hemp, foi um deles — após aceitar o convite para uma gravação em estúdio com o baiano, deu para trás.

A atitude de D2 irritou Paula Lavigne, empresária e mulher de Caetano. Durante uma cerimônia de premiação da música brasileira, ela o encontrou e os dois bateram boca. O carioca se manteve intransigente: "Não acho que devo desculpa. Só peço licença que estou entrando na música, e, se ele acha que o cenário da MPB é dele, então me desculpa. Se não me deixar entrar, meto o pé na porta."[59]

De tão incensado e criticado, Caetano deve ter se convencido de que ele realmente é diferente da maioria dos colegas. E em momentos de autoestima (ou seja, quase sempre) admite que a liderança da sua geração está em boas mãos — as dele: "Eu tenho talento demais. Quando eu falo assim, pensam que eu sou cabotino. Não é isso, é o reconhecimento da minha personalidade, do meu modo de ser. Eu sou muito talentoso. É muito fácil pra mim fazer as coisas que eu faço."[60]

4. O VANGUARDISTA

Caminhando contra o vento

"Ele [Caetano] estava vestido de cor-de-rosa do pescoço até o pé, numa época em que o homem jamais poria rosa. Nem escondido. Eu pensei assim: 'Se eu fosse artista um dia, eu queria ser alguma coisa assim.'"
(Ney Matogrosso)[1]

"O Caetano não tem postura no palco. Agora, vem com esse negócio de imitar veado — boneca, né?, que fica mais distinto — e os caras dizem que ele é um gênio. Que isso? Isso não existe!"
(Agnaldo Timóteo)[2]

Como artista só às vezes me considero de vanguarda. Mas, em geral, não sou. Faço canções normais, melodramáticas, para Bethânia; doces para Gal; e padrão FM para mim mesmo (...). Pode haver coisa mais cafona que 'Shy moon'? Mas, às vezes, sou vanguarda. 'Língua' é, algumas faixas do *Araçá azul*, como 'Gilberto misterioso', algumas de *Joia* também são. Agora também é o seguinte: a vanguarda, às vezes, é só atitude.[3]

Atitude nunca lhe faltou. Mesmo ainda no anonimato, despertando para a carreira de músico, indeciso sobre o que fazer e completamente na dele, Caetano já era visto como uma ameaça, um incômodo.

Paulo Francis escreveu que o Rio de Janeiro começou a acabar quando Maria Bethânia desembarcou na cidade — acompanhada de Caetano — para substituir Nara Leão no espetáculo *Opinião*. Millôr Fernandes mais tarde faria coro, chamando os baianos de "bahiunos", em referência aos bárbaros invasores — a essa altura, com a chegada de Gilberto Gil, Gal Costa, Tom Zé e José Carlos Capinan, a dupla de irmãos já tinha virado uma trupe.

OUTRAS PALAVRAS: SEIS VEZES CAETANO

As falas bairristas e preconceituosas de Francis e Millôr podem ser interpretadas como uma tentativa de disfarçar o medo do desconhecido. Os baianos não eram como eles, eram diferentes em quase tudo, até mesmo em relação aos que se consideravam à frente de seu tempo, como os citados jornalistas do *Pasquim* e o pessoal do teatro. Assim que chegou ao Rio, Bethânia ouviu um conselho dos diretores de *Opinião* — é melhor alisar logo o cabelo. Daquele jeito, não dava.

Os jovens invasores baianos não surgiram como figuras libertárias, longe disso. Caetano nem palavrão dizia e perdera a virgindade aos 20 anos. E Gilberto Gil trabalhava de terno e gravata na Gessy Lever, em São Paulo, para onde se mudou em 1965, mesma época em que Bethânia e o irmão foram para o Rio. Só em 1967 haveria a transfiguração de Caetano e Gil, ao aparecerem com indumentária andrógina nas primeiras apresentações tropicalistas. Até os descolados irmãos Arnaldo e Sérgio Baptista, de Os Mutantes, no início da amizade e parceria com os baianos, temeram receber deles o convite para uma suruba — Rita Lee, possivelmente, adoraria.

Mas o que pensava quem via Caetano e Gil no palco usando tamancos holandeses, batom vermelho, brinco prateado, bustiê e calça de odalisca? Para Ney Matogrosso, esses figurinos significaram uma libertação, o empurrão que faltava. Para a maioria do público foi uma afronta, ou algo revolucionário demais para os padrões da época. Caetano achava tudo isso uma grande caretice: "Isso é uma bobagem. Fiz uma excursão de batom e bustiê e voltei pra casa. Cadê a revolução? Um beijo na boca do Vinícius Cantuária? Isso é revolucionário?"[4]

A aparência e os beijos na boca de homens e mulheres renderam a Caetano, nas fichas do Departamento de Ordem Política e Social (Dops), o status de líder "das minorias excêntricas" — embora ele não estivesse filiado a qualquer grupo minoritário. O modo de se vestir e de cumprimentar amigos, além de refletir um desejo pessoal, era uma forma de mostrar que as aparências nem sempre definiam a orientação sexual.

E o suposto "líder das minorias excêntricas" seguiu afrontando os caretas, mesmo quando a intenção não era essa. Na capa do disco *Joia*

118

O VANGUARDISTA

(1975), bolada por Caetano e pelo artista gráfico Aldo Luís, da gravadora Phillips, o cantor, ao lado da mulher Dedé e do filho Moreno, de dois anos, aparecem nus. A genitália do cantor é coberta por duas pombas, desenhadas por ele — uma terceira voa ao lado.

Na contracapa do disco, há uma nova foto dos três juntos, também nus, na praia — Moreno de pé, brincando com os pais, sentados na areia. A nudez não é frontal — Dedé está com os seios à mostra, mas tanto ela quanto o músico cobrem o sexo com pernas e braços dobrados.

Não há provocação ali — Caetano disse que a capa se parecia muito com a de um disco lançado naquele ano, *Amor à natureza*, de Paulinho da Viola. Ambos buscavam passar a mesma mensagem: a conexão com a natureza, expressada em várias faixas dos dois discos. *Joia*, um dos mais poéticos do compositor, é o disco das canções "Canto do povo de um lugar", "Lua, lua, lua, lua", "Na asa do vento" e "Gravidade".

Não teve jeito. Os censores sentiram cheiro de devassidão. Além da apreensão imediata dos exemplares do disco postos à venda no Brasil, o coronel Moacir Coelho, diretor-geral do Departamento de Censura da Polícia Federal, determinou a abertura de inquérito contra Caetano e Dedé, por ofensa à moral pública e aos bons costumes.

Durante os interrogatórios, os agentes federais disseram que o casal corria o risco de perder a guarda de Moreno, por exibir a criança nua em capa de disco. Era só mais uma forma de intimidação. Não houve processo contra Caetano e Dedé. *Joia* recebeu autorização para voltar a ser comercializado, desde que a capa contivesse apenas as três pombas desenhadas pelo cantor, sem gente pelada.

Em abril de 1976, 12.246 exemplares com a capa original de *Joia* foram incinerados na usina da Companhia Municipal de Limpeza Urbana (Comlurb), em Irajá, Zona Norte do Rio, por ordem da direção da Divisão de Censura de Diversões Públicas (DCDP). O órgão era controlado pelo Ministério da Justiça, chefiado por Armando Falcão, porta-voz da linha dura no governo Geisel, chamado de "guardião dos bons costumes" por conta da implacável perseguição a qualquer afronta aos valores da família brasileira.

OUTRAS PALAVRAS: SEIS VEZES CAETANO

A segunda metade da década de 1980 entrou para a história como o período da redemocratização do Brasil, com o fim da ditadura militar e o direito de escolher o presidente pelo voto direto. Para Caetano, porém, essas conquistas não resultaram num ambiente de maior liberdade artística, pelo contrário — havia um retrocesso após os avanços comportamentais registrados nas duas décadas anteriores. "Pra mim é chato, essa onda de conservadorismo. Vejo, com uma frequência enorme que não via, intelectuais e jornalistas sofisticados dizendo coisas moralizantes e conservadoras",[5] declarou o cantor, em junho de 1986, em meio à polêmica da censura a um filme de Godard e à canção "Merda", composta por ele.

Em fevereiro de 1986, meses depois de Fernando Lyra, ministro da Justiça, declarar extinta a censura no Brasil (o que só ocorreria para valer com a promulgação da Constituição de 1988), o presidente José Sarney, pressionado por setores da Igreja católica, usou a legislação dos tempos de ditadura militar para vetar a exibição nas salas brasileiras do filme *Eu vos saúdo, Maria*, dirigido pelo diretor franco-suíço Jean-Luc Godard.

Ao contar a história de uma menina do século XX que engravida sem ter feito sexo — uma alusão a Maria, mãe de Jesus —, o longa provocou a indignação de líderes católicos e carolas no mundo inteiro. O papa João Paulo II se posicionou contra a exibição do filme. Por aqui, o cantor Roberto Carlos enviou um telegrama ao presidente Sarney solidarizando-se com o veto do governo: "*Eu vos saúdo, Maria* não é obra de arte ou expressão cultural que mereça a liberdade de atingir a tradição religiosa de nosso povo e o sentimento cristão da Humanidade."[6]

Caetano também se manifestou. Primeiro, criticou o presidente: "Acho deplorável que o primeiro gesto de pulso do presidente Sarney tenha sido exatamente esse. Pela primeira vez ele se mostra decidido, exatamente numa coisa ridícula. É imperdoável."[7] Depois sobrou para Roberto Carlos, com quem mantinha uma relação de cordialidade e afeto: "O telegrama de Roberto Carlos a Sarney, congratulando-se com este pelo veto a *Je vous salue, Marie*, envergonha nossa classe (...) convido meus colegas (ao menos os de música popular, para compensar a burrice de Roberto) a exigir do presidente uma revisão de sua posição."[8]

O VANGUARDISTA

Roberto Carlos retrucou:

> Caetano Veloso não gostou do meu ato, que mandei um telegrama para o presidente Sarney, apoiando a proibição do filme. Aliás, isso não me surpreende, porque é natural que ele pense diferente de mim. Mas achei que o artigo dele, na *Folha de S.Paulo*, foi deselegante. Mas o povo é contra o filme. Então, graças a Deus, a minha opinião é a opinião do povo.[9]

O diretor da DCDP, Coriolano Loyola Fagundes, que se revoltara com a profana referência à mãe de Jesus Cristo, levada às telas por um "pervertido", indignou-se mais uma vez ao ver, antes da estreia, um trecho do primeiro programa *Chico & Caetano*, musical da TV Globo que seria apresentado pelos dois compositores.

Nas imagens, Caetano, Chico, Bethânia e Rita Lee cantam juntos a inédita canção "Merda", de autoria de Caetano e composta para a peça *Miss banana*. Era uma referência à palavra muito usada por artistas de teatro, espécie de voto de boa sorte no dia da estreia. Para o censor, merda era merda, um palavrão inaceitável para ser dito na televisão em horário nobre. E, pior, repetido quinze vezes no final da canção!

Coriolano Fagundes fez a contagem, consultou o dicionário Aurélio (e constatou, segundo ele, que merda era, sim, um palavrão) e enviou um relatório, junto com uma fita da gravação, para o secretário-geral do Ministério da Justiça, Honório Severo. No mesmo dia, a TV Globo recebeu a notificação — estava proibida de exibir esse trecho do programa.

O diretor do órgão federal andava revoltado — e arrependido. Ele baixara uma portaria permitindo que cada departamento estadual de censura avaliasse as manifestações artísticas, sem se submeter ao crivo da direção em Brasília, mas os colegas estavam deixando passar muita coisa. "Não sei se por negligência ou por liberdade demais", reclamou o censor.[10]

A gota d'água que fez transbordar seu constrangimento foi a liberação, por um departamento estadual, da canção "Tamanho sofrimento", de Manoel do

121

Gramacho e Júlio Cesar Augusto, repleta de duplo sentido — uma instituição da música brasileira: "Mudei para outra sessão / Fui trabalhar de pintor / tinha duas escadas, uma velha, outra nova / trepei na velha e ela não aguentou." Estava na hora de acabar com aquela pouca-vergonha.

Caetano, por sua vez, ao ser censurado, deu de ombros, recusando-se a entrar na discussão, por achá-la ridícula demais. "Por que aguentamos tantas coisas horríveis, tantos canhões, caladinhos, e agora vamos fazer barulho?"[11]

Para surpresa do cantor, muitos artistas e intelectuais fizeram questão de entrar no debate — alguns, surpreendentemente, a favor do veto à canção. Famosa pela boca suja, a atriz Dercy Gonçalves, numa conversa com jornalistas, reclamou: "Merda por quê? Essa gente agora resolveu falar tudo que era proibido, com tanta coisa bonita pra falar (...). Isso no meu tempo era feio, agora é palavra de intelectual."

O ministro da Cultura, Celso Furtado, um dos mais destacados intelectuais brasileiros, também apoiou a decisão do Ministério da Justiça. Semanas antes, ele causara espanto ao defender a censura ao filme de Godard. Sobre a proibição de "Merda", argumentou: "É ingenuidade imaginar que um país, por mais democrático que seja, não tenha uma forma qualquer de censura. (...) A censura tem seu papel, como proibir, por exemplo, a exibição de um filme que pregue o uso de drogas."[12]

Caetano não aguentou um dia calado e, diante dos argumentos de Furtado, chamou o ministro de "asno".[13] Furtado rebateu: "Eu confesso que não sei qual o significado que ele empresta às palavras (...) Caetano achava que a palavra merda é bonita. Eu acho que é feia. Eu não digo palavras grossas e chulas."[14]

Não eram só os censores, os pudicos e caretas que se comportavam de maneira preconceituosa. Bethânia encomendara uma canção a Caetano e ele escreveu a letra de "Esse cara", mas resolveu pedir a outro compositor para musicá-la. No exílio em Londres, trabalhando no disco *Transa* com Jards Macalé, produtor do álbum, Caetano sugeriu que ele fizesse a melodia. Macalé se recusou — a tarefa, enfim, ficou para o próprio letrista.

O VANGUARDISTA

Macalé conta:

> Como eu, um tijucano, criado em Ipanema, me tornaria parceiro de Caetano numa letra que dizia coisas do tipo "Ah, que esse cara tem me consumido, a mim e a tudo que eu quis, com seus olhinhos infantis, com os olhos de um bandido"? Os meus amigos acabariam comigo. Eu ia virar o veado da turma. Ipanema podia ser libertária em alguns aspectos, mas no geral era absolutamente machista e homofóbica. O barato era zoar os gays.[15]

Chico Buarque teve reação parecida depois de atender ao pedido de Nara Leão para compor uma canção em contraponto à canção de Ataulfo Alves e Mario Lago (autores do samba "Ai que saudade da Amélia", lançado em 1942), a mulher que não tinha a menor vaidade e, se preciso, passava até fome ao lado do marido.

O compositor cumpriu com louvor a missão dada por Nara, retratando uma dona de casa que tinha consciência de suas privações e não aceitava prazerosamente o papel de submissa e resignada (mesmo assim, até hoje, a canção é considerada machista por uma parte dos fãs do compositor, a ponto de Chico, em 2022, após pressão da patrulha identitária, decidir nunca mais cantá-la nos shows).

Goste-se ou não de "Com açúcar, com afeto", ela se tornaria a primeira de muitas canções de Chico em que a mulher fala na primeira pessoa:

> Com açúcar, com afeto
> Fiz seu doce predileto
> Pra você parar em casa
> Qual o quê
> Com seu terno mais bonito
> Você sai, não acredito
> Quando diz que não se atrasa

Nara gravou a canção no álbum *Vento de maio*, de 1967 — Chico também decidiu incluí-la no disco lançado no mesmo ano, mas na hora de registrar a canção no estúdio deu uma de Macalé e chamou Jane Vicentina, do grupo Os Três Morais, para interpretá-la. No texto de encarte do LP, explicou: "Insisti ainda em colocar no disco 'Com açúcar, com afeto', que eu não poderia cantar por motivos óbvios."

O que os companheiros de campo do Polytheama iriam pensar ao vê-lo cantando uma música narrada por uma mulher? Quase uma década depois, arrependido, Chico tomou nova posição sobre o assunto: "Eu era um sujeito machista, no sentido de não assumir [a personagem], de ter medo de ser chamado de bicha."[16]

Na época da gravação, Caetano não gostou da recusa do compositor. "Quando Chico fez 'Com açúcar, com afeto', fiquei danado porque não gravou."[17] Em novembro de 1972, no show que ambos fizeram juntos no Teatro Castro Alves, em Salvador, o baiano sugeriu que Chico interpretasse, enfim, a canção feita para Nara. Ele disse que tinha algo ainda melhor: uma história homossexual, de duas mulheres. Com "Bárbara", Chico parece ter expurgado para sempre o "hétero acima de tudo" que existia nele:

> Vamos ceder enfim à tentação
> Das nossas bocas cruas
> E mergulhar no poço escuro de nós duas
> Vamos viver agonizando uma paixão vadia
> Maravilhosa e transbordante
> Feito uma hemorragia

Agentes da Polícia Federal presentes ao show do Teatro Castro Alves registraram o que consideraram "indecente" e aparentemente "subversivo". Não notaram Chico se livrando dos preceitos machistas, mas se escandalizaram ao ver "cenas que feriam a moral da família brasileira". Era Caetano sendo Caetano. "Ele se comporta como um homossexual, pintado de batom e com trejeitos afeminados", relataram os agentes.

O VANGUARDISTA

A boca pintada de batom era uma provocação aos caretas, uma ode à liberdade. Os trejeitos femininos resultaram de muitos anos de convivência quase exclusivamente com mulheres. Eram treze na casa de Santo Amaro. "Homens, éramos só eu, meus dois irmãos e meu pai. Então estou muito habituado ao modo feminino de sentir e perceber as coisas. Sou, desde pequeno, um tanto afeminado, sim."[18]

Esse modo de se comportar fez muita gente achar que Caetano era homossexual ou bissexual. Cazuza, em entrevista a Marília Gabriela, em dezembro de 1988, lamentou a onda de conservadorismo que tomara conta dos anos 1980, recordando os avanços comportamentais das décadas anteriores:

> A moda era Mick Jagger, Caetano Veloso, David Bowie, todos bissexuais. A moda era ser bissexual. Todo cara, por mais machão que fosse, dizia: "Eu já tive uma experiência (homossexual). Eu não gosto muito de homem, mas eu já tive a experiência." Ele tinha a experiência. Hoje em dia o gay tá com nada.

Caetano não concordaria com Cazuza ao ser classificado de bissexual. Considerava-se um ser não binário desde sempre. Muito antes de essa pauta dominar as discussões sobre o tema, ele já era contra qualquer tipo de divisão ou classificação rígida de sexo. "Não acho legal uma pessoa ser só homem ou só mulher, tenho tendência para uma coisa assim mais difusa, o amor mesclado de amizade e vice-versa, a heterossexualidade mesclada de homossexualidade e vice-versa."[19]

Atitudes e pensamentos expostos podem ter gerado definições apressadas sobre a sexualidade do cantor, que deu poucas entrevistas revelando abertamente a própria intimidade — expressada nas canções, radiografias de sua vida. "Eclipse oculto", por exemplo, é sobre uma experiência sexual que não deu certo — com um homem.

> É totalmente documental: "na hora da cama nada pintou direito", o disco do Djavan ["E desperdiçamos os blues do

125

Djavan"], tudo. Tanto que a outra pessoa se lembrou direitinho e disse: "Pô, você botou todos os detalhes!"[20]

Essa pessoa é um amigo de longa data, o tradutor Paulo César Souza, que, em abril de 2008, em entrevista ao jornal *A Tarde*, de Salvador, falou sobre o assunto:

> — Há uma "lenda" na cidade, de que Caetano teria escrito a música "Eclipse oculto" pra você. É real?
> — É verdadeiro. Acho a música maravilhosa. É muito bonita e fiquei lisonjeado.
> — Quando foi lançada, você já conhecia?
> — Não, ele não me falou nada. Eu ouvi no rádio e achei que era para mim. Depois, ele disse que era mesmo.

A canção "Amor mais que discreto", composta em 2007, durante os ensaios da turnê do disco *Cê*, é também sobre uma experiência vivida com um homem, essa menos acidental, embora Caetano reconheça, no início da letra, os limites da relação:

> Talvez haja entre nós o mais total interdito
> Mas você é bonito o bastante
> Complexo o bastante
> Bom o bastante
> Pra tornar-se ao menos por um instante
> O amante do amante
> Que antes de te conhecer
> Eu não cheguei a ser
>
> Eu sou um velho
> Mas somos dois meninos
> Nossos destinos são mutuamente interessantes

O VANGUARDISTA

Um instante, alguns instantes
O grande espelho

"Amor mais que discreto" é inspirada em outra canção sobre um amor interdito entre dois homens. Caetano dedicou a música a Johnny Alf, cantor e compositor decisivo para o surgimento da bossa nova, que em 1961 compôs "Ilusão à toa":

Sim, amor discreto pra uma só pessoa
Pois nem de leve sabes que eu te quero
E me apraz essa ilusão à toa
À toa
À toa

Johnny Alf morreu (em 2010). Nunca se soube quem era o homem amado e homenageado na música do genial autor de "Rapaz de bem".

Em mais de uma entrevista, Caetano admitiu ter se apaixonado por homens e mulheres ao longo da vida, mas nunca se definiu como "bissexual". "A ideia de bissexualidade é muito frequentemente usada para mascarar tanto homossexuais pouco corajosos quanto homofóbicos envergonhados. Tendo a rejeitar o conceito. (...) Eu quero mesmo é experimentar sempre, de tudo. Ser capaz de entrar e sair de todas as estruturas."[21]

A atração por homens, aflorada quando adulto, desapareceu completamente — segundo Caetano — após a traumática prisão na ditadura militar. Em dezembro de 2020, numa mesa de debate da edição virtual da Festa Literária Internacional de Paraty (Flip), ele admitiu que a experiência de passar 54 dias confinado abalou para sempre o desejo por pessoas do mesmo sexo: "O espaço muito masculino da prisão militar causou um outro apagão, que foi a atração sexual e sentimental por homens. Fiquei com uma rejeição sexual em relação à figura dos homens que eu não tinha."

Quando a epidemia da aids surgiu, em meados da década de 1980, foi associada à homossexualidade, por desconhecimento e preconceito. Na época, vários artistas, alguns assumidamente gays e outros que pareciam sê-lo, com seu jeito afeminado de falar e de se comportar — como o próprio

Caetano —, apareceram em capas de publicações sensacionalistas como supostas vítimas da doença.

No dia 4 de junho de 1990, o jornal *Notícias Populares*, do Grupo Folha, estampou na capa uma foto de Caetano sem camisa com o seguinte título: "Mãe entregou Caetano a Deus." A matéria, no entanto, não trazia nenhuma evidência de que Caetano estivesse com algum problema de saúde. Única entrevistada pela reportagem, Dona Canô afirmou que Caetano estava bem: "Ele não tem nada, só querem diminuir o meu filho. Mas eu deixo entregue a Deus..."

A edição da revista *Amiga*, que chegou às bancas no dia 17 de agosto de 1990, não sugeria que três populares artistas brasileiros pudessem estar contaminados com o vírus — ela simplesmente afirmava isso na principal chamada de capa: "A aids de Ney Matogrosso, Milton Nascimento e Caetano Veloso." Assim como no caso do *Notícias Populares*, não havia no texto da matéria qualquer indício ou fato que justificasse o título.

Pertencente ao Grupo Bloch, o mesmo proprietário da TV Manchete, a mentirosa edição da *Amiga* apareceu em horário nobre nos intervalos comerciais da emissora, na época com audiência em alta por conta do sucesso da novela *Pantanal*. Cinco anos depois, em maio de 1995, a Bloch Editores acabou condenada a pagar R$ 400 mil a Caetano numa ação por danos morais.

O cantor seguiu estigmatizado. Em 1993, o então correspondente do *New York Times* no Brasil, James Brooke, assinou uma reportagem dizendo não existir violência contra homossexuais no Brasil — como denunciara em entrevista ao mesmo jornal, o pintor de paredes Marcelo Tenório. Ele solicitava asilo político aos Estados Unidos alegando sofrer perseguição por conta da orientação sexual.

Segundo Brooke, dois dos maiores nomes da música popular brasileira, Caetano Veloso e Gilberto Gil, "alardeavam sua bissexualidade" sem ser incomodados. E cultivavam "o hábito de desfilar vestidos de mulher em público" — um exemplo notório, segundo o jornalista, de que qualquer orientação sexual era tolerada no Brasil, ao contrário do que afirmava Marcelo Tenório.

O VANGUARDISTA

O que Brooke definiu como "vestido de mulher" se referia, na verdade, a um sarongue paquistanês, usado pelos dois tropicalistas sobre a calça de smoking na cerimônia de premiação de um evento da música brasileira. Além dessa "barrigada" grotesca, a reportagem ignorou os milhares de casos de violência contra homossexuais no país.

Caetano deixou para responder ao jornalista norte-americano numa entrevista ao programa *Jô Soares Onze e Meia*, do SBT. Ao lado de Gil, enfurecido, o cantor apontou o dedo para a câmera, se dirigindo claramente a Brooke:

> Nós não andamos de vestido em lugar nenhum, nunca fomos vistos vestidos de mulher em lugar nenhum. Não é ofensivo ser bissexual. Não tenho nenhum problema de ter meu nome vinculado à homossexualidade em qualquer nível. Detesto canalha que vem pra cá e acha que pode fazer isso com qualquer brasileiro. Comigo não! Canalha! Canalha!

Dois anos depois, Brooke disse ao *Jornal do Brasil* que Caetano transformara uma simples matéria de jornal numa grande polêmica para se promover. "Ele precisava vender ingressos para um espetáculo que não ia lá muito bem."[22] Era mais uma mentira — viajando pela América do Sul com a turnê do disco *Fina estampa*, sucesso de crítica e de público, o músico baiano vivia uma das melhores fases da carreira.

* * *

Depois que eu fui preso e fui para Londres, este público universitário de esquerda ficou a meu favor. Mas só durou até quando eu voltei de Londres, porque eu decepcionei muito este pessoal, porque eu não correspondia e não poderia corresponder ao que eles esperavam e imaginavam. Então ficou caracterizado como meu público, o *drop-out*, universitários que não tinham ficado na universidade, gente que saiu, que está numa alternativa, que não quer estudar, se formar, mais hippie, mais contracultura. Mas depois, a essa gente também decepcionei um pouco, porque não fumo maconha, não sou tão desbundado.[23]

O designer gráfico Rogério Duarte, fundamental para o desabrochar tropicalista, definiu Caetano como um "moralista moderno" — ele estará sempre na vanguarda, assumindo posturas e incomodando com questões da sexualidade e da moral, mas nada que seja o suficiente para transformá-lo em "líder do desbunde". Imagine um guru da contracultura, que morre de medo de lança-perfume, não gosta de maconha e cocaína, e que só bebe cerveja — e olhe lá — no carnaval?

Os gestos, o modo de se vestir, a cabeleira, o comportamento no palco poderiam sugerir uma imitação da maneira de ser de beatniks e hippies, mas o Tropicalismo nem tratou do assunto nas letras do movimento. Parte da imprensa tentou a todo custo transformar "Alegria, alegria" numa música alusiva ao uso de drogas — não conseguiu, como conta Caetano:

> Lembro-me de ter visto alguns desses imbecis que andam na televisão tentando provar por A + B que na letra de "Alegria, alegria" eu estava querendo me referir a drogas. Era de morrer de rir. Que malabarismos lógicos foram precisos! (...) Para a perene decepção de todos (todos, sem exceção), eu venho atravessando todos esses anos sem um charo [cigarro de maconha]. E tenho horror a porre de lança-perfume, anestesia de dentista, bolinha e bebedeira.[24]

Chamado de "Caretano" pelos amigos, o cantor teve a primeira experiência com drogas aos 14 anos, em Santo Amaro. Ingeriu lança-perfume e sentiu muito medo. Nada parecido com a experiência de tomar ayahuasca (bebida alucinógena indígena), já adulto, morando em São Paulo:

Eu tomei ayahuasca uma vez. Tive uma dessas viagens indescritíveis, durante as quais você sabe de coisas que é quase impossibilitado de traduzir para qualquer nível de conversação. (...) Vi milhões e milhões de anjos indianos, homens e mulheres, dançando, infinitamente dançando. Foi em 1968. Eu olhei a cidade de São Paulo da janela e era estranhíssimo. (...) Depois fiquei louco, como se estivesse mesmo louco. Aí não vi nada. Nunca sofri tanto na minha vida, o que também é indescritível. É o inferno. É como o poema de Sá de Miranda: "Não posso viver comigo nem posso fugir de mim." Ainda fiquei uns três meses meio louco e depois bem um ano fora do mundo.[25]

Caetano também não gosta de maconha — fumou uma vez, no começo dos anos 1960, muito antes de a droga virar moda, junto com uma amiga norte-americana. Sentiu angústia, uma espécie de febre. Com cocaína a repulsa é ainda maior. O cantor tem pavor da droga e tudo que a cerca: "Odeio cocaína. Tudo: odeio a maneira como as pessoas aspiram, odeio o fedor do corpo de quem cheira. Odeio a cultura de economia paralela ilegal que cresceu por causa do consumo da cocaína. Da boemia, me interessam as pessoas."[26]

Em "Falso Leblon" (2009), Caetano discorre sobre a ojeriza a essa droga:

Odeio a vã cocaína
Mas amo a menina
E olho pro céu
Ela se esgancha por cima de mim
Quem sou eu?

Como o próprio cantor reconhece que todas as suas canções são autobiográficas ("Falso Leblon" é sobre a relação de um homem, aparentemente careta, tentando apagar os "rastros" deixados por sua parceira, rondando louca de ecstasy e pó pelas noites da Zona Sul carioca), presume-se que "Caretano" viveu situações semelhantes — suportando, limpo, as sequelas da "viagem" da pessoa amada.

"Qualquer coisa", canção que dá nome ao disco de 1975, é também um pouco sobre isso e remete à fase porra-louca de Dedé Gadelha, sua primeira mulher — esta sim vivendo intensamente os anos 1960 e 1970, enquanto o marido tomava uma Coca-Cola sob o sol de quase dezembro:

> Esse papo já tá qualquer coisa
> Você já tá pra lá de Marrakesh
> Mexe qualquer coisa dentro, doida
> Já qualquer coisa doida, dentro, mexe

As únicas drogas consumidas por Caetano, e não de forma esporádica, são os ansiolíticos, antidepressivos e indutores de sono em geral — a insônia crônica, que o acompanha desde a infância, fez com que ele recorresse a remédios para dormir.[27] Muitos deixaram de fazer efeito e foram substituídos por antialérgicos, que também passaram a não ter utilidade com o tempo. Ao trocar Rivotril, o calmante mais vendido do país, por Fenergan, antialérgico poderoso, o cantor se convenceu de que era preciso consultar um médico especialista em sono. Após o tratamento, seguiu insone.

> Tenho resistência para dormir, minha mãe diz que fui um bebê com insônia. Porque todo mundo ia dormir e eu não queria dormir, queria continuar falando, mesmo com dois, três anos. Eu estou assim até hoje. Dormir é sempre um pouco incômodo, a ideia de dormir. Porque assim como estou aqui agora, conversando com você, vendo coisas e... daqui a pouco eu vou embora? Eu não aceito isso, e a passagem de render-se ao sono é difícil.[28]

Em julho de 1976, a polícia militar de Florianópolis (SC) invadiu o hotel onde se hospedavam Caetano, Gil, Gal e Bethânia e vários músicos da turnê *Os Doces Bárbaros*. Os policiais agiram com truculência — prenderam Gil em flagrante, por porte de maconha, e não deixaram Gal e Bethânia se vestirem enquanto revistavam os quartos das cantoras.

Bethânia explicou que o pó branco encontrado na bolsa não era droga, como suspeitavam os policiais, e sim "pó de pemba", giz de calcário muito usado nos rituais do candomblé. Caetano teve mais dificuldade em convencer os PMs de que o Valium de cinco miligramas em cima da cabeceira da cama tinha sido comprado com receita médica. Os policiais levaram o cantor — e o vidro do ansiolítico — para a delegacia.

Caetano acabou liberado, mas a barra pesou para Gil, condenado a tratamento no Instituto Psiquiátrico São José, em Florianópolis. O músico passou alguns dias na clínica — depois foi transferido para o Sanatório Botafogo, no Rio de Janeiro, onde continuou o "tratamento de desintoxicação". (Em 2006, trinta anos depois, a Câmara dos Deputados aprovou o projeto que acaba com a pena de prisão para usuários.)

Em 2017, num vídeo postado na internet, Paula Lavigne apareceu fumando um baseado ao lado do também produtor Tino Monetti, enquanto caminhavam pelas ruas de Montevidéu, no Uruguai, onde é permitido o consumo recreativo de maconha. O vídeo viralizou e a produtora foi duramente criticada nas redes sociais. Advogados argumentaram que a manifestação em vídeo de Paula poderia ser enquadrada como apologia ao uso de drogas.

Ela se defendeu com a providencial ajuda de "Caretano", que gravou um vídeo se solidarizando com a empresária e esposa, afirmando ser radicalmente a favor da liberalização de todas as drogas — apesar de abominá-las.

* * *

Em 1967, quando apresentou pela primeira vez ao público uma canção tropicalista, "Alegria, alegria", Caetano conquistou a plateia indócil e reverteu as vaias em aplausos. Já em 1968, na apresentação de "É proibido proibir" no Festival Internacional da Canção (FIC), ele não conteve a irritação com os apupos e agressões físicas dos estudantes de São Paulo, que, além de ruins em política, eram péssimos em estética. E proferiu o histórico discurso no Teatro Tuca: "Vocês não estão entendendo nada, nada, nada, absolutamente nada!" Os universitários, base do público de festivais, shows e discos, continuaram perdidos, confusos diante de outras experimentações, ocorridas no começo da década de 1970.

No FIC de 1972, o paulistano Walter Franco, a vanguarda em pessoa, causou revolta ao apresentar "Cabeça", música concreta que subvertia as bases da canção brasileira — a plateia careta do Maracanãzinho não estava pronta para tamanha ousadia e vaiou do começo ao fim. "Cabeça" faz parte do LP *Ou não*, produzido pelo maestro tropicalista Rogério Duprat e lançado em 1973, ano em que *Araçá azul*, o trabalho mais vanguardista de Caetano e também com contribuições orquestrais de Duprat, chegou às lojas — ambos disputariam, palmo a palmo, o recorde de devoluções do mercado fonográfico.

Há uma teoria de que *Araçá azul* é filho de "Cabeça" — Caetano, motivado pela corajosa performance do músico paulistano no FIC, teria decidido radicalizar no primeiro trabalho pós-exílio em Londres. O cantor reconhece a importância de Walter Franco e considera *Ou não* muito superior artisticamente a *Araçá azul*, mas diz que seu disco experimental sairia de qualquer jeito.

Caetano pensava em gravá-lo ainda no fim dos anos 1960; portanto, bem antes do impacto provocado por Walter Franco — talvez "Cabeça" tenha, no máximo, apressado a realização de um desejo reprimido pelas limitações emocionais do exílio. Triste e angustiado em Londres, o cantor não tinha de onde tirar a disposição para produzir um disco que exigia uma alta carga de energia e de entrega.

> O *Araçá azul* foi uma retomada dos pensamentos que vinham à minha cabeça antes de ser preso, que de uma certa maneira me aproximava da poesia concreta, do experimentalismo, das letras, das poucas palavras. (...) Quando gravei *Araçá azul*, eu precisava fazer um disco exatamente assim. Eu estava de volta ao Brasil, livre pela primeira vez desde que tinha sido

preso. Foi uma descarga da tensão, diante da prisão, era um sentimento que estava represado. Esse é o primeiro disco feito no Brasil em que eu toquei violão.[29]

A experiência de compor a trilha sonora do filme *São Bernardo*, de Leon Hirszman, adaptação da obra de Graciliano Ramos, também pesou na decisão de criar o *Araçá azul*. Hirszman ouvira emocionado a impactante interpretação de Caetano para "Asa branca", gravada em Londres, um longo e lindo lamento vocal, com grunhidos que remetem à sonoridade dos repentistas e cantadores do sertão (Luiz Gonzaga chorou ao ouvir a versão numa loja de discos). Era justamente aquilo que Hirszman procurava quando começou a pensar na estruturação de sons e imagens de *São Bernardo*. Ele queria se inspirar em outra adaptação de um livro de Graciliano, *Vidas secas* (1963), o premiado filme dirigido por Nelson Pereira dos Santos — a inovadora trilha sonora se resume a sons incidindo em determinadas sequências, como o ruído de um carro de boi expressando o sofrimento do retirante nordestino.

Não há uma palavra dita por Caetano na trilha de *São Bernardo* — e sim um conjunto de lamentos vocais improvisados cena a cena, em sintonia com a corrente de imagens surgidas no longa, um clássico do Cinema Novo e até hoje elogiado por sua engenhosidade. Caetano gostou tanto da experiência que resolveu levá-la para o estúdio, com a presença apenas de técnicos de som, músicos e arranjadores, cúmplices das experimentações do autor: "Com *Araçá azul*, eu quis quebrar compromissos, no sentido de pensar exclusivamente em mim. Por isso não permiti que ninguém entrasse no estúdio, nem Dedé, nem Guilherme Araújo, nem Gal, nem Gil. Resolvi que iria fazer tudo sozinho, tocar violão e sobrepor vozes e sons."[30]

O então presidente da gravadora Phillips, André Midani, entusiasmou-se com a ideia e teve a certeza de que o primeiro disco de Caetano gravado no Brasil, após a volta do exílio, seria um sucesso comercial, justamente pela proposta original e ao mesmo tempo tão tropicalista. "Um disco cinematográfico!", exultou Midani.

Roberto Menescal, diretor artístico da Philips, viajou a São Paulo, onde o disco seria gravado, com a recomendação de ajudar Caetano no que fosse preciso — só não esperava passar uma tarde inteira deitado no meio-fio da avenida São Luiz, captando, com um gravador, o barulho frenético das buzinas de carro de uma das ruas mais movimentadas de São Paulo (som que é ouvido na faixa "Épico", assim como os de canos de descarga, igualmente registrados por Menescal).

Caetano gravou *Araçá azul* em uma semana. Tocou violão pela primeira vez num disco, assim como piano, percussão e ocarina (um instrumento de sopro). Lanny Gordin, Tutty Moreno, Edith do Prato, Tuzé de Abreu e Rogério Duprat (arranjador da faixa "Épico") entraram no clima e contribuíram para que o álbum fosse feito à maneira imaginada por Caetano, a criação tropicalista mais radical já realizada.

No texto do encarte, o cantor, de forma irônica, e talvez consciente de que a obra não seria palatável a todos, alertou: "Um disco para entendidos." A frase tinha também um sentido dúbio. Gíria muito usada na época, "entendido" era como os gays chamavam alguém aparentemente heterossexual, que "compreendia" a maneira de ser deles e com quem podiam ter intimidades, inclusive sexual. No disco, Caetano interpreta o bolero "Tú me acostumbraste", de Frank Dominguez, um hino gay, cantando a primeira parte de maneira normal e na segunda, em falsete, numa imitação da voz feminina.

O cantor sabia que *Araçá azul* não se tornaria um sucesso de vendas — mas talvez não esperasse um fracasso tão grande a ponto de revoltar fãs e irritar os lojistas com as numerosas devoluções do disco. O respeito e a veneração de Midani por Caetano não impediram a Phillips de tomar uma decisão drástica: destruir o encalhe (30% das 10 mil cópias prensadas), preservando apenas o tape e o fotolito.

Caetano não se arrependeu de ter gravado *Araçá azul*, que, após virar raridade nos sebos (o próprio cantor não tinha um exemplar), foi relançado em 1987 com 20 mil cópias, todas vendidas. Satisfeito com a gravação de um disco tão hermético ao voltar do exílio, e orgulhoso dos aplausos recebidos dos amigos, o cantor logo mudou de ideia quando ouviu *Ben*, também gravado em 1972:

Fiz o *Araçá azul* em uma semana, aquela coisa estranha de vozes superpostas, palavras escondidas, gritos, barulhos, uma confusão. Quando acabei de fazer, o Augusto de Campos ficou entusiasmado, o Rogério Duprat adorou. O Gil caiu em prantos. Pensei, puxa vida, então é bonito, e senti aquela liberdade de estar fazendo uma coisa experimental, um certo orgulho de fazer uma coisa esquisita. Mas, quando ouvi o disco *Ben*, logo em seguida, disse que loucura, não é nada disso, isso tudo que fiz é uma bobagem. Vi a superioridade enorme daquele disco do Jorge Ben sobre tudo o que pudesse haver de melhor no *Araçá azul*.[31]

✳ ✳ ✳

— Porcaria, vanguarda de cartão-postal![32]

Parte da plateia que lotara a Sala Glauber Rocha já tinha ido embora (Chico Buarque e Marieta Severo puderam, enfim, se sentar), quando um homem passou gritando furioso contra o que dizia ser a pior produção cinematográfica já vista em sua vida: as "intermináveis" quase duas horas do mais aguardado filme do FestRio 1986.

Ninguém se importou com o horário da pré-estreia, meia-noite, tampouco com o fato de a principal sala de cinema do Hotel Nacional ter virado uma estufa. O ar-condicionado não deu conta da superlotação do espaço — com capacidade para acomodar 1.500 pessoas, recebeu mais de 2 mil convidados, curiosos para testemunhar a primeira incursão de Caetano Veloso como diretor de cinema.

O cantor e compositor pensava em fazer um filme como *Cinema falado* desde os 15 anos, idade em que viu, no Cine Subaé, *A estrada da vida*, de Federico Fellini — experiência tão marcante quanto ouvir João Gilberto pela primeira vez. "Chorei o resto do dia e não consegui almoçar."[33] Impacto semelhante ele sentiria ao ver *Acossado*, de Jean-Luc Godard, recém--chegado a Salvador. O título do filme foi inspirado em um samba de

Noel Rosa, "Não tem tradução" ("O cinema falado é o grande culpado da transformação / Dessa gente que sente que um barracão prende mais que um xadrez").

Nos anos 1950 e 1960, Santo Amaro da Purificação era um paraíso para amantes do cinema. Três salas exibiam o que de melhor havia das produções norte-americana, europeia e latino-americana da época. Filmes que abriram um novo mundo a Caetano, expressando uma realidade não tão distante assim. Muitos deles, sobretudo os neorrealistas italianos, exibiam personagens com hábitos e jeito de ser parecidos com os habitantes da cidade do Recôncavo Baiano.

Uma imagem ficou na cabeça do jovem cinéfilo, filho de Dona Canô: a do açougueiro Agnelo Rato Grosso, humilde cidadão santo-amarense, chorando após assistir a *Os boas-vidas*, de Fellini. "Esse filme é a vida da gente",[34] disse o conterrâneo na ocasião. Por um momento, ainda indeciso sobre o que fazer da vida, mas encantado com a arte cinematográfica, Caetano pensou em ser diretor, desejo logo abandonado.

A música também sepultou o crítico de cinema, que no começo dos anos 1960 assinou artigos no jornal *O Archote*, de Santo Amaro, e, já morando em Salvador, sem emprego fixo, no caderno de cultura do *Diário de Notícias*, editado por Glauber Rocha, que na época não deu muita bola para o colaborador. "Fui apresentado umas cinquentas vezes e ele nunca se lembrava de mim. Apertava minha mão com uma mão mole", contou Caetano.[35]

Até 1985, ano em que Caetano decidiu rodar o primeiro — e único — filme, ele só tivera uma breve experiência nessa arte, ao dirigir o clipe da canção "Terra", para a TV Manchete. Já a sua colaboração para o cinema brasileiro, como compositor de trilhas ou cedendo canções para longas, curtas e documentários e até mesmo como ator, é profícua.

Dirigido por Geraldo Sarno, *Viramundo* (1964) é o primeiro filme com música de Caetano, em parceria com José Carlos Capinan. Antes de assinar a trilha de *São Bernardo*, outros filmes igualmente importantes contêm canções suas, como *O desafio* (1965), de Paulo César Saraceni; *Brasil ano 2000* (1968), de Walter Lima Júnior; e *Os herdeiros* (1968), de Cacá Diegues.

Ele também participara da trilha de diversos filmes do cinema underground, como *Câncer*, película de 16 mm rodada pelo ex-chefe do *Diário de Notícias*, Glauber Rocha, quando já não o tratava mais com indiferença; *Toques* (1975), de Jomard Muniz de Britto; e o curta *H.O.*, de Ivan Cardoso (1979) — quando resolveu também fazer o seu próprio filme de baixo orçamento.

Guilherme Araújo, empresário do cantor e produtor de *Cinema falado*, disse a ele que a grana captada para o longa — 1,5 milhão de cruzados — daria, no máximo, para pagar a equipe técnica, o que estava longe de ser um problema para o aspirante a diretor. Caetano buscava inspiração no modelo da produtora Bel-Air, fundada pelos cineastas Júlio Bressane e Rogério Sganzerla e pela atriz Helena Ignez, que em apenas um ano (1970) realizou sete longas de baixo orçamento.

A intensão de Caetano era rodar o filme em apenas três semanas, prazo que assustou o primeiro contratado para a equipe técnica, Pedro Farkas, responsável pela direção de fotografia de *Cinema falado*. O músico-diretor explicou a Farkas — e talvez o tenha assustado ainda mais — que não pretendia fazer um filme convencional. Roteiro, por exemplo, não existia, e sim uma lista de textos para serem lidos por amigos íntimos de Caetano (alguns casualmente atores profissionais). O resto brotou naturalmente: "As imagens e situações foram se delineando à medida que eu me aproximava do início das filmagens. Não tive que procurar ou escolher atores; cada texto escrito ou escolhido já era pensado para ser dito por uma pessoa cujos modos eu conhecia bem."[36]

Embora admita a influência de Godard, sobretudo na estruturação do filme ("aquela coisa de as pessoas simplesmente falarem, lerem trechos de livros"),[37] Caetano diz que a clareza sobre como fazer o *Cinema falado* lhe veio à mente em momentos de tédio e angústia, quando tentava pegar no sono diante da televisão. "Tive a ideia vendo programas de entrevistas à noite. *TV Mulher* nas horas de insônia matinal."[38]

Faltava um produtor executivo e Caetano pediu a Bineco, seu secretário pessoal, para sondar Bruno Wainer, então com 25 anos e iniciando a carreira como produtor e assistente de direção. Wainer estava trabalhando em outro filme — *Ópera do malandro*, de Ruy Guerra — e sugeriu um amigo, Dodô Azevedo, que aceitou prontamente o convite.

Wainer indicou Dodô, mas depois ficou pensando que deveria se envolver de alguma forma na feitura da obra do cantor. Era algo muito desafiador, colaborar com a primeira criação cinematográfica do ídolo tropicalista. "Dei um toque no Dodô: 'Fala pro Caetano que ele precisa de um assistente de direção, alguém que entenda minimamente de como manusear uma câmera, dos aspectos técnicos."'[39]

Quando as filmagens terminaram, Caetano reconheceu que a entrada do assistente de direção fora decisiva para o andamento do longa, rodado em 21 dias: "Bruno Wainer dirigiu a equipe e o diretor, botando ordem em todos os momentos caóticos que se insinuavam."[40]

Sem começo, meio e fim, *Cinema falado* é fragmentário, não contém história nem enredo, completamente não linear. É uma digressão sobre dimensão existencial, sexo, filosofia, cinema, literatura e artes plásticas. A sequência desconexa de imagens, citações e diálogos é difícil de ser compreendida pelo senso comum e não digerível por quem prefere sucessos de bilheteria e filmes que contêm histórias de maneira bem clara.

Essa dificuldade de assimilação por parte de muita gente era previsível. Mas Caetano ficou surpreso com a revolta causada pelo filme, primeiro entre os que se diziam os verdadeiros representantes do cinema brasileiro de vanguarda.

Dois deles estavam na sétima fileira da Sala Glauber Rocha, a maior do FestRio, inconformados com o espaço dado pela mostra de cinema mais importante do Rio de Janeiro a um medalhão da música popular. Segundo disseram, Caetano não entendia nada de cinema e estava se achando o Godard brasileiro.

Arthur Omar, diretor mineiro do filme experimental *Triste trópico* (1974), protestou contra o que estava vendo e ouvindo — no caso, uma das cenas mais longas de *Cinema falado*, a que, durante 7 minutos e 35 segundos, o tradutor Paulo César Souza lê, em alemão, um trecho do ensaio *O casamento em transição*, de Thomas Mann.

O VANGUARDISTA

— Porcaria, vanguarda de cartão-postal![41]

Sentado ao lado de Arthur Omar, o cineasta amazonense Carlos Frederico, autor de dois filmes underground — *A possuída dos mil demônios* (1970) e *Lerfá mú* (1979) —, também se levantou da cadeira aos berros:

— Isto nós já fazíamos há mais de dez anos![42]

Omar e Frederico foram retirados da sala, sob vaias e aplausos. (Voltaram mais duas vezes e foram novamente expulsos.) A confusão prosseguiu pela madrugada, depois que o filme terminou. A dupla decidiu confrontar Caetano quando ele jantava num bar do Hotel Nacional, sede do festival. Os amigos — muitos deles no elenco do longa (Regina Casé, Maurício Mattar, Hamilton Vaz Pereira) — colocaram os dois pra correr.

O público também lotou a sala de quase mil lugares do Cine Metrópole, em São Paulo, para ver a estreia de *Cinema falado*. Novamente o filme dividiu opiniões. O poeta Décio Pignatari não gostou, apesar de elogiar a ousada iniciativa de Caetano. "O filme pode ser péssimo, mas a ideia de amador fazer filme é ótima. E Caetano não é um amador passivo, é um amante ativo."[43]

Um dos representantes do cinema marginal paulistano, Carlos Reichenbach, que assim como Caetano também participaria do Festival Internacional de Cinema de Roterdã, na Holanda (com o filme *Anjos do arrabalde*), saiu reclamando: "Não tem sentido essa história de cineasta de carteirinha."[44] Também entrevistado na saída do Cine Metrópole, o poeta Haroldo de Campos disse que a maioria da plateia, por puro preconceito, estava precondicionada a falar mal de *Cinema falado*: "Um filme deve ser visto com olhos livres."[45]

Suzana Amaral, diretora de *A hora da estrela*, não viu e não gostou: "Caetano se transformou em urubu de vanguarda, que vive copiando cadáveres. Parou no tempo e no espaço. O filme é uma exibição de vanguarda retrógrada. (...) Depois do que falaram, nem quero ver."[46] O autor respondeu com sexismo: "Suzana não passa de uma dona de casa que deveria ficar em casa passando óleo de peroba nos móveis."[47]

Para a também diretora Tizuka Yamasaki, o criador de *Cinema falado* não queria tomar o lugar de ninguém, apenas chamar atenção, provocar.

"Caetano sempre foi vanguarda na música e sempre foi um criador de polêmicas. Acho que ele não queria fazer cinema, mas sim abrir mais uma frente de discussão. E conseguiu, o que é muito saudável."[48]

Não tão saudável assim, pelo menos para Caetano, que, diante de tantos ataques, decidiu nunca mais repetir a experiência, como ele mesmo admitiu em 2003 no relançamento do filme em DVD:

> Tive muitos problemas. Foi muito sofrido, muito difícil. Eu não tenho muito problema de não aceitação ou de não aprovação do que eu faço, entendeu? Em geral. Eu sou muito vacinado nisso. (...) Levo porrada o tempo todo através dos anos, embora tenha com tudo isso me estabelecido como um medalhão da música popular do Brasil. Então não tenho do que reclamar. Mas, no caso do filme, eu sofri muito. E vou lhe dizer por quê. Porque pra fazer o filme eu engajei uma porção de gente a quem eu quero muito bem. E uma gente que se expõe no filme. (...) Então, quando eu lia no jornal aquelas coisas agressivas e eu ouvia o Arthur Omar xingando, gritando dentro do cinema, e essas pessoas todas presentes na sala, eu me senti muito mal e depois me senti mal ainda com coisas que vi no jornal. (...) Me arrependi de ter feito o filme. Me desanimei de fazer um outro.[49]

* * *

A experiência, pelo jeito, foi mesmo traumática. Em 2003, ao assistir ao filme *A grande arte*, adaptação do romance de Rubem Fonseca dirigida por Walter Salles, tido como um dos piores filmes do diretor de *Central do Brasil*, Caetano desabafou: "Uma porcaria, um filme amador, malfeito, ruim. E ninguém tinha coragem de dizer isso. Agora, do meu filme, até xingar minha mãe me xingaram."[50]

5. O AMANTE

O meu louco querer

"Se Caetano fosse mulher, seria daquelas bem dadeiras."
(Dorival Caymmi)[1]

"Todo mundo quer saber com quem você se deita / Nada pode prosperar."
(Caetano Veloso, "A luz de Tieta")

"Outro dia, ouvi o Djavan afirmando a mesma coisa que o Chico já disse várias vezes: 'Minhas músicas não têm nada a ver com a minha vida, não procurem semelhanças, elas não têm nada de autobiográfico.' As minhas, bem ao contrário, são todas autobiográficas."[2]

Apesar disso, não há como radiografar a vida de Caetano apenas ouvindo suas músicas. Muitas incluem referências e menções sutis, não explícitas, e misturam características de personagens da vida real do autor, o que tem gerado alguns mal-entendidos e pelo menos um desmentido por parte dele (negou ter composto uma canção exclusivamente para Luana Piovani).

De explícita mesmo, só a adoração de Caetano pelas mulheres que passaram por sua vida, fontes inspiradoras de dezenas de letras.

> Amor é amor, sempre, entre homem e mulher, homem e homem, mulher e mulher. (...) Essas coisas são sempre de momento, nunca tenho definições definitivas. Agora, eu tenho mesmo uma relação muito especial com a mulher. Para mim, é como se a mulher possuísse o segredo do desejo. Eu adoro mulher.[3]

Das muitas musas inspiradoras, ninguém superou a primeira com quem morou e se casou — são várias canções dedicadas ao seu relacionamento com Dedé Gadelha, como "Itapuã" (do álbum *Circuladô*, de 1991). Na areia de uma praia do bairro mítico, fez amor com ela pela primeira vez:

Nosso amor resplandecia
Sobre as águas que se movem
Ela foi a minha guia
Quando eu era alegre e jovem
Nosso ritmo, nosso brilho
Nosso fruto do futuro
Tudo estava de manhã
Nosso sexo, nosso estilo
Nosso reflexo do mundo
Tudo esteve Itapuã (...)

A canção "Itapuã" ganhou um verbete no livreto *Sobre as letras*, escrito por Caetano e publicado em 2003: "É sobre mim e Dedé, por isso eu chamei Moreno pra cantar comigo na gravação. Essa música me emociona, muitas vezes eu cantava e chorava."

Outra canção, "Avarandado", exalta o período inicial dessa paixão:

Cada palmeira da estrada
Tem uma moça recostada
Uma é minha namorada
E essa estrada vai dar no mar
(...)
Namorando a madrugada
Eu e minha namorada
Vamos andando na estrada
Que vai dar no avarandado do amanhecer.

"Tinha saudades de Dedé, fiz pensando nela", conta Caetano no mesmo livreto. Compôs "Avarandado" depois da mudança para o Sudeste: "Fiz quando estava em São Paulo, com Bethânia, no tempo do *Opinião*" [que estreara no Rio em fevereiro de 1965]. A canção é uma das faixas do primeiro LP dele, *Domingo* (1967), gravado com Gal Costa, que a interpreta acompanhada por orquestra. João Gilberto incluiria "Avarandado" em seu álbum de 1973.

O AMANTE

Até pelo menos meados dos anos 1970, Dedé parecia ser a única e definitiva musa. É o que indica esta estrofe da canção "Minha mulher", do disco *Joia*, de 1975:

Tudo é mesmo muito grande assim
Porque Deus quer
Minha mulher
Minha mulher
Minha mulher
Quando eu for velho
Quando eu for velhinho
Bem velhinho
Como seremos?
Como serei?
Como será? (...)

Já a canção "Ela e eu", que aparece em 1979 no LP *Mel*, de Maria Bethânia (regravada por Caetano com os filhos no álbum *Ofertório*, de 2018), aponta nuvens negras no horizonte: "É muito confessional e sentimental, da época em que começaram a aparecer os primeiros problemas que levaram ao fim de meu casamento com Dedé. Chorei muito no dia em que fiz essa música."

(...) Outro homem poderá banhar-se
Na luz que com essa mulher cresceu
Muito momento que nasce
Muito tempo que morreu
Mas nada é igual a ela e eu. (...)

Caetano amava Dedé, que amava Gal, que amava Caetano, que amava Gal, que amava Dedé. O trio se conheceu junto — a professora de dança Maria Laís Salgado, amiga dos três, insistia para que Caetano ouvisse a menina Maria da Graça cantar. Ele deveria procurar, primeiro, Dedé, a vizinha de frente da aspirante a cantora, intermediária do encontro:

OUTRAS PALAVRAS: SEIS VEZES CAETANO

> A Maria Laís, que era professora de dança, me disse: "Caetano, eu conheci uma menina que canta lindo e estou louca para que você a ouça cantar. Ela é vizinha de uma aluna minha e vou pedir para minha aluna marcar o encontro. Elas são jovens, as mães não deixam sair de noite, mas quero ver se marco um encontro."[4]

Os três se encontraram, mas não do jeito planejado pela professora de dança. A paixão arrebatadora por Dedé fez com que Caetano, nas primeiras horas, nem notasse a presença de Maria da Graça. "Eu nem me interessei muito pelo encontro porque adorei a Dedé e fiquei pensando assim: 'Puxa, essa menina devia ser minha namorada.' Pensei mesmo. Olhei para ela e achei isso. Imediatamente. Gostei dela, achei a maior graça, toda animada, direta, linda. Era linda, tinha 16 anos."[5]

Caetano e Dedé casaram-se quatro anos mais tarde, no final de 1967, alguns meses depois da projeção nacional alcançada por ele com a canção "Alegria, alegria", que, junto com "Domingo no parque", de Gilberto Gil, deflagrou o movimento tropicalista.

No começo daquele mesmo ano, Maria da Graça, já conhecida como Gal Costa, assim batizada pelo empresário Guilherme Araújo, gravou o primeiro disco da carreira, *Domingo*, em dupla com o também estreante Caetano — que, de cara, se apaixonou artisticamente por Gal quando, enfim, mais concentrado, parou para ouvi-la cantar naquela noite de 1963:

> Ela veio com Dedé, toda tímida, roendo as unhas, encanada, esquisita. Aí Dedé mandou que ela pegasse o violão e cantasse. E ela tocou e cantou "Vagamente": "Só me lembro muito vagamente...", de [Roberto] Menescal e [Ronaldo] Bôscoli. Ainda não existia o disco da Wanda [Sá]. E foi engraçado porque a gente botou o apelido nela de Gracinha Vagamente. Depois, saiu o LP da Wanda que se chamava *Wanda vagamente*. Mas a Gal cantou e, quando acabou, foi um choque. Aquela

voz já era essa voz, cantando lindo. Eu disse: "Você é a maior cantora do Brasil." Ela: "O quê?" E eu: "Você é a maior cantora do Brasil, a maior de todas já, não tem dúvida, você é o máximo."[6]

Caetano flertou mais de uma vez com Gal — e ficou à vontade para isso quando ambos dividiram a mesma cama de casal do apartamento de Guilherme Araújo, no Rio, sem a presença de Dedé, ainda morando em Salvador. Eles tentaram, mais de uma vez, mas nada pintou direito: "Eu e Gal sempre brochamos todas as vezes que tentamos brincar de namorar. (...) Todas as noites eu tentava seduzi-la com um disco de Bob Dylan e papo-furado. Ela sempre resistiu e terminávamos as noites às gargalhadas."[7]

Sério mesmo só a tara de Caetano por Gal. Quando a cantora posou nua para a capa da revista *Status*, em fevereiro de 1985, no auge dos seus 40 anos, Caetano fez questão de assinar o texto de apresentação do ensaio:

> Gal é linda. Tem uma boca linda e é magnífico que por essa boca saia exatamente essa voz. Sempre a senti mulata e uma das coisas melhores de ela ter cortado agora os cabelos e tirado essas fotos nuas é a revelação de sua mulatice. São deslumbrantes sobretudo as poses onde a bunda aparece de perfil, bem negra e bem dura.

O desejo era recíproco. "Naquela época estava bem forte. A gente ia para a praia de São Conrado, começava sempre um clima. Rolou tesão, mas a gente não foi às vias de fato. Não entendo por quê", disse Gal.[8]

Caetano transformaria a não trepada em mais uma bela canção feita para uma mulher, "Da maior importância", gravada por Gal, a homenageada, no disco *Índia*, de 1973:

> Pode haver o que está dependendo
> De um pequeno momento puro de amor

> Mas você não teve pique e agora
> Não sou eu quem vai
> Lhe dizer que fique

O esboço de paquera entre Caetano e Gal não abalou a amizade do trio que se conhecera junto. Ao contrário, assim que houve uma aproximação mais íntima, Dedé deixou claro que aquilo só iria adiante com uma condição: a de serem livres para ter outros relacionamentos, sem amarras e privações. "A primeira vez que fiquei sozinho com Dedé, ela me disse assim: 'Você é a favor do amor livre?' Fiquei superemocionado. Ela tinha 16 anos e eu 20, quase 21. Nossa conversa começou pela liberdade do amor", afirmou Caetano.[9]

Caetano, vindo do interior baiano, criado numa família de carolas, praticamente um iniciante no assunto (acabara de perder a virgindade com uma menina de sua turma de amigos), poderia se intimidar com a condição imposta pela futura namorada, uma aluna de dança moderna da capital Salvador, pronta para viver todas as possibilidades de uma relação aberta.

Não foi o que aconteceu. A sugestão de Dedé os aproximou ainda mais. Era o que Caetano, desde muito cedo, pensava sobre a união entre duas pessoas, que, segundo ele, deveria se espelhar em dois modelos totalmente distintos, mas pautados pelo respeito mútuo e cumplicidade: o de seus pais, Seu Zeca e Dona Canô, e o dos franceses Simone de Beauvoir e Jean-Paul Sartre, adeptos do amor livre, hoje chamado de poliamor.

> Em Santo Amaro, aos 17 anos, eu me dizia sueco. Gostava de saber que no país escandinavo uma mulher casada que tivesse um eventual caso extraconjugal não só não seria apedrejada: ela simplesmente conversava sobre o caso com o marido, e ambos procuravam atravessar o ciúme e decidir seguir juntos ou separar-se; amava que as meninas pudessem ter experiências sexuais com namorados ou amigos sem que isso lhes destruísse a vida.[10]

O sueco Caetano viveu intensamente as delícias e dores do amor livre. Nas vezes que pintou ciúme, segurou a onda, como prometera a Dedé — no máximo manifestou o desconforto nas enigmáticas canções autobiográficas. Os trisais não eram combinados, aconteciam naturalmente, como revelou Ciro Barcelos, ator do grupo Dzi Croquettes, durante uma live em 2021:

> Eu e Dedé tínhamos um certo caso. Ela casadíssima com Caetano, que era meu ídolo. Uma vez num verão na Bahia, na casa deles, que ficava com as portas sempre abertas, eu cheguei com ela e estava Caetano sentado com um violão. A gente ficou ali um pouquinho, cantou uma música e logo ela me pegou pela mão e subimos para o quarto. Caetano passado, com aquele olhar de leonino dele. Depois de um tempo, claro, ele chegou junto e fizemos um amor lindo.

Vivendo a camaradagem do amor sem amarras, Caetano e Dedé nem pretendiam se casar, mas acabaram oficializando a relação — e do jeito mais convencional possível — na igreja de São Pedro, em Salvador, por vontade de Dona Wangry, mãe de Dedé, católica fervorosa que não admitia que a filha fosse viver com um músico em São Paulo sem antes cumprir todos os rituais do matrimônio.

Dona Wangry só não conseguiu impor a mesma obrigação à outra filha, Sandra, também apaixonada por um músico — Gilberto Gil —, que já havia sido casado (com Nana Caymmi) e, portanto, não podia, oficialmente, se casar de novo, muito menos numa igreja. Caetano comentou sobre o duplo desgosto da sogra:

> Me casei com Dedé que estava comigo há anos, né? Mas não podia ir para São Paulo sem casar, porque ela dizia que a mãe dela morria, né? Na verdade, a gente se casou e, meses depois, Sandra foi passar uns dias em São Paulo e amasiou-se com Gil, que já era casado, e pela segunda vez, com Nana Caymmi, tinha duas filhas, era preto. E a mãe não morreu![11]

Caetano e Dedé casaram-se no dia 20 de novembro de 1967, numa cerimônia que o noivo definiu como um "pesadelo":

> Hordas de garotas de farda colegial lotavam o templo, distribuídas por todos os assentos, os corredores, os púlpitos, os altares. Parecia um pesadelo. Elas cantavam "Alegria, alegria" e tentavam chegar junto de mim. As que conseguiam, agarravam-se a cachos do meu cabelo e algumas agrediram Dedé. Minha mãe, sempre tão serena, desmaiou. Bethânia levou uma pancada na cabeça. Eu queria ir-me embora. Mas não dava para sair.

Em "Nosso estranho amor" (1980), gravada por Marina Lima, Caetano reafirma o desejo de se deitar seja com quem for — até com uma fã obsessiva, se fosse o caso. O seu louco querer podia ser também o louco querer de Dedé, para quem o compositor dedicou a canção:

> Não quero sugar todo o seu leite
> Nem quero você enfeite do meu ser
> Apenas te peço que respeite
> O meu louco querer
> Não importa com quem você se deite
> Que você se deleite seja com quem for
> Apenas te peço que aceite
> O meu estranho amor

Nos primeiros anos de Caetano no Rio, ainda se projetando como artista e morando de favor na casa de amigos e depois no Solar da Fossa, foi a vez de Dedé segurar a onda. Hospedada na casa da avó no Flamengo, ela era a responsável por tudo que o cantor, mimado pelas mulheres santo-amarenses, se dizia incapaz de fazer, como assinar cheques, ir ao supermercado e dirigir (medo que ele só perdeu após muitas sessões de psicanálise).

1. Ao centro, de chapéu, com a mãe, primas e tias, em Santo Amaro, na década de 1950: os trejeitos femininos resultaram de muitos anos de convivência quase exclusivamente com mulheres.

2. Com Dona Canô e Seu Zeca: seus pais faziam parte da chamada nobreza popular do Recôncavo da Bahia, sofisticação que não resultou em transgressões, principalmente no campo dos costumes.

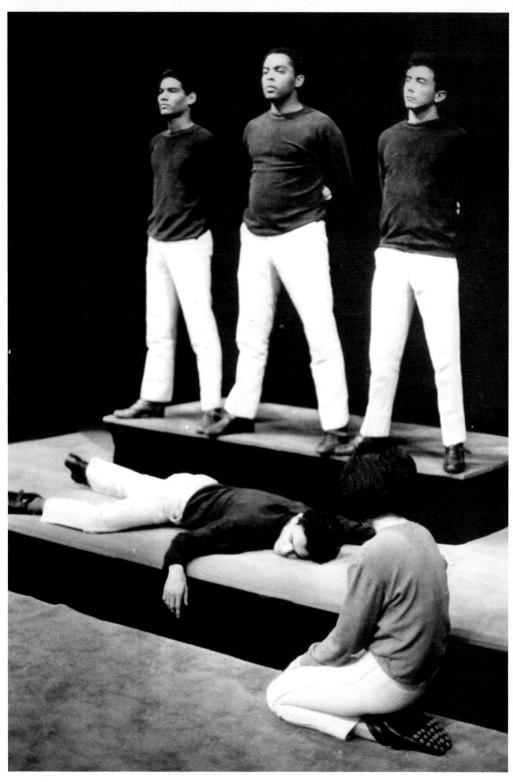

3. Deitado no palco do musical *Arena canta Bahia* (em pé, da esquerda para a direita, Piti, Gil e Tom Zé): embora grato às lições cênicas de Augusto Boal, Caetano não se entusiasmou com as posições políticas e estéticas do diretor.

4. No fim da década de 1960, Gil parecia não compreender ainda o que se mostrava tão nítido para Caetano. As intuições artísticas do amigo e parceiro não correspondiam às suas atitudes.

5. O carinho mútuo não impediu que no imaginário popular Chico e Caetano continuassem antípodas, símbolos de uma rivalidade musical que nunca existiu.

6. Caetano, em 1969: "Se o Brasil precisa tanto da minha presença, pobre Brasil."

7. Gal, paixão à primeira vista: "Todas as noites eu tentava seduzi-la com um disco de Bob Dylan e papo furado. Ela sempre resistiu e terminávamos as noites às gargalhadas."

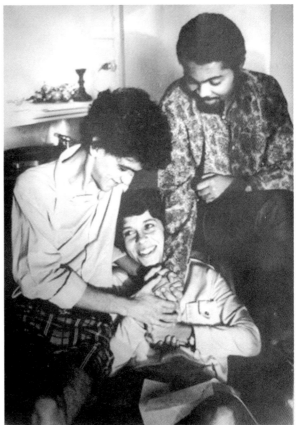

8. O entrosamento entre eles, nascido e cultivado nos tempos de criança, se estendeu para a vida adulta, a ponto de Caetano e Bethânia, já morando em Salvador, serem vistos como um casal.

9. Caetano e a plateia do *Maria fumaça bicho baile show*. Enquanto parte da sociedade civil protestava contra os retrocessos do governo Geisel, ele indagava: "Existe coisa mais agradável do que dançar, e todo o mundo ficar odara?"

10. Caetano ao violão, no fim da tumultuada e desgastante década de 1970: os embates com os jornalistas e os confrontos com o público durante os shows aumentaram a rejeição ao cantor baiano. O disco *Muito* vendeu apenas 30 mil cópias – em Salvador, chegou a ser boicotado por alguns lojistas.

11. ACM fez tudo que pôde para ter o retrato na parede, atendendo a pedidos de Dona Canô, da reforma da igreja da cidade à liberação de verbas para ações sociais em Santo Amaro. Os dois se gostavam, se respeitavam mutuamente, mas uma dose de pragmatismo também os unia.

12. Dona Canô e Lula. Quando os ataques de Caetano ao petista se acentuaram, a matriarca, lulista fervorosa, repreendeu publicamente o filho famoso: "Foi uma ofensa sem necessidade. Caetano não tinha que dizer aquilo. Ele é só um cantor."

13. Com o então presidente Fernando Henrique, em 1995: Caetano foi um contrapeso importante para a campanha do ex-ministro de Itamar, enquanto a maioria da classe artística, liderada por Chico Buarque, aderiu à candidatura de Lula. O apoio ao tucano não duraria muito tempo.

14. Em 2017, no ato em solidariedade ao juiz Marcelo Bretas, no Rio: "Há uma ameaça à Lava Jato e ao desfazimento da organização corrupta que insiste em se manter no Brasil."

15. Com Dedé, inspiração para uma dúzia de letras: a estrela entre as estrelas?

16. Com Paula Lavigne, mão no leme e pé no furacão: a dependência mútua explica tanto tempo de parceria, que perdura até hoje e tudo indica que será para sempre.

17. A "Jabuticaba Branca" e o "Banana de Pijama", frente a frente: muitas canções de Caetano incluem referências e menções sutis, não explícitas, o que tem gerado alguns mal-entendidos.

18. Com a ex-namorada Sônia Braga: por um bom tempo, acreditou-se que a musa de *A dama do lotação* seria a única fonte de inspiração de uma das mais famosas músicas do compositor, "Tigresa". Mas a mulher de unhas negras que esfregou a pele de ouro marrom no corpo do extasiado cantor é também a atriz Zezé Motta.

19. Amizade para toda a vida: é com Caetano que a camaleoa Regina Casé tem os melhores papos de cabeleireiro.

20. Com o primogênito Moreno Veloso: o acontecimento mais importante de sua vida adulta.

21. Com Zeca e Tom. O convívio com os filhos evangélicos fez de Caetano um homem menos antirreligioso: "Eu não acredito em Deus, mas Moreno acredita, Zeca acredita e Tom acredita. E eu acredito neles três."

22. Caetano em 1979: "Tornei-me uma caricatura de líder intelectual de uma geração. (...) Na sua miséria, a intelectualidade brasileira viu em mim um porta-estandarte, um salvador, um bode expiatório."

O AMANTE

Por alguns meses, Dedé trabalhou num banco da Zona Sul carioca para também assegurar que Caetano chegasse alimentado e livre de aporrinhações financeiras para gravar o primeiro disco da carreira, *Domingo*, em parceria com a ex-vizinha de sua esposa. Um cuidado maternal, reconhecido pelo compositor em outro trecho da já citada canção "Minha mulher":

Quem vê assim pensa que você é muito minha filha
Mas na verdade você é bem mais minha mãe

O casal não queria filhos, possibilidade que incomodava mais o cantor — ele dizia sentir pena dos amigos que passavam boa parte do dia se dedicando à criação dos rebentos. Essa percepção mudou radicalmente durante o exílio em Londres. Mais de uma vez, Caetano disse que o nascimento de Moreno Veloso (em novembro de 1972, em Salvador) foi o acontecimento mais importante de sua vida adulta.

O primogênito voltou-se naturalmente para a música, sendo filho, sobrinho e neto de quem era — apaixonou-se sobretudo pelo samba do Recôncavo Baiano e se tornou frequentador assíduo, assim como a avó Dona Canô, das rodas comandadas por Edith do Prato. Embora tenha composto uma canção com apenas 10 anos de idade, "Um canto de afoxé" para o Bloco do Ilê (gravada por Caetano no disco *Cores, nomes*), e, na adolescência, recebido aulas de violão com Almir Chediak e de violoncelo com David Chew, Moreno, tímido, apavorava-se com a ideia de seguir a carreira artística.

Era natural que pensasse assim — o nome do pai não saía dos jornais e revistas, geralmente associado a alguma polêmica. Em 1998, aos 26 anos, cursando Física na Universidade Federal do Rio de Janeiro (UFRJ), Moreno concedeu uma rara entrevista ao jornal *O Globo*. Queriam saber se agora era para valer, se ele largaria tudo para se dedicar, enfim, à música, após compor duas belas canções, "How beautiful could a being be", gravada no disco *Livro* (1997), de Caetano, e "Sertão" (em parceria com o pai), gravada por Gal no álbum *Aquele frevo axé* (1998).

155

OUTRAS PALAVRAS: SEIS VEZES CAETANO

Moreno não quis muito papo e deixou claro o incômodo por virar notícia — ele não seguia os conselhos de Caetano, para quem o filho não deveria ser tão recluso. "Meu pai reclama do fato de eu não gostar de jornalistas, de ser fechado. Quanto a ele, apesar de viver brigando, acho que gosta, está sempre nas páginas. E, diferentemente de mim, que só olho a capa, lê os jornais de cabo a rabo."[12]

Ao lançar o primeiro disco, *Máquina de escrever música*, em 2000, Moreno reiterou a aversão à superexposição e as diferenças com o estilo onipresente do pai, pronto para opinar sobre qualquer assunto. Dessa vez com um disco na praça, ele estava disposto a dar entrevista, desde que falasse exclusivamente sobre música. "O problema é que eu vivia uma vida semipública, involuntária. Simplesmente não tinha nada a dizer, então não dizia."[13]

Moreno herdou o estilo da mãe. Dedé, apesar do comportamento extrovertido na intimidade, querida pelos fãs e pela *entourage* do compositor, em público mantinha-se discreta, recusando-se a entrar nas polêmicas do marido e a conceder entrevistas. Ela se fechou mais ainda depois da enorme frustração por não ter podido ser mãe pela segunda vez. No início de 1979, Dedé quase morreu no parto de Júlia, que faleceu dias após o nascimento. Apenas Caetano falou à imprensa sobre a morte prematura da filha.

O casal se separou no início dos anos 1980 depois de uma fase turbulenta do relacionamento, que se refletiu em algumas canções da época. Uma delas é "Queixa", do álbum *Cores, nomes*, lançado em 1982. "Fiz para Dedé. É uma canção sentimental", escreveu Caetano em *Sobre as letras*.

> Princesa, surpresa, você me arrasou
> Serpente, nem sente que me envenenou
> Senhora, e agora, me diga aonde eu vou
> Amiga, me diga

"Este amor", que está no álbum *Estrangeiro*, de 1989, feita também para Dedé, mantém o clima de fim de caso:

Tua boca brilhando, boca de mulher,
Nem mel, nem mentira,
O que ela me fez sofrer, o que ela me deu de prazer,
O que de mim ninguém tira
Carne da palavra, carne do silêncio,
Minha paz e minha ira
Boca, tua boca, boca, tua boca, cala minha boca

Com o fim do casamento, Dedé sofreu como era esperado por terminar uma união de pelo menos quinze anos, mas tocou a vida, sem grandes dramas e traumas, ao contrário do leonino marido: "Eu vivia intensamente essa temática amorosa no momento em que preparava este disco [*Outras palavras*, de 1981]. Eu estava me separando de Dedé pela primeira vez, vivendo com grande sofrimento, e não queria deixar isso fora da minha produção."[14]

Há quem diga que, faltando poucos anos para completar duas décadas da separação, e casado com Paula Lavigne desde 1986, Caetano ainda faria nova homenagem a Dedé. Seria na canção "Livros", composta para o disco *Livro*, de 1997, mesmo ano em que foram lançadas as memórias de Caetano, *Verdade tropical*.

De acordo com essa versão sobre as intenções da música, os dois versos finais do refrão reiteram a importância na sua vida da mãe de Moreno Veloso, o primeiro filho:

Tropeçavas nos astros desastrada
Mas pra mim foste a estrela entre as estrelas.

Porém, os demais versos tratam apenas de livros, palavras e versos. E o próprio autor não faz referência a nenhuma musa inspiradora ao contar o que está por trás da canção "Livros", no livreto *Sobre as letras*:

As palavras parecem dizer muita coisa relevante quando a gente a canta. Quando a gente pensa um pouco, nada é mesmo relevante. Depois a gente pensa mais e volta a desconfiar de que talvez tudo seja relevante. Nesse sentido, ela não é uma canção sobre os livros, mas uma canção sobre as canções. Eu tinha acabado de escrever o longo livro *Verdade tropical*. Estava pensando muito no assunto da relevância da canção.

Quem insiste na tese de que "Livros" é dedicada a Dedé aponta para o videoclipe da canção: no final, Caetano aparece lendo em voz alta páginas de um livro em francês, que seria *O vermelho e o negro*, de Stendhal. A principal obra desse autor, um romance histórico e psicológico que mistura crônica social com filosofia sobre a natureza humana, seria a preferida de Dedé. Ela teria dado o livro de presente ao namorado e insistido para que o lesse.

O universo de leitura de Caetano, antes e depois de Dedé, está mais voltado para ensaios de filosofia, história, linguística, sociologia, antropologia, poesia, clássicos da moderna literatura ocidental, especialmente em língua portuguesa, textos experimentais e de vanguarda. E, se ele terminou o videoclipe lendo trechos de um romance do início do século XIX, só pode mesmo ter sido uma homenagem a Dedé. Mas o começo da canção contradiz essa argumentação:

Tropeçavas nos astros desastrada
Quase não tínhamos livros em casa
E a cidade não tinha livraria

Se esse primeiro verso é dirigido a Dedé, os dois seguintes a excluem. Evidentemente, se referem a Santo Amaro da Purificação, porque em Salvador, onde Caetano conheceu Dedé, havia livrarias, que ele frequentava como consumidor. Ou seja, as prateleiras da estante de sua residência na capital baiana não estavam quase vazias, como na casa da cidade natal. Mas também se pode admitir que o autor da canção usou de licença poética misturando situações.

Foi o que ele fez em outra composição, "Tigresa". Indagado por um repórter sobre quem era a musa que a inspirou, Caetano respondeu de bate-pronto: "Zezé Motta." Pensando melhor, lembrou que a canção cita

O AMANTE

também características de outra musa, Sônia Braga. Contudo, cada ouvinte tem uma tradução própria para o significado de uma obra de arte, de acordo com as informações disponíveis, as experiências que viveu e os sentimentos e pensamentos despertados por ela.

Um conhecedor do movimento tropicalista pode dizer que o primeiro verso de "Livros" — "Tropeçavas nos astros desastrada" — não se refere a Dedé ou a qualquer outra musa específica, mas se trata de paródia de outra paródia. A primeira feita pelos Mutantes numa das faixas do álbum de 1970. Enquanto Caetano e Gil viviam o primeiro ano de exílio em Londres, os tropicalistas que permaneceram no país procuraram manter vivo o espírito do movimento.

Os Mutantes apresentam no LP *A divina comédia ou ando meio desligado* uma interpretação escrachada, com humor e cheia de efeitos sonoros, da famosa seresta "Chão de estrelas", grande sucesso dos anos 1930 na voz de Silvio Caldas, que a compôs com Orestes Barbosa. Na gravação dos Mutantes, o verso "Tu pisavas nos astros distraída" é cantado ao som de ruídos que parecem cacos de vidro sendo pisados, num clima bem tropicalista.

Assim, apesar de o verso final de "Livros" parecer uma declaração de amor a uma ex-mulher — "Mas pra mim foste a estrela entre as estrelas" —, a música seria na verdade dirigida aos livros, às palavras e às canções. E, como tinha sido composta quando Caetano terminou de escrever suas memórias do Tropicalismo em *Verdade tropical*, natural que ele invocasse e parodiasse um verso de "Chão de estrelas", a seresta que Os Mutantes tornaram emblemática do movimento.

No entanto, se o especialista em Tropicalismo derrubar a hipótese de que "Livros" é também dedicada a Dedé, não importa: muitas outras canções continuarão eternizando o estranho amor vivido por ela e Caetano.

Quando o casamento acabou, Dedé confidenciou a amigos próximos que estava aliviada ao passar a bola para a nova namorada de Caetano. A despeito de ser 27 anos mais nova, Paulinha Lavigne é quem passaria a tomar conta das coisas do dia a dia do artista — dedicação maternal que faria do filho-marido um milionário.

OUTRAS PALAVRAS: SEIS VEZES CAETANO

* * *

— Você não manda nesse negócio aí como diz que manda![15]

Ao telefone, de um hotel em Caracas, Paula Lavigne cobrava providências de um homem pouco acostumado a receber ordens, muito menos em seu país: o então presidente venezuelano Hugo Chávez. A empresária e mulher de Caetano Veloso, inconformada com o roubo ao caminhão que levava instrumentos e equipamentos de sons da banda do artista, interceptado por assaltantes numa grande rodovia da cidade, passara a manhã ligando para amigos influentes no Brasil — até conseguir o contato do comandante.

Paula Mafra Lavigne controla e manda em tudo que se refere à "marca" Caetano Veloso desde a época em que, teoricamente, não tinha idade nem para mandar em si mesma. Ela era ainda uma garota de 13 anos quando começou a namorar o cantor, um quarentão precisando de cuidados. Quatro anos depois, ainda menor de idade, se tornou sócia do compositor na empresa Uns Produções.

A dependência mútua explica tanto tempo de parceria, que perdura até hoje e tudo indica que será para sempre — Paulinha não deixou de empresariar o cantor nem quando se separaram (voltaram a morar juntos depois de mais de dez anos de rompimento). "O Caetano me ensinou a pensar";[16] "Ele tira o melhor das pessoas. Sou dependente psicologicamente dele";[17] "Se não tivesse encontrado o Caetano, talvez eu estivesse em um hospício. Ele salvou a minha vida, pois valorizou o que tenho de legal".[18]

O que Paulinha tem de legal — admitido até por quem não suporta o estilo beligerante da empresária — é a capacidade de fazer as coisas acontecerem e de tornar possível algo antes considerado impossível, graças a boas doses de praticidade, disciplina e intuição, somadas ao talento, este inato e também inquestionável, para ganhar dinheiro — desde os tempos de curso primário. "Pegava a minha irmã e cobrava para ela levantar a saia para os meninos olharem. Eram 10 centavos a bunda e 20 a frente. (...) Sempre tive jeito para os negócios."[19]

Mesmo sendo uma atriz de poucos recursos, como ela mesma reconheceu em várias entrevistas, negociou bons contratos na efêmera passagem pela

O AMANTE

televisão. "Com 15 anos, na minissérie [*Anos dourados*] eu tinha contrato na Globo e cachê mais alto do que o do Felipe Camargo. Era uma coadjuvante ganhando mais que o protagonista."[20]

Os pais da hiperativa garota — o advogado Arthur Lavigne e a psicanalista Irene Mara — pagaram dois anos de terapia com Inês Besouchet, uma das psicanalistas mais renomadas do Rio. Para a jovem paciente, um dinheiro jogado fora. "Acho que sou daquele tipo de pessoa que tem anticorpos contra a psicanálise, em mim ela não pega."[21]

O teatro, que ela também fora aconselhada a fazer, como uma forma de extravasar as neuroses — e eram muitas ("Já fui disrítmica, portadora de transtorno de déficit de atenção, hiperativa. Cada hora tem uma moda, e eu me encaixo em todas")[22] —, a fisgou por mais tempo. Com 7 anos, Paulinha começou a cursar a tradicional escola fundada por Maria Clara Machado.

O Tablado a aproximou de uma geração de jovens atores, esses sim dispostos a seguir na profissão, como Malu Mader, Felipe Camargo, Maurício Mattar e Alexandre Frota — os últimos três escalados, assim como Paulinha, para a peça *Capitães de areia*, adaptação do romance de Jorge Amado, que estreou no Teatro Ipanema, no verão de 1982.

Caetano gostou da montagem, mas se encantou mesmo com os meninos e meninas do elenco, lindos e descolados, com quem se enturmou rapidamente. Eles foram convidados para o aniversário do cantor, inclusive a caçula do grupo, de 13 anos. "Só posso dizer que foi na festa de 40 anos dele [que transaram pela primeira vez]. Foi presente de aniversário. Mas não vou contar. Meu pai me ensinou a ser discreta. Já falei demais", confidenciou Paulinha em entrevista à revista *Playboy*, em agosto de 1998.

Nos dias de hoje, Caetano teria sérios problemas com a Justiça, mas em 1982 não existia a atual previsão de crimes nas relações sexuais entre adultos e menores de 14 anos — cada caso era analisado individualmente por juízes. Apenas em 2009 o Código Penal passou a prever que a relação entre uma pessoa maior de idade e outra menor de 14 anos, mesmo que com consentimento, é considerada estupro.

Na libertária Ipanema do começo dos anos 1980, Paulinha não havia sido a primeira adolescente a se envolver com um homem bem mais velho.

OUTRAS PALAVRAS: SEIS VEZES CAETANO

E, segundo o próprio Caetano, o "velho" da relação nem era ele: "Paulinha me impressionou desde que a conheci, ela ainda adolescente. Dedé e eu parecíamos crianças diante dela porque ela parecia ter já mais experiência de vida."[23]

Nas poucas vezes em que falou abertamente sobre o assunto, Paulinha também defendeu a tese de que o namoro não causou tanto estranhamento, tampouco foi tratado como um escândalo pela imprensa — justamente pelo contexto da época e porque, na prática, ela não se comportava como uma garota de 13 anos. "As pessoas não entendem que uma menina pode ter mais maturidade do que outras nessa idade?"[24]

O advogado Arthur Lavigne, pai da adolescente e um dos maiores criminalistas do país, poderia ter causado problemas a Caetano, mesmo a lei sendo mais branda em 1982, mas nada disso aconteceu. "Meu pai nunca nem falou nesse assunto. Só dizia que confiava em mim", disse Paulinha.[25]

O fato é que um ano após o início do relacionamento entre a atriz e o cantor, Arthur, ao perceber que o namoro parecia ser para valer, achou uma maneira de separá-los por um tempo, enviando a filha para estudar em Londres, na esperança de que as coisas esfriassem naturalmente. A estratégia não deu muito certo, como revelou Paulinha:

> Aos 14 anos meu pai me mandou estudar na Inglaterra e tempos depois o Caetano foi lá atrás de mim. Eu fugia da escola para ficar com ele, era muito bom. Ele voltou e eu fiquei mais tempo lá. Depois fugi definitivamente da escola e fiquei rodando a Europa até acabar o dinheiro. Quando voltei, continuamos a nos encontrar e com 16 anos fomos morar juntos. Não foi fácil.[26]

Houve várias dificuldades. Primeiro, o estranhamento de quem não conhecia Paulinha — para os amigos mais antigos de Caetano, a atriz não passava de uma pivete, longe de ser uma mulher madura que se dizia pronta para administrar a carreira de uma estrela da música popular brasileira. "No início todos falavam mal de mim, as pessoas não entendiam a nossa relação. Elas passaram a me engolir."[27]

Com 16 anos, morando com Caetano, Paulinha engravidou. E tomou rapidamente a decisão de fazer um aborto. "Eu não queria ter filho [ainda sendo] adolescente. Tinha acabado de começar o relacionamento com Caetano. (...) Eu teria estragado a minha vida, a minha relação com o Caetano se eu tivesse tido um filho com 16 anos. Não tenho a menor culpa."[28]

A gravidez certamente lhe traria problemas na TV Globo, que não teria como mantê-la no elenco da minissérie *Anos dourados* (1986), sucesso de audiência da emissora — e que tirou Paulinha do conforto do anonimato. A imprensa passou a apresentá-la como a "Marly do seriado da Globo, a nova namorada de Caetano Veloso" — ela, enquanto possível, negava.

Ninguém sabia muito bem quem era Paula Lavigne, interpretando uma personagem sem grande destaque em *Anos dourados*, protagonizada pelos colegas dos tempos de teatro amador, Felipe Camargo e Malu Mader. Mesmo quando um jornal de grande circulação decidiu publicar pela primeira vez um perfil de meia página de Paulinha, poucas pistas foram dadas.

Na coluna "Perfil do Consumidor", do *Jornal do Brasil*, uma das mais lidas do matutino, a jornalista Elizabeth Orsini, responsável pela seção, enxergou uma Paulinha muito diferente da que os amigos e parentes conheciam — ou a atriz, de propósito, encarnou outra personagem:

> Paula não é consumidora desenfreada. Delicada, dona de uma boa conversa, ela é uma consumidora que faz o tipo gatinha.

> Ela vem sendo apontada como a nova namorada de Caetano Veloso. Dizem até que o bigodinho que usou por alguns dias foi em homenagem a ela. Paula Lavigne, atriz, a Marly dos seriados *Anos dourados,* afirma, porém, que esse ti-ti-ti não passa de maledicência. "Somos apenas bons amigos", insiste em dizer.

> Dezessete anos, ariana, moradora em Copacabana, Paula só tem uma coisa na cabeça: se desenvolver cada vez mais como atriz.

Na cabeça de Paulinha havia apenas Caetano Veloso. E vice-versa. O cantor trocara a casa do Jardim Botânico, onde morava com Dedé, por um apartamento no Leblon, para onde Paulinha também se mudou. Mesmo assim, na fase de transição, a "ex" continuava sendo um pouco mãe de Caetano, que almoçava quase diariamente no Jardim Botânico — com o consentimento da nova namorada.

Os dois "bons amigos" não se desgrudavam. Só em agosto de 1986, mês da publicação do perfil de Paulinha no *Jornal do Brasil*, eles foram vistos juntos num jantar na casa da atriz Débora Bloch, dançando agarrados no show do Paralamas do Sucesso no Canecão e numa festa promovida por Lucinha Araújo, mãe de Cazuza, na badalada Hippopotamus, de Ricardo Amaral. Era impossível esconder o que já era público.

Paulinha não estava sendo evasiva ao dizer que não existia namoro, compromisso algum. "Então tá combinado / É quase nada / É tudo somente sexo e amizade / Não tem nenhum engano nem mistério / É tudo só brincadeira e verdade", cantou Caetano em "Tá combinado", gravada por Bethânia e composta logo no início da relação com a atriz:

> É do período que eu comecei a andar com Paulinha. Naquela época, eu conversava muito com Márcia Alvarez, uma amiga, que trabalhava e viajava comigo. Falávamos que não queríamos mais esse negócio de amor, namoro, compromisso, que nosso lema seria sexo e amizade. Comecei a me relacionar com Paulinha um pouco dentro desse pensamento, não sabia o que estava acontecendo nem para onde iria, então fiz a música.[29]

O não compromisso evoluiu rapidamente para um sentimento de posse, como o próprio Caetano admitiu ao compor "Você é minha", outra canção feita para Paulinha. "Era um negócio que eu dizia para ela quando a conheci. Ela tinha um namorado e eu dizia para ela: 'Mas você é minha.'"[30] Esse descompromisso combinava menos ainda com a atriz e empresária, intensa e possessiva demais para compartilhar Caetano com outras mulheres sem se aborrecer. Na prática, a conversa era outra.

Paulinha sempre se queixou das canções que Caetano fez para ela, por achá-las inferiores às que ele compôs, por exemplo, para Dedé, Sônia Braga e Regina Casé. "As minhas acho mais ou menos",[31] reclamou. Uma injustiça, levando-se em conta que, pensando nela, Caetano compôs "Branquinha", uma das mais belas canções da carreira (e na lista de suas preferidas), certamente invejada por muitas musas inspiradoras.

Nessa canção, Caetano reitera a admiração pelas grandes qualidades de Paulinha: o espírito guerreiro, a "mão no leme" — que ela nunca mais soltou, administrando com garra a carreira do "mulato franzino, menino, destino de nunca ser homem, não". A primeira tarefa assumida pela empresária — "General" para os mais e menos chegados — foi a de tornar Caetano um milionário, um *upgrade* e tanto para as finanças do artista que, até então, não tinha nem poupança em banco.

O não apego de Caetano por grana está expresso em músicas como "Beleza pura" ("não me amarra dinheiro não", inspirado num verso do compositor Elomar — "Viola, alforria, amor, dinheiro, não") e "O quereres" ("Onde queres dinheiro, sou paixão") e na recusa em participar de qualquer tipo de propaganda comercial.

Por exigência de Caetano, a Universal Music e o YouTube/Vevo retiraram as publicidades dos vídeos do cantor da plataforma. Em 2012, ele comprou briga com a Odebrecht porque a empresa queria usar o nome "Tropicália" num condomínio de luxo em Salvador. A empreiteira, ameaçada de processo, teve que recuar.

Uma das gigantes do setor de refrigerantes lhe ofereceu mais de uma vez quantias astronômicas para que ele aparecesse numa propaganda da marca cantando "Eu tomo uma Pepsi-Cola" — em vez de "Coca-Cola", como se ouve numa de suas canções mais conhecidas, "Alegria, alegria". Caetano, que recusa a transformação de músicas de sua autoria em jingles publicitários, não aceitou nem conversar.

Não que ele seja um idealista em defesa da pureza do processo criativo contra as investidas do mercado. É uma escolha pessoal e que se restringe apenas ao uso de suas criações pela propaganda. Caetano defende a necessidade de gêneros e movimentos musicais buscarem mecanismos para se viabilizar comercialmente e, com isso, chegar às massas.

O cantor se orgulhava, por exemplo, do processo de mercantilização do carnaval baiano — atualmente uma indústria poderosa —, exaltação registrada em "Bahia, minha preta", gravada por Gal: "Cozinha esse cântico / Comprar o equipamento e saber usar / Vender o talento e saber cobrar, lucrar."

Por tudo isso, o desprendido Caetano, jamais um grande vendedor de discos, viu com bons olhos a associação empresarial com Paulinha, que garantiu fazer dele um milionário, sem forçar a barra, sem fazer concessões. Ela só venderia o seu talento — sabendo cobrar e lucrar. Muito.

"O Caetano não tinha nada. Era tudo daquele jeito maluco, desorganizado",[32] disse Paulinha, ao se referir às pessoas que cuidavam da carreira dele até ela chegar com tudo — ela conquistou a emancipação com 17 anos para poder assumir os negócios. E não questionou a idoneidade de Guilherme Araújo, empresário do cantor desde meados da década de 1960, e sim a sua incapacidade de transformar a marca Caetano Veloso num ativo financeiro poderoso.

Talvez Guilherme achasse, com razão, que Caetano não ambicionava ficar rico ("trabalho para ele não é fazer dinheiro")[33] e que ter alguém tomando conta do seu dinheiro, dos trâmites financeiros do dia a dia, já podia ser considerado um privilégio, um grande luxo. Caetano comportava-se como o menino de Santo Amaro que dependia da mesada do pai para assistir aos filmes de Fellini no Cine Subaé.

O artista Caetano, já transformado num gigante da música brasileira, recorria a Tia Léa, apelido carinhoso de Leia Millon, uma de suas empresárias (tia de sangue de Dedé e Sandra Gadelha), quando precisava de uma grana para ir a um show ou jantar com amigos. Hábito que não perdeu nem com a chegada de Paulinha. Mas, para ela, a forma descompromissada de o cantor lidar com dinheiro não poderia, de jeito nenhum, ser imitada pelos que administravam financeiramente a sua carreira. Paulinha colocou a mão na massa:

> Na verdade, o que acontecia com Caetano é que o dinheiro não chegava até ele. Me lembro que ele ligava para a Tia Léa e pedia: "Tia, tem um dinheirinho aí para eu fazer não sei

o quê?" A Tia Léa é ótima pessoa, sempre tomou conta das coisas dele. Mas eu não ia conseguir viver uma vida assim, tendo que me submeter a informações de outros. Comecei a organizar as coisas.[34]

Em pouco tempo, Caetano retomou a propriedade de 95% de sua obra — a partir do esforço exclusivo de Paulinha, uma negociadora dura e implacável. O dinheiro começou a entrar. E não parou mais. A própria empresária fez o cálculo durante uma entrevista à revista *IstoÉ*, em maio de 2005: "Hoje ele tem um patrimônio cinquenta vezes maior do que tinha naquela época e sem contar as possibilidades de shows e vendas de discos."

A força da grana, como cantou Caetano, ergue também coisas belas, como o apartamento que ele e Paulinha adquiriram por 3 milhões de dólares no bairro do East Village, em Nova York. Em 1997, eles passaram a morar numa cobertura na Vieira Souto, em frente ao mar de Ipanema, no mesmo edifício onde um dia residiu Juscelino Kubitschek e Dudu da Loteca, chamado assim por ter ganhado, sozinho, um prêmio da Loteria Esportiva.

A canção "Branquinha" pode não ser a favorita de Paulinha, mas é o nome dado à lancha usada pelo casal, visto navegando pela baía de Guanabara antes de o mar se tornar revolto.

* * *

"O Brasil está em crise, a TV Globo está em crise, a MPB está em crise. Um casal não pode ter uma crise? Casal sem crise não é casal",[35] desabafou Paulinha, em dezembro de 2004, ao ser questionada, mais uma vez, sobre os rumores de uma possível separação entre ela e Caetano.

A crise chegou a níveis insuportáveis e Caetano deixou o apartamento em Ipanema decidido a nunca mais voltar. Em maio de 2005, impedida de entrar com o carro na garagem de um flat no Arpoador, onde o cantor passou a morar, Paulinha jogou a BMW blindada contra o portão, derrubando-o. Ao entrar na garagem, em alta velocidade, acabou batendo numa pilastra e foi contida por seguranças.

Jornais e revistas deram destaque ao ataque de fúria de Paulinha, que decidiu não falar com a imprensa. Caetano silenciou, deixando que as canções falassem por ele. Zeca e Tom, os filhos do casal, sofreram muito, mas com o tempo reconheceram que a separação era mesmo inevitável. Os dois, espirituosos, apelidaram a BMW da mãe de "caveirão", como são chamados os veículos usados pela polícia para invadir favelas dominadas pelo tráfico. Um ano e meio após o escândalo, Paulinha deu a sua versão sobre o episódio:

> Não precisava derrubar portão nenhum. Essa história, inclusive, tem um componente forte de machismo. Estava indo lá arrumar a mala dele para uma viagem. O segurança não queria me deixar entrar. Não havia ordem para isso. Ele tirou essa ideia da cabeça porque sou mulher. Abriu o paletó e mostrou a arma. Claro que deveria ter saltado, ligado para a síndica, feito a fofa que não sou. Mas a gente vai aprendendo. Hoje não faria isso.[36]

Durante a separação, Paulinha, completamente sem chão ("foi como se tivessem me tirado um braço ou uma perna"),[37] aumentou a dose dos remédios psiquiátricos, que tomava havia muitos anos para atenuar as crises de ansiedade e bipolaridade. A superdosagem só aumentou o sofrimento. Até que um psiquiatra californiano lhe receitou maconha — droga que Paulinha, assim como Caetano, detestava.

Ele continuou detestando, mas ela passou a fumar todos os dias, hábito que a livrou dos remédios controlados. "Foi um milagre. Não estou fazendo apologia às drogas, mas falando de uma experiência minha, medicinal. Maconha me faz bem."[38]

O remédio de Caetano é o de sempre: compor. O álbum *Cê*, gravado em 2006, é praticamente um disco-desabafo, um exorcismo das angústias e dores vividas durante o processo de separação com Paulinha:

> "Outro" (Eu já chorei muito por você / Também já fiz você chorar / Agora olhe pra lá porque/ Eu fui me embora)

"Minhas lágrimas" (A lembrança do branco de uma página / Nada serve de chão / Onde caiam minhas lágrimas)

"Rocks" (Tu é gênia, gata etc. / Mas 'cê foi mesmo rata demais / Meu grito inimigo é / Você foi mor rata comigo)

"Não me arrependo" (Eu não me arrependo de você / Cê não me devia maldizer assim / Vi você crescer / Fiz você crescer)

"Odeio" (Odeio você / Odeio você / Odeio você / Odeio)

Profissionalmente, não houve divórcio — Paulinha continuou cuidando das coisas de Caetano, que nem nos piores momentos cogitou abrir mão dos serviços da empresária. "Vamos ter força e firmeza para defender, em nossa amizade, tudo o que construímos de bom e grande",[39] disse o cantor, na primeira entrevista em que falou abertamente sobre a separação. "De perto ou de longe, eu sempre serei parceiro dela."[40]

Os dois reataram em 2016. "Caetano é um vício que não se larga",[41] reconheceu a empresária.

∗ ∗ ∗

Ela foi maluca. Meu filho nunca gostou de pijama. Ele pode ter sido banana de outra forma, em outro sentido. Querem acabar com Caetano há quarenta anos, mas não conseguem. (...) Não quero que ele arrume outra para não ficar nesta pendenga. A cabeça do Caetano ainda não assentou para este assunto. Ele é louco! Quem já teve duas mulheres sensacionais [Dedé Gadelha e Paula Lavigne] não pode ficar casando e separando.[42]

A cabeça do sessentão — e solteiro — Caetano Veloso só pensava naquilo. Dona Canô achava que o filho deveria sossegar o facho, evitar confusões, como as que fizeram a alegria das revistas de fofocas enquanto o cantor esteve livre e desimpedido. Mais mulheres, mais canções dedicadas a cada uma, como "Um sonho", gravada no intenso disco *Cê* — a atriz Luana Piovani achou que tinha sido feita para ela. Sim, fora, mas também para outras.

"Pra mim, Caetano era deus e descobri que ele é um banana de pijama. (...) Mas para mim ele morreu, está sepultado. Não posso acreditar que um cara de 65 anos faça uma galhofa dessa [negar publicamente que a canção fosse dedicada a ela]".[43]

Luana reagiu furiosamente ao desmentido de Caetano, que também se irritou ao ver a atriz contar uma "meia verdade". "Eu não a desmenti, como disseram. Há dois anos, quando compus a música, disse a ela que foi parcialmente inspirada nela. Mas Luana se precipitou e contou antes de me consultar."[44]

A letra de "Um sonho" faz referências subliminares a Luana. Quando Caetano canta "a maravilha-luz do meu céu / jabuticaba branca", deduz-se que esteja se referindo mesmo à atriz, criada em Jabuticabal, interior de São Paulo, mas a mesma certeza não se pode ter em relação a versos do início da canção: "Mamilos de rosa-fagulha / Fios de ouro velho na nuca / Estrela-boca de milhões de beijos-luz"? Pelo que se sabe, o cantor e a atriz não teriam chegado a esse nível de intimidade.

Caetano e Sônia Braga, sim, foram íntimos — e muito. Os dois namoraram no fim dos anos 1970, numa breve fase em que o cantor esteve separado de Dedé. Por um bom tempo, acreditou-se que a musa de *A dama do lotação* seria a única fonte de inspiração de uma das mais famosas músicas do compositor, "Tigresa". Mas a mulher de unhas negras e que esfregou a pele de ouro marrom no corpo do extasiado cantor não é Sônia Braga e sim a também atriz Zezé Motta:

> Imaginei logo uma mulher e queria algo assim como uma his-tória. Essa mulher foi se nutrindo de imagens de mulheres que conheço e conheci (...) a primeira imagem de mulher que veio à minha cabeça foi a de Zezé Motta, e isto está bem evidente nas unhas e na pele.[45]

Os olhos cor de mel, deixou claro o autor, eram os de Sônia Braga, exclusivamente homenageada em "Trem das cores" — essa, sim, é só pra ela e ninguém tasca. Mas "Tigresa" se refere a muitas — as belezas que aconteceram para Caetano — e também a ele mesmo:

> Tem muito Sônia e pensamentos sobre as mulheres daquele tempo. Faz anos, me fizeram essa pergunta numa revista e eu disse que tinha Zezé e Sônia, mas também muitas outras mulheres. Finalmente, eu preferia fazer como [Gustave] Flaubert (que disse "Madame Bovary c'est moi"): a "Tigresa" sou eu.[46]

"BELEZA PURA! ENSAIO EXCLUSIVO COM A TIGRESA QUE TIROU CAETANO DO SÉRIO." Em março de 2006, os diretores da revista *Sexy*, publicação voltada para o público masculino, esperavam fazer da edição daquele mês uma das campeãs de vendas do ano, mas, num primeiro momento, foram impedidos, por meio de uma decisão judicial, de comercializar a revista.

Poderia ser a estonteante Denise Assis dos Santos, que estampava, nua, a capa da *Sexy*, uma das muitas "tigresas" da vida de Caetano? Os dois haviam sido fotografados caminhando lado a lado, durante o ensaio do Cortejo Afro, em Salvador, um mês antes de Denise virar capa da *Sexy*.

Os *paparazzi* tentaram forçar uma imagem que não correspondia à realidade — a de que Caetano e Denise chegaram juntos ao tradicional ensaio musical. Num truque fotográfico, ambos pareciam dar as mãos ao descer uma escada. Os retratos serviram de base para uma reportagem publicada em fevereiro de 2006 pela revista semanal *IstoÉ Gente*. O título era "A musa negra de Caetano":

> Caetano Veloso tem aproveitado — e muito bem — a nova vida de solteiro em pleno alto verão baiano. (...) O cantor e compositor apareceu em público com Denise Assis dos Santos, uma mulata de corpo escultural. (...) Em aparições

mais discretas e longe dos fotógrafos, os dois já foram vistos juntos na praia do Porto da Barra, apreciando o pôr do sol com amigos.

O cantor enfureceu-se ao ler a matéria — não só pelas mentiras contadas, mas também pelo autor ter chamado a sua descolada sunga azul-rei, da marca Blue Man, presente da amiga Paula Burlamaqui, de "cueca". "É um sungão, não é uma cueca. Já fui à praia de cueca centenas de vezes, nos anos 70. Iria de novo se quisesse. Mas não o fiz em Salvador agora e detesto ler que fiz o que não fiz", escreveu o cantor, em carta enviada à redação da *IstoÉ Gente* e publicada na íntegra pela revista.

Os desmentidos de Caetano não impediram Denise Assis dos Santos de aceitar a proposta da revista, proibida de circular após o cantor obter uma liminar na Justiça — derrubada dias depois por ordem da 3ª Câmara Cível de São Paulo, que considerou o veto inconstitucional.

Em maio de 2008, a revista *Playboy*, outra tradicional revista direcionada ao público masculino, quis saber do cantor a razão de seu sucesso com as mulheres, manifestando surpresa com o fato de o então sessentão ser fotografado muitas vezes ao lado de jovens e lindas mulheres, tomando sol no Leblon, bairro onde morava.

Não eram só mulheres — homens também —, a grande maioria amigas e amigos de Caetano, que gosta de se cercar de gente mais jovem — muitos deles trabalhavam na banda, como produtores ou na equipe técnica. Indiferente à realidade, o jornalista comportou-se como era de esperar de um repórter da *Playboy* e insistiu em saber do cantor onde estava a "mina de ouro":

— Você mora no Leblon, é solteiro e faz sucesso entre as mulheres. Qual o melhor point do bairro para pegar mulher?

Caetano — Nunca penso num lugar como sendo bom para pegar mulher. Tenho uma formação oposta à de um cafajeste. Meus encontros são casuais, personalizados, tímidos e têm caráter mútuo.

Quase sempre, Caetano estabelece uma relação de cumplicidade com as mulheres com quem se relaciona — e credita isso a sua alma feminina, que encurta distâncias e facilita a proximidade. As parceiras não o veem como um típico exemplar de macho.

As mulheres mentem muito, principalmente para os homens. Quando tenho transação com alguma moça, termino sendo o único da sua vida a saber dos outros, talvez por identificação maior. A Regina Casé, por exemplo, sempre me diz que quando conversa comigo tem a impressão que está naquele papo de cabeleireiro com uma amiga.[47]

Caetano deslumbrou-se com Regina Casé assim que a viu pela primeira vez — encenando a peça *Trate-me leão*, do grupo teatral Asdrúbal Trouxe o Trombone. A amizade evoluiu rapidamente para um namoro, devidamente consentido por Dedé, mulher de Caetano na época, também vivendo as delícias do amor livre. "Eu e a Dedé éramos muito amigas, e continuamos sendo até hoje. Aquilo era um comportamento tão normal, no mundo inteiro",[48] disse Regina, em 2004.

Pensando na atriz, Caetano compôs "Muito" e "Rapte-me, camaleoa": "Leitos perfeitos / Seus peitos direitos me olham assim / Fino menino me inclino pro lado do sim." Os dois são grandes amigos até hoje — é com Regina que o cantor tem os melhores "papos de cabeleireiro".

6. O POLÍTICO

Podres poderes

"Não me diga que esses filhos da puta [militares] deixaram você nervoso!" (José Teles Veloso, Seu Zeca, pai de Caetano, ao vê-lo chegar enlouquecido à casa da família depois de 54 dias preso no Rio de Janeiro)[1]

Caetano votou pela primeira vez aos 18 anos, em 1960, ainda sob influência do pai, um funcionário público que reconhecia a importância histórica de Getúlio Vargas, sobretudo o esforço pela consolidação das leis trabalhistas, mas que abominava o autoritarismo do seu primeiro governo. O apreço pelos valores democráticos levou Seu Zeca, assim como o filho, a votar em Henrique Teixeira Lott, o marechal que articulara a defesa da legalidade constitucional em 1955, contra uma ameaça de golpe, garantindo a posse do presidente eleito, Juscelino Kubitschek.

Lott perdeu as eleições presidenciais para Jânio Quadros, um populista de direita, apoiado pela União Democrática Nacional (UDN), detestado por Seu Zeca e que renunciaria ao cargo sete meses depois. A renúncia de Jânio deu nova chance aos conspiradores, que não engoliram o vice empossado e sua crescente ligação com movimentos de esquerda — João Goulart, herdeiro do getulismo, acabou deposto após militares marcharem de Minas Gerais rumo ao Rio de Janeiro, no fim de março de 1964.

Os primeiros anos de ditadura não alteraram a rotina da família Veloso, em Santo Amaro. Seu Zeca, um admirador do liberalismo norte-americano (durante anos manteve na sala de casa um retrato do presidente Franklin Roosevelt), não cedia a radicalismos, fossem de qualquer lado — fascistas do movimento integralista não conseguiram cooptá-lo, assim como os comunistas da região.

"Aos 18 anos eu já achava essas coisas esquisitas",[2] disse Caetano em 1978, ao explicar a recusa, desde cedo, em participar de qualquer movimento de aspiração política, não importando a coloração ideológica. "Nunca pertenci, sequer, ao diretório acadêmico da minha universidade. Tudo o que fiz até agora, o próprio Tropicalismo, foi para defender a minha música e a minha poesia."[3] Era o que realmente lhe interessava. "O resto é papo-furado."[4]

Desde jovem Caetano considerou a arte superior à política. "Dura mais, interessa mais."[5] Achava que as canções se perpetuam e, com o tempo, podem ser interpretadas de outra maneira, sem o calor do momento. No fim dos turbulentos anos da década de 1960, parte da esquerda, tão preocupada em hostilizar os não engajados na militância, nem notou que muitas músicas tropicalistas carregavam fortes e corajosas mensagens políticas.

Em "Divino maravilhoso", de Caetano e Gil, interpretada por Gal Costa no IV Festival da TV Record, exatamente um mês antes do Ato Institucional nº 5 (AI-5), as mensagens nem foram tão sutis assim: "Atenção, ao dobrar uma esquina (...) Atenção, precisa ter olhos firmes, para este sol, para esta escuridão (...) Atenção para as janelas no alto (...) Atenção para o sangue sobre o chão (...) É preciso estar atento e forte."

É uma canção sobre as passeatas e a violenta repressão aos estudantes. "É muito política. (...) Foi feita com muita consciência. Muitos não entenderam, achavam que os tropicalistas eram alienados porque não fazíamos o papel do esquerdista convencional",[6] disse Caetano. A direita, pelo jeito, também não entendeu nada — "Divino maravilhoso" e outras canções tropicalistas passaram pelo crivo da censura.

Algumas delas fizeram parte do repertório do disco-manifesto *Tropicália ou panis et circensis*, gravado em 1968. "Miserere nobis", a canção de abertura do LP, depois de mensagens subliminares ("Molhada de vinho e manchada de sangue", "Tomara que um dia de um dia não / Para todos e sempre metade do pão), se encerra com Gil soletrando em baianês as palavras Brasil, fuzil e canhão — na sequência ouvem-se tiros de canhão, que vão silenciando aos poucos a melodia. Em "Lindoneia", de Caetano, Nara Leão canta: "Cachorros mortos na rua / policiais vigiando."

Muitos rastros também foram deixados em "Enquanto seu lobo não vem", uma incitação de Caetano às passeatas de protestos ("vamos passear na floresta escondida, meu amor"), com direito até a uma referência a Che Guevara (homenageado também em "Soy loco por ti América", canção de Gil e Capinan, gravada no primeiro disco solo de Caetano) e à Bolívia para fomentar ar ("há uma cordilheira sob o asfalto"). No arranjo do maestro Rogério Duprat é possível ouvir ainda uma menção ao hino da Internacional Comunista.

Os censores não sacaram nada. "A esquerda também não entendeu direito, ninguém entendeu muito bem, e quem entendeu fingiu que não",[7] disse Caetano. Além dos que fingiam não ouvir, havia os que ouviam até demais. Muitos juravam escutar o nome do guerrilheiro Carlos Marighella na participação de Gil no disco *Caetano Veloso*, lançado em 1969.

Durante muitos anos, militantes de esquerda exultaram ao ouvir Gil gritar "Má-Má-Má-Marighella!" na música "Alfômega" (o bramido é ouvido após um minuto e meio de canção). Até que o próprio Gil, no documentário *Canções do exílio: a labareda que lambeu tudo* (2011), dirigido por Geneton Moraes Neto, desfez a lenda: "O que acontecia ali eram aqueles gritos normais que eu dou até hoje no meio das minhas músicas, uma daquelas onomatopeias típicas do meu modo de me exprimir musicalmente. Mas nunca, nunca fiz menção ao Marighella. É um mito."

Não que Caetano não tivesse vontade de homenagear o líder da Ação Libertadora Nacional (ALN), o que acabou fazendo, sem citá-lo nominalmente, num artigo para *O Pasquim*, escrito do exílio, em Londres, e publicado semanas após Marighella ser executado por agentes da Operação Bandeirantes, em São Paulo, no dia 4 de novembro de 1969: "Talvez alguns caras no Brasil tenham querido me aniquilar; talvez tudo tenha acontecido por acaso. Mas eu agora quero dizer aquele abraço a quem quer que tenha querido me aniquilar porque o conseguiu (...). Nós estamos mortos. Ele [Marighella] está mais vivo do que nós."

A recusa de Caetano em participar de ações políticas não o impediu, durante os anos que cursou Filosofia na Universidade Federal da Bahia (UFBA), de manter contato com várias organizações e atividades de esquerda. No fim de 1963, meses antes do golpe militar, o estudante frequentou, sem grande entusiasmo, reuniões do Grupo dos Onze, movimento articulado por Leonel Brizola com o objetivo de lutar pela implantação das reformas de base no governo João Goulart.

OUTRAS PALAVRAS: SEIS VEZES CAETANO

Caetano se mostrava mais interessado nas agitações da seção baiana do Centro Popular de Cultura (CPC), entidade criada no Rio em 1962 por intelectuais e artistas de teatro, cinema e música com apoio da União Nacional dos Estudantes (UNE). Nesse período se inscreveu voluntariamente como instrutor no método de alfabetização de adultos, desenvolvido pelo educador Paulo Freire.

A pedido dos dirigentes baianos do CPC, Caetano compôs uma música para o atuante bloco carnavalesco da entidade. "Samba em paz" (gravado anos depois por Elis Regina), a estreia musical do aluno de Filosofia, não era propriamente uma canção engajada, mas fez sucesso entre os estudantes e venceu o concurso de marchas e sambas da Prefeitura de Salvador, em 1964:

> (...) Toda gente vai cantar
> O mundo vai mudar
> E o povo vai cantar
> Um grande samba em paz.

O mundo mudou — para pior — e os esquerdistas não sambaram mais em paz. O golpe de 1964 colocou na clandestinidade vários colegas de Caetano, entre eles uma grande amiga: Maria de Lourdes Rego Melo, a Lurdinha, que, a despeito da opção extremista contra a ditadura ao ingressar na ALN de Marighella, não cobrava do músico maior engajamento político. "Lurdinha nunca fez coro às reações antipáticas ao nosso trabalho por parte da esquerda",[8] disse Caetano.

Em 1968, envolvida com a luta armada, Lurdinha recorreu ao tropicalista pedindo apoio logístico a Marighella, o que poderia significar ajuda financeira, abrigo ao militante ou esconder material subversivo. "Eu fiquei mais ou menos inclinado a talvez fazer isso, se me fosse possível, se soubesse como, porque eu o admirava, mas eu temia, possivelmente não chegaria a fazer",[9] relembrou o músico, que homenageou o guerrilheiro na canção "O comunista", gravada no disco *Abraçaço*, de 2012.

Dias após o pedido da amiga, Caetano e Gil foram presos, em dezembro de 1968, com o AI-5 já em vigor. Lurdinha cairia cerca de dois anos depois,

O POLÍTICO

em outubro de 1970, capturada pela equipe do delegado Sérgio Paranhos Fleury, o mesmo responsável por executar Marighella numa rua em São Paulo. Submetida a longas sessões de choques elétricos e pau de arara, Lurdinha nada falou. Fleury chegou a citá-la como o mais impressionante caso de resistência à tortura.

Lurdinha levaria um susto ao se deparar com a ficha de Caetano no Departamento de Ordem Política e Social (Dops), órgão de repressão da ditadura militar. O colega da faculdade, que desde aquela época tinha posições críticas em relação às aspirações dos grupos de esquerda ("Fazer uma grande campanha, uma grande revolução, uma sangueira, para depois transformar em peças de máquina de engrenagem, de roda dentada, da União Soviética, realmente é um bode"),[10] era apresentado como um fervoroso comunista, a ponto de batizar uma canção em homenagem a um dos líderes da Revolução Cubana.

No documento oficial, de mais de trezentas páginas, o compositor baiano é chamado de "filocomunista", de autor do compacto "Che" (nesse caso, os militares fizeram confusão com um obscuro músico mexicano, Pancho Cataneo), e de "cantor de música de protesto de cunho subversivo e desvirilizante". Preso sob a acusação de afrontar o hino nacional, interpretando-o de "forma profana" num show na boate Sucata, Caetano terminou anistiado pelos patrulheiros ideológicos. A trégua, segundo o tropicalista, duraria pouco: "Viramos um pouco heróis, um tanto mártires. E isso causou problemas quando a gente voltou da Europa, porque aí se esperava de nós um esquerdismo que nunca tinha sido o nosso, que eles próprios tinham reconhecido, agressivamente, que não era o nosso."[11]

* * *

"Eu não viria se os militares me dissessem que queriam! Eu não viria! Com toda vontade que eu tinha de voltar para o Brasil, se fosse por meio deles, eu não teria aceito!"

Com um dedo em riste do amigo e parceiro apontado para o seu nariz, Jorge Mautner, visivelmente constrangido, ouve Caetano, indignado, desabafar sobre uma história que o incomoda: a de que os militares permitiram a sua volta do exílio — e a de Gil — para auxiliar o processo de abertura política.

Os tropicalistas, refratários ao discurso ideológico, fazendo músicas sem mensagens sectárias nem militantes, e com uma visão mais complexa da vida, das artes e da cultura, seriam um dos agentes dessa transição. Mautner conta:

> Em 1971, eu, Caetano, Gil e Violeta Arraes [irmã do ex-governador Miguel Arraes, cassado pela ditadura, conhecida por ajudar os exilados brasileiros que chegavam à Europa] nos hospedamos, convidados pelo Partido Comunista local, em La Escala, praia próxima a Barcelona. Violeta me chamou de canto e me mostrou um memorando. Era um recado das forças armadas brasileiras: "Ou vocês param com essa guerrilha contra nós, porque isso só vai estender ainda mais a ditadura, ou começam um outro programa e ajudam a acelerar o processo de redemocratização." Violeta não queria ceder, mas eu que pertencia ao Comitê Central do Partido Comunista, e, hierarquicamente, estava acima dela, disse que tinha que ser assim. Ela acabou concordando, mas ressaltou: "Os meninos [Caetano e Gil] não podem saber, isso é assunto interno do partido. Vocês vão voltar, mas eles não precisam e nem devem saber que houve esse acordo." Voltamos do exílio, me encontrei várias vezes com o general Golbery [do Couto e Silva], e conseguimos, por meio da música popular, chegar à democratização.[12]

A história parece ser mais uma fantasia saída da cabeça delirante do autor de *Maracatu atômico*. Em 1971, ano em que Caetano conseguiu a permissão para voltar ao Brasil (Gil retornaria em janeiro do ano seguinte), o país ainda vivia sob o tacão do AI-5, o mais repressivo dos atos institucionais do governo. Acelerar o processo de distensão política nunca esteve na pauta do então presidente Emílio Garrastazu Médici, um linha-dura.

O POLÍTICO

Mautner, de fato, se reuniu mais de uma vez com Golbery, em Brasília, em encontros intermediados pelo jornalista Oliveira Bastos, mas eles não ocorreram em 1971 e em nenhum momento do governo Médici (1969-1974) e sim no do sucessor, Ernesto Geisel — que devolveu a Golbery, um dos ideólogos do golpe de 1964 (e desafeto de Médici), o protagonismo político. O ministro-chefe do Gabinete Civil de Geisel se tornaria o grande artífice do processo de abertura.

Mesmo que Mautner tenha feito confusão com datas e governos, é difícil imaginar Caetano e Gil tão determinantes assim, ao ponto de ditar os rumos políticos do país. Eles certamente deram contribuição ao processo de abertura, mas de forma involuntária. Tropicalistas que eram, sempre se recusaram a ceder à pressão dos patrulheiros ideológicos, que exigiam deles maior engajamento político.

Essa postura iria se estender em relação ao sucessor de Geisel, João Baptista Figueiredo. Em abril de 1978, com o general já anunciado oficialmente como o próximo presidente militar, Caetano concedeu entrevista à *Folha de S.Paulo*, na qual comentou uma declaração do então chefe do Serviço Nacional de Informações (SNI). Estava em pauta um episódio ocorrido dias antes.

Chico Buarque fora detido no Aeroporto do Galeão, no Rio, junto com o escritor Antonio Callado e as respectivas esposas na manhã do dia 20 de fevereiro de 1978. O músico e o escritor retornavam ao país, vindos de Portugal, depois de uma passagem por Havana, onde estiveram durante uma semana como convidados do governo cubano para integrar o júri do prêmio literário Casa de Las Américas.

Os policiais abriram as malas de Chico e Callado à procura de "material subversivo" — tudo que pudesse servir como propaganda do regime comunista de Fidel Castro. A revista, rigorosa, não achou nada de relevante: caixas de charutos, discos italianos e um livro de gravuras portuguesas — um mimo a Chico do vice-presidente da empresa aérea TAP.

Mesmo assim, ninguém pôde ir para casa. Levados à sede do Dops, Chico e Callado só foram liberados doze horas depois, com a promessa de voltar a fim de prestar novos depoimentos. Na saída, Chico conversou com os jornalistas: "Estão cansando a gente, queriam saber tudo, os detalhes todos, até coisas de horário, que eu não lembrava. Acho que fui reprovado na sabatina, pois vou ter que voltar para novo depoimento."[13]

A prisão de Chico e Callado repercutiu negativamente em Brasília — parlamentares de oposição e até parte dos governistas condenaram o ato arbitrário. Em declaração à revista *IstoÉ*, publicada no dia 3 de abril de 1978, Figueiredo não comentou nada sobre o episódio especificamente, mas fez uma provocação a Chico:

> Por que o Chico Buarque de Hollanda, que é um compositor de quem eu gosto e admiro, tem mais autoridade do que eu para conversar sobre política? Acho que isso é um preconceito. Eu estudei mais política que ele, seguramente. (...) Diante disso, eu acho que para ser um ideólogo político, para tentar convencer os outros com ideias políticas, o cidadão deve ou participar de política, ser um militante, ou ser cientista político.[14]

Dois dias depois, na entrevista à *Folha*, Caetano criticou o patrulhamento de Figueiredo, mas com diplomacia:

> Concordo com o que o general diz, que nós artistas de maneira geral não estamos armados tecnicamente para ter uma discussão política, mas isso não impede que tenhamos uma vida política e que participemos da vida política. (...) Numa sociedade qualquer, esteja ela carente de transformações ou não, a função do artista é produzir música. (...) Suponho que o próprio general não aceita a ideia de que o Chico Buarque não tenha o direito de se manifestar politicamente.[15]

Medidas oficiais demonstravam que Chico não tinha o direito de se manifestar politicamente — não no governo Geisel, com o SNI comandado por Figueiredo. No começo de março, menos de um mês após a detenção no Galeão, o Ministério da Justiça censurou a peça *Ópera do malandro*, de autoria do compositor, impedindo que ela estreasse em junho, no Teatro Ginástico, no Rio.

Figueiredo assumiu a presidência e deu continuidade ao projeto de abertura. A Lei da Anistia, assinada em agosto de 1979, um dos grandes marcos do processo de redemocratização (o AI-5 fora extinto no fim do governo Geisel), permitiu a volta ao país de cerca de 5 mil exilados, além da libertação de presos políticos. O afrouxamento do regime não encerrou as discussões políticas. Caetano, para variar, colocou lenha na fogueira: "A abertura veio para melhorar as coisas, mas por enquanto só piorou a cabeça das pessoas. Estamos voltando a uma discussão que já tínhamos superado em 1967."[16]

O músico baiano, que participara de diversos atos a favor da Lei da Anistia, não gostou especialmente de dois espetáculos, que achou datados e desnecessários, além de considerá-los de mau gosto: a peça *Ópera do malandro*, de Chico, finalmente liberada, e o show *Transversal no tempo*, de Elis Regina:

> A plateia que vai ao show de Elis é uma plateia burguesa que vai ao teatro para ganhar status de gente de oposição. O que é ridículo. Você vai ao teatro, paga 150 cruzeiros e vê um espetáculo. Só isso. Não dá mais para fingir aquele número de 1964, de ficar aplaudindo e gritando como se isso resolvesse todos os problemas. Isso acontece também na *Ópera do malandro*, aqui no Rio. As pessoas se sentem atuando na realidade pelo fato de aplaudirem determinadas falas da peça. O espetáculo é grande demais, o cenário muito pesado e feio. Tudo é muito caro. Uma peça de Chico Buarque não precisa desse fausto para ser boa. Com isso não quero dizer que Elis não possa falar de operários, por não ser uma operária. Nem que Chico deixe de falar de malandros pelo fato de ser um poeta lírico. As pessoas podem sonhar, colocar todos os seus mitos no palco, na tela, no vídeo, no disco. Mesmo que não tenham nada com isso. Mas esse gesto tem que ter alguma grandeza.[17]

OUTRAS PALAVRAS: SEIS VEZES CAETANO

No caso do espetáculo da cantora, Caetano tinha mais motivos para aborminá-lo. Maurício Tapajós e Aldir Blanc, diretores do show, haviam sugerido a Elis que fizesse uma provocação ao compositor baiano em alusão à sua falta de engajamento político — durante o espetáculo, o cenário era coberto por uma tela em que a palavra *Gente*, título da canção de Caetano, era grafada como o logotipo da Coca-Cola, lendo-se "Beba Gente". Caetano ficou furioso:

> Elis Regina, por exemplo, já está pronta para abertura. Já pôs uma malha importada, muito brilhante, e está fazendo o papel de operária. (...) Achei péssimo, uma porcaria. Ela canta "Gente", uma música de minha autoria, rebolando feito um travesti, na frente de um outdoor onde está escrito "Beba Gente". Não entendi o que isso significa, achei confuso.[18]

Surpresa com a reação violenta, Elis pediu desculpas, que não foram aceitas. "Ela me escreveu dizendo que não queria me agredir, que a culpa era do diretor do show. Até joguei fora a carta",[19] disse Caetano.

Figueiredo fora escolhido por Geisel e Golbery para conduzir o país rumo à democratização — o que de fato fez, ao entregar o cargo ao civil José Sarney —, mas não conseguiu agradar. Criticado pela linha dura das forças armadas por dar curso ao processo de abertura, também descontentou os padrinhos políticos, decepcionados com a maneira omissa com que o general se comportou durante a série de atentados realizados pelo grupo contrário à flexibilização do regime.

Na noite de 30 de abril de 1981, uma bomba explodiu no Centro de Convenções do Riocentro, no Rio de Janeiro, durante show comemorativo do Dia do Trabalho. Os responsáveis pela explosão, o sargento Guilherme Pereira do Rosário e o capitão Wilson Dias Machado, pretendiam praticar um atentado colocando a bomba no meio da plateia, mas ela acabou detonando acidentalmente no carro dos dois militares. O sargento morreu na hora e o capitão ficou ferido.

As investigações demonstraram que a linha dura ainda se mantinha forte e organizada, sobretudo nos órgãos de inteligência do governo — o SNI era chefiado pelo general Octávio de Aguiar Medeiros, que sonhava em ver líderes da esquerda enforcados em praça pública. O relatório sobre o atentado inocentou os dois terroristas. O Inquérito Policial Militar (IPM) concluiu que o sargento e o capitão, ao contrário do que a imprensa dizia, eram vítimas, não criminosos.

Até hoje o caso não está solucionado.

Com o desfecho das investigações, Golbery pediu demissão. Não havia dúvida de que o fracassado ato terrorista tinha sido planejado em represália à política de abertura conduzida por ele. E o fato de o IPM apontar a inocência dos dois militares e ainda sugerir o envolvimento de grupos de esquerda o irritou ainda mais.

Três dias após o ataque ao Riocentro, Caetano, entrevistado pelo *Jornal do Brasil*, reclamou do excesso de politização dos debates ("a imprensa dá importância aos temas políticos e não dá a mesma importância aos temas culturais e artísticos") e fez uma apreciação sobre Figueiredo: "Acho que ele tem uma cara de homem que ainda é um pouco menino, que faz uma cara de sério pra você achar que ele é sério. Uma seriedade máscula, meio infantil. Eu não antipatizo com ele não."[20]

* * *

E os baianos, hein? Não estou entendendo. E as Diretas Já? Os antiquíssimos, os velhos, os novos, os recentes e os futuros baianos, onde estão? Só nos murais da fama? (...) Por que é que comício-passeata pró-Diretas Já tem de ser feito só em estado onde venceu a oposição? O PDS [Partido Democrático Social] venceu na Bahia? Não se avexe não, meu filho: dê a volta por cima do Magalhães e o seu preposto. Amados, Caymmis, Gantois, Carybés, Cravos, Gilbertos, Bethânia, Caes, Gais, Gis, Simones e Martas só servem para correr atrás do trio elétrico? Não dão nem pra fazer um coraçãozinho pró-Diretas Já?

OUTRAS PALAVRAS: SEIS VEZES CAETANO

O trecho publicado na *Folha de S.Paulo*, no dia 20 de abril de 1984, assinado pelo poeta Décio Pignatari, incomodou Caetano por muitas razões. Primeiro, por ter sido escrito por um dos expoentes do concretismo, movimento tão caro aos tropicalistas. Segundo, por sugerir o não engajamento do músico num dos maiores movimentos cívicos da história brasileira, as Diretas Já — em 1984, milhares de pessoas saíram às ruas exigindo eleições diretas para presidente.

Para Pignatari, o suposto não alinhamento de Caetano com as Diretas era compreensível e esperado. Na interpretação do poeta, o compositor e os outros artistas baianos citados no texto não poderiam se engajar num movimento tão associado ao Partido do Movimento Democrático Brasileiro (PMDB), de oposição à ditadura, sob o risco de desagradar ao mais poderoso político da Bahia e um dos sustentáculos regionais do regime militar: Antônio Carlos Magalhães.

Mas, em relação a Caetano, o que Pignatari disse no texto da *Folha* não corresponde à verdade. O músico engajou-se sim nas Diretas — esteve ao lado do peemedebista Tancredo Neves, então governador de Minas, no primeiro comício do movimento (e depois em muitos outros) em Salvador, realizado no dia 20 de janeiro de 1982. No mesmo ano, declarou publicamente apoio a Roberto Santos, candidato do PMDB ao governo da Bahia, derrotado em novembro por João Durval, apoiado por ACM.

Caetano não rezou a cartilha carlista, nome dado à corrente política que gravitava em torno de Antônio Carlos Magalhães, nomeado pela ditadura prefeito de Salvador (1967-1970) e duas vezes governador da Bahia (1971-1975 e 1979-1983). No governo, ao incorporar a Superintendência de Fomento ao Turismo do Estado da Bahia (Bahiatursa) à Secretaria da Indústria e Comércio, ACM adotou o sincretismo religioso como política de Estado, apresentando uma Bahia mais miscigenada.

Antônio Carlos investiu pesadamente na modernização e expansão do carnaval, dos blocos afro, prestigiou artistas plásticos locais e elevou o candomblé à condição de um dos símbolos nacionais. Tudo pensado politicamente, sintonizado com o programa de integração "Brasil Grande", levado a cabo pelos militares. Em 1977, ACM não teve dificuldades em convencer o presidente Geisel a condecorar Olga de Alaketu, respeitada ialorixá da Bahia, com a Ordem do Rio Branco, a mais alta comenda do Itamaraty.

O mecenato estatal aproximou ACM de grandes nomes da cultura baiana. Jorge Amado o considerava quase um irmão — os anos de militância comunista do escritor não foram um impeditivo para a longa e fraternal amizade. Caymmi o adorava, assim como Carybé e Mário Cravo. Mestre em afagos e gentilezas, Antônio Carlos fez questão, em 1979, de batizar o novo ferry-boat — embarcação que realiza a travessia de Salvador à ilha de Itaparica — com o nome de sua cantora favorita.

ACM tinha paixão por Bethânia, a preferida entre as muitas intérpretes admiradas por ele como fã de música brasileira — mais de uma vez, durante os shows da cantora, chorou na primeira fila ao se deparar com a sua força interpretativa e exuberância dramática. Com o tempo, a admiração passou a ser recíproca. Conhecida pelo comportamento recluso, e pela aversão a políticos de qualquer espécie, Bethânia mudou de ideia ao se surpreender com a porção Caymmi do governador, nem sempre expressa ou perceptível:

> Ele era muito inteligente, muito rápido. E tinha um imenso poder de sedução. Era muito sedutor. Como Caymmi. E ele também sabia revirar os olhinhos à maneira de Carmen Miranda, que é uma coisa que eu acho linda no homem baiano. Ele tinha esse jeito muito próprio de saber olhar de baixo para cima, que é lindo.[21]

Quando encontrava Bethânia, o político, de braços abertos e com aquele olhar encantador, aproveitava para entoar trechos de "Antônio", o samba de J. Velloso, sobrinho de Caetano e Bethânia, em homenagem ao santo católico. ACM cantava como se a canção fosse feita para ele:

> (...) Que seria de mim, meu Deus,
> Sem a fé em Antônio?

A luz desceu do céu
Clareando o encanto
Da espada espelhada em Deus
Viva, viva o meu Santo

(...)

Antônio querido
Preciso do seu carinho
Se ando perdido
Mostre novo caminho

Nas tuas pegadas claras
Trilho o meu destino
Estou nos seus braços
Como se fosse o Deus menino

Mesmo alinhado com a oposição, Caetano admitia qualidades em Antônio Carlos — "tem certo suingue político e charme"[22] — e também o criticava, definindo-o como uma das mais completas traduções da Bahia, mas não só a Bahia do dengo, mas a Bahia contraditória, alegre e violenta, exuberante e provinciana: "Ele tem uma coisa sexy, é a nossa cara. Parece tanto com Dorival Caymmi como com os cafajestes do Campo da Pólvora."[23]

ACM, que cantava para Bethânia, poderia passar a cantar também para Caetano, parodiando "Jorge Maravilha", de Chico Buarque: "Você não gosta de mim, mas sua mãe gosta."

Levado por Bethânia a Santo Amaro, Antônio Carlos impressionou-se com a facilidade de Dona Canô, matriarca da família Veloso, em juntar diferentes correntes religiosas e políticas em torno de suas causas sociais, sem levantar a voz, sem despertar intrigas ou revanchismos. Ser amigo de Dona Canô significava dividir a mesa em pé de igualdade com os representantes comunitários de Santo Amaro, com Antônio Carlos e seus adeptos e ainda com desafetos do próprio ACM, também queridos pela anfitriã, como Waldir Pires e Roberto Santos. É verdade que, com o tempo, nenhum deles se tornou tão íntimo quanto Antônio Carlos, o único a merecer um quadro com a foto na sala, honraria que tempos depois seria concedida apenas a Lula.

ACM fez tudo que pôde para ter o retrato na parede, atendendo aos pedidos de Dona Canô, da reforma da igreja da cidade à liberação de verbas para ações sociais em Santo Amaro. Os dois se gostavam, se respeitavam mutuamente, mas uma dose de pragmatismo também os unia. Ele precisava da matriarca para reforçar ainda mais a imagem de guardião da identidade cultural baiana, e ela, de seu poder e influência para fazer as coisas acontecerem.

No começo dos anos 1980, Santo Amaro já era considerada um dos locais com a maior incidência de contaminação por metais pesados do mundo. A ganância e omissão das autoridades e o desconhecimento da maior parte da população permitiram que a Companhia Brasileira de Chumbo (Cobrac), subsidiária da empresa francesa Penarroya, instalada na cidade em 1960, ignorasse uma série de normas ambientais.

Levantamento realizado em 1979 pela Universidade Federal da Bahia e pelo Centro de Pesquisa e Desenvolvimento mostrou que 42% dos pescadores do rio Subaé apresentaram intoxicação por chumbo e cádmio expelidos pela Cobrac — os metais, contidos na poeira lançada por chaminés da fábrica, eram levados pela água da chuva até o rio que cortava a cidade.

Com o tempo, descobriu-se que o problema era ainda maior. Parte do material venenoso, descartado de forma irregular pela indústria, havia sido aproveitada durante anos pelos respectivos prefeitos para pavimentar as ruas da cidade. Alguns moradores fizeram o mesmo, asfaltando as casas de chão de barro com o resíduo do lixo tóxico.

Diversos operários da fábrica contraíram doenças provocadas pelo contato com o chumbo, entre eles um colega de infância e juventude de Caetano, morto anos depois em decorrência da contaminação. A perda do amigo e o descalabro ambiental motivaram o artista a compor a música "Purificar o Subaé", gravada por Bethânia em 1981. Na letra, Caetano bradava pela urgência em "mandar os malditos embora":

Purificar o Subaé
Mandar os malditos embora
Dona d'água doce quem é?
Dourada rainha senhora
O amparo do Sergimirim
Rosário dos filtros da aquária
Dos rios que deságuam em mim
Nascente primária
Os riscos que corre essa gente morena
O horror de um progresso vazio
Matando os mariscos e os peixes do rio
Enchendo meu canto
De raiva e de pena

Antônio Carlos foi quem os mandou embora, ou ao menos iniciou o processo que resultou no fechamento definitivo da Cobrac, dez anos depois. Acionado por Dona Canô, amiga e defensora número um das causas santo-amarenses, o então governador assinou decreto, em outubro de 1980, paralisando a produção da fábrica e impondo uma série de restrições e multas ao grupo. Tal decisão contrariava o seu próprio histórico como gestor, o desenvolvimentista que pregava o progresso a qualquer custo.

Certamente Décio Pignatari fora injusto ao incluir Caetano entre os artistas baianos submissos ao carlismo. Em resposta, Caetano lembrou que os concretistas haviam sido tão atacados pela militância de esquerda quanto os tropicalistas — e que estranhava, portanto, que o poeta virasse o patrulheiro da vez:

> A campanha das Diretas Já estava sem mácula e o Décio achou de denegrir, lamentavelmente. E teve que usar a mim e aos baianos para isso. Foi uma fraqueza. Eu não gosto nadinha de não gostar do Décio, porque ele é admirável. Ele macaqueou um tipo de desconfiança que a esquerda sempre teve tanto em relação a mim quanto em relação a ele, como intelectual ligado à poesia concreta.[24]

O POLÍTICO

Pignatari, pelo jeito, gostava muito de não gostar de Caetano. Na tréplica, o concretista aumentou o tom dos ataques ao músico:

> Caetano ganhará batalhas. Eu vencerei a guerra. Quando as pelancas do seu corpo, do seu espírito, do seu coração e de sua mente não mais permitirem os contorcionismos de sua egolatria compulsiva, haverá mais gente interessada em ouvir Lobo de Mesquita, Messiaen ou Gilberto Mendes do que Caetano Veloso. É este o meu réquiem para Caetano Emmanuel Viana Teles Veloso, o rei Velô primeiro e único. Velai por ele.[25]

O grande esforço cívico do movimento suprapartidário — que ganhou força a partir de abril de 1984, levando milhões de pessoas às grandes capitais — terminou em frustração: a emenda Dante de Oliveira, que previa eleições diretas para a presidência da República, não passou na Câmara dos Deputados. A maioria dos votos a favor (298 a 65) não foi o suficiente para atingir o quórum de dois terços exigido para alterações da Constituição. Faltaram apenas 22 votos.

No fim, costurou-se um acordo (com a decisiva participação de Antônio Carlos Magalhães), bom para todos os lados, e a transição para a democracia se concretizou. O moderado Tancredo Neves, mais palatável aos militares do que Ulysses Guimarães, o "Senhor Diretas", se tornou, em janeiro de 1985, o primeiro presidente civil eleito após 21 anos de ditadura, escolhido pelo Colégio Eleitoral, como ficou conhecido o Congresso reunido para a eleição indireta.

O entusiasmo de Caetano pela escolha de Tancredo ("Achei e acho que ele pode representar uma força de equilíbrio")[26] não durou muito tempo. O músico não gostou da montagem de ministérios — para retribuir o apoio no Congresso, Tancredo negociou concessões à Frente Liberal, o grupo de dissidentes do PDS, partido de sustentação ao regime militar, liderado por Antônio Carlos Magalhães, Aureliano Chaves, Marco Maciel, Jorge Bornhausen e José Sarney. Este último foi o escolhido para ocupar a vice-presidência.

OUTRAS PALAVRAS: SEIS VEZES CAETANO

Caetano também se incomodou com o oba-oba de artistas em torno de Tancredo, preocupados em festejar a eleição sem criticar a composição de um ministério tão fisiológico. "Me emocionei na campanha pelas eleições diretas e na eleição de Tancredo. Mas não gostei da Fafá de Belém cantando o hino nacional. E Milton Nascimento e Wagner Tiso que me desculpem, mas não gosto de 'Coração de estudante."[27]

Para contrapor ao sentimentalismo ufanista em torno de Tancredo e da Nova República (como passou a ser chamado o período que se iniciou com o fim da ditadura militar), Caetano compôs "Podres poderes", a mais politizada canção do disco *Velô*, gravado em 1984. Nada para comemorar e sim muito a fazer:

> Será que nunca faremos senão confirmar
> A incompetência da América católica
> Que sempre precisará de ridículos tiranos
> Será, será, que será?
> Que será, que será?
> Será que esta minha estúpida retórica
> Terá que soar, terá que se ouvir
> Por mais zil anos?

Por um mês inteiro ao som de "Coração de estudante", o Brasil acompanhou a agonia de Tancredo e chorou sua morte por infecção generalizada, ocorrida no dia 21 de abril de 1985. Em maio de 1989, nos estertores do moribundo governo José Sarney, Caetano reafirmou o que dissera quatro anos antes: "Tancredo foi um péssimo presidente, porque armou um ministério horrível, aquele vice horrível e morreu antes da posse. O pior presidente que a gente podia imaginar."[28]

Em "Vamo comer", canção gravada em 1987, Caetano se mostrava cético quanto ao surgimento de uma "terceira via" nas eleições de 1989, um nome que pudesse avançar nas pautas sociais e de costumes sem ceder aos extremos — papel que, para ele, o PMDB, cada vez mais fisiológico, não conseguiu cumprir:

E quem vai equacionar as pressões
Do PT, da UDR [União Democrática Ruralista]
E fazer dessa vergonha
Uma nação?

As ressalvas ao PMDB não impediram Caetano de se engajar de cabeça na candidatura de Waldir Pires ao governo da Bahia, em 1986. A canção "Amanhã", de Guilherme Arantes, cantada pelo músico baiano, embalou a campanha do peemedebista na histórica vitória contra Josaphat Marinho, apoiado por Antônio Carlos Magalhães.

Caetano se voltaria contra Waldir Pires, quando este fez de tudo — e conseguiu — para barrar a candidatura de Gilberto Gil à prefeitura de Salvador, em 1988. O parceiro entrou para a política executiva em 1987, ano em que, já filiado ao PMDB e convidado pelo então prefeito Mário Kertész, assumiu a chefia da Fundação Gregório de Mattos, cargo equivalente ao de secretário municipal de Cultura.

A pré-candidatura de Gilberto Gil começou a ser costurada por um dos integrantes do núcleo duro de Kertész, então debutando no marketing político: João Santana, que conhecia Gil e Caetano desde os anos 1970. Na época faziam parte da mesma turma, a da contracultura baiana.

Santana fora letrista do grupo Bendegó, que teve o primeiro disco lançado em 1973, e criador, três anos depois, de jornais alternativos em tamanho tabloide — *Boca do Inferno* e *Invasão*. Ele conquistaria projeção quando deixou o mundo da contracultura e partiu para a grande imprensa nacional, onde se destacou como chefe de sucursais na capital baiana e em Brasília.

Em 1986, João Santana foi procurado por uma das pessoas que mais influenciaram Caetano na formulação do movimento tropicalista, o antropólogo Roberto Pinho, secretário de Projetos Especiais da Prefeitura de Salvador, e aceitou o convite para cuidar da comunicação social do prefeito.

Muitos dos amigos dos tempos de desbunde já estavam por lá. O antropólogo Antonio Risério e o poeta Waly Salomão, por exemplo, eram diretores da fundação presidida por Gil, que passou a ambicionar voos maiores. Foi Santana quem convenceu Kertész a testar o compositor como um possível sucessor nos atos políticos e na inauguração de obras.

A campanha de Gil ganhou corpo com a imediata adesão de artistas de prestígio. Chico Buarque envolveu-se pessoalmente. Caetano se pôs à disposição para participar dos comícios e também fez barulho na imprensa, alertando sobre o boicote que o compositor sofria dentro do próprio partido: "Eu acho que a Bahia tem uma oportunidade agora de pagar pra ver uma coisa dessas que acontecem muito raramente. Se não pagar pra ver é porque as resistências covardes terão sido maiores do que a capacidade de enfrentar as aventuras realmente brilhantes."[29]

Era uma indireta a Waldir Pires, o mandachuva do PMDB na Bahia, cada vez mais incomodado com a mobilização em torno de Gil. Para Waldir, a eleição de um prefeito com prestígio como compositor em todo o país não parecia a melhor escolha política naquele momento. Ele sonhava em se projetar como um dos nomes do PMDB para a disputa presidencial, no ano seguinte.

Para postular a candidatura ao Planalto, Waldir necessitava de mais visibilidade no âmbito nacional, algo impossível de alcançar se os holofotes estivessem apontados para Gil. Os jornais não falavam de outro assunto — o desejo do tropicalista de virar prefeito da cidade mais "negra do Brasil". Contudo, o governador cortou as asinhas do compositor, antes que não houvesse mais jeito.

Waldir contou com a silenciosa cumplicidade de Mário Kertész. Dois fatores contribuíram para a omissão do prefeito. Depois de bancar a ideia de João Santana e desagradar ao governador, ele passou a achar que Gil talvez não fosse a melhor escolha. Além da natural falta de traquejo político, o músico parecia não possuir o ímpeto necessário para um cargo executivo daquela complexidade. Pela costumeira tendência à contemporização, ele havia sido apelidado, pelos próprios colaboradores da campanha, de "Tia Nastácia", a resignada personagem de Monteiro Lobato.

Barrado, Gil teve que se contentar com a candidatura a vereador por Salvador — eleito com a maior votação. Antes, usou o talento como compositor para cutucar o governador. A canção "Pode, Waldir?", criada no calor dos acontecimentos, zombava das resistências à sua candidatura.

O POLÍTICO

Antônio Carlos Magalhães, desafeto histórico de Waldir, adorou o troco dado pelo músico, com quem mantinha uma relação cordial, mesmo que, de certa forma, o recado também fosse endereçado a políticos como ele:

Pra prefeito, não
Pra prefeito, não
E pra vereador:
Pode, Waldir? Pode, Waldir? Pode, Waldir?
Prefeito ainda não pode porque é cargo de chefia
E na cidade da Bahia
Chefe!, chefe tem que ser dos tais
Senhores professores, magistrados
Abastados, ilustrados, delegados
Ou apenas senhores feudais
Para um poeta ainda é cedo, ele tem medo
Que o poeta venha pôr mais lenha
Na fogueira de São João (...)

Questionado pela imprensa sobre a crítica dirigida a ele pela canção, Waldir garantiu que o veto ao músico não fora uma decisão pessoal sua. De qualquer maneira, a saída de Gil do páreo não evitou o racha no PMDB baiano. Mário Kertész passou a apoiar outro concorrente à prefeitura, o popular radialista Fernando José, apresentador do programa *Balanço Geral* — a maior audiência da TV Itapoan, emissora do empresário Pedro Irujo, o idealizador e financiador dessa candidatura. Waldir Pires acusou o prefeito de implodir as bases peemedebistas para se submeter a um partido não oficial: o PPI (Partido de Pedro Irujo).

O governador resolveu apoiar Virgildásio Sena, ex-prefeito de Salvador, cassado pela ditadura, recém-filiado ao PSDB. Conhecido pela falta de carisma, Virgildásio não foi páreo para o folclórico e popular radialista, que, para impressionar eleitores na periferia, onde já era querido, se lambuzava de barro em poças de água e repetia o bordão televisivo: "Eu mato a cobra e mostro o pau!"

OUTRAS PALAVRAS: SEIS VEZES CAETANO

Caetano declarou voto em Virgildásio e depois se tornou um duro crítico da gestão Fernando José. Em janeiro de 1990, passando férias em Salvador, declarou: "Qualquer um seria melhor que esse idiota. (...) Ele é a expressão da mediocridade. (...) Nunca vi a cidade largada como está."[30] Pedro Irujo tomou as dores do apadrinhado político e atacou Caetano, a quem chamou, mais de uma vez, de "homossexual descarado travestido de analista político".

Duas semanas após as declarações contra o prefeito e o revide de Pedro Irujo, três tiros foram disparados contra a porta da casa de Caetano e de sua mulher, Paula Lavigne, no bairro de Ondina — um coquetel molotov também atingiu a residência. Ninguém se feriu. O músico registrou boletim de ocorrência sobre o ataque, mas, com a polícia civil em greve, o caso não andou, e ele falou aos jornalistas:

> Se queriam causar medo, realmente causaram. [Caetano só voltaria a passar o verão na Bahia dois anos depois.] Não quero pensar que as críticas impessoais feitas por mim à administração municipal possam ter levado a um atentado como esse. Isto, entretanto, não vai me impedir de voltar a fazer críticas se achar que alguma coisa é, civicamente, intolerável. As críticas que fiz ao prefeito foram exatamente porque gosto muito da minha terra e quero vê-la limpa e bem-cuidada.[31]

Pelo xingamento homofóbico dirigido a Caetano, Pedro Irujo teve o título de Cidadão Santo-amarense cassado pela Câmara de Vereadores de Santo Amaro da Purificação. Mas, em Salvador e nas principais cidades baianas, ninguém ousou atacar o "Basco", como era conhecido, por ser um imigrante nascido em Navarra, na Espanha. O dono da TV Itapoan controlava parte do fisiológico PMDB baiano e se tornou ainda mais poderoso ao se aliar com o até então desafeto ACM, na tarefa de dar musculatura à candidatura presidencial do impetuoso e jovem governador de Alagoas, Fernando Collor de Mello.

O POLÍTICO

Eleito governador com a bandeira anticorrupção, Collor sonhava em suceder o principal alvo de seus ataques, o presidente José Sarney. Embora seu nome já surgisse nas pesquisas como um dos políticos mais admirados do país, ele ainda era considerado um aventureiro, sem lastro partidário para pleitear uma vaga na corrida ao Planalto.

Filiado ao inexpressivo Partido da Reconstrução Nacional (PRN), com pouco tempo de televisão, Collor podia até sustentar a imagem de *outsider*, mas não iria longe se a sua candidatura não ganhasse escala nacional. ACM lhe prometeu movimentar a máquina carlista para encorpar o nanico PRN no interior da Bahia e fazer a ponte com o empresariado, ainda indeciso e agoniado com a falta de vigor das candidaturas de centro-direita.

Caetano estava inclinado a votar em Leonel Brizola, o candidato do PDT, apesar de demonstrar simpatia e apreço pelo comunista Roberto Freire e pelo peemedebista Ulysses Guimarães (que visitou Dona Canô, em Santo Amaro, levado por Waldir Pires, candidato a vice na chapa presidencial). Mas também respeitava a trajetória de luta do petista Lula e do tucano Mário Covas e achou interessantes as ideias modernizantes de Collor.

Mesmo oriundo da oligarquia alagoana, filho e neto de políticos (a família era dona do mais poderoso grupo de comunicação de Alagoas), Fernando Collor simbolizou a mudança desejada pelo eleitor. Caetano, num determinado momento, também o enxergou assim:

> Eu mesmo tive uma atração muito grande, antes do início da campanha, pela ideia de que uma pessoa como Collor viesse a ser presidente. A campanha contra marajás, aquela figura toda arrumadinha, civil, podia ser uma novidade, um recomeço. A atitude abertamente neoliberal, de fazer o Brasil um país capitalista, podia ser um caminho maravilhoso, se fosse um capitalismo moderno.[32]

No fim, embora tivesse dado apoio público a Brizola, Caetano não votou em ninguém. No primeiro turno, realizado em 15 de novembro de 1989, a primeira eleição direta para presidente após 29 anos, o compositor estava em Nova York, divulgando o disco *Estrangeiro*, lançado no mesmo ano.

OUTRAS PALAVRAS: SEIS VEZES CAETANO

Antes do segundo turno, disputado por Collor e Lula, e vencido pelo primeiro, Caetano se engajou para valer na campanha do petista, aparecendo ao lado de Chico Buarque e Gilberto Gil em vários comícios, além de gravar participações no horário eleitoral. Caetano não gostou da apelação do candidato Collor ao baixar o nível durante o debate na televisão, tampouco quando assumiu um discurso anticomunista primário e preconceituoso.

Ao mesmo tempo, Caetano se dizia um admirador do português castiço do candidato do PRN, habituado a usar palavras rebuscadas nos discursos. O compositor impressionou-se principalmente com a erudição de Dona Leda, mãe do presidente eleito em 1989: "Outro dia vi Dona Leda na televisão numa entrevista ao Amaury não sei o quê [Amaury Jr.] e ela demonstrou ser muito culta e ter um português de gente cultivada. Não acredito, portanto, que ele [Collor] possa ter um desprezo pela cultura."[33]

Logo no início do mandato, Collor extinguiu a Empresa Brasileira de Filmes S.A. (Embrafilme), estatal criada em 1969 para promover e divulgar o cinema nacional, medida que praticamente paralisou o segmento. Questionado sobre a decisão do governo, Caetano comentou que ainda era cedo para cobrar resultados do novo presidente, mas algo já podia ser comemorado: "Depois de um governo [o de Sarney] tão sem perfil, sem nitidez, é animador assistir a esse excesso de nitidez."

Outra iniciativa do "transparente" governo Collor mexeu diretamente com o bolso de muitos brasileiros e do próprio Caetano. Assim que tomou posse, a ministra da Economia, Zélia Cardoso de Mello, anunciou a criação do Plano Collor. Polêmico, o pacote incluía, entre outras medidas de estabilização, o congelamento de preços e salários por 45 dias, a troca da moeda (de cruzado novo para cruzeiro) e o bloqueio das cadernetas de poupança com saldo superior a 50 mil cruzados novos.

Caetano admitiu que a medida extrema era violenta, porém imprescindível:

> Eu tive dinheiro congelado no *over* e na poupança. (...) É evidente que uma coisa drástica devia ser feita. Seria preferível que a sociedade brasileira tivesse amadurecimento em todos os

O POLÍTICO

níveis para que não fossem necessárias todas essas tentativas de correção que implicam violência. Por que é uma intervenção do Estado na vida dos cidadãos muito grande, mas a gente sabe que era necessário.[34]

O compositor também aprovou a surpreendente lua de mel iniciada entre o presidente e o governador do Rio, Leonel Brizola, eleito em 1990 — e que, durante a campanha presidencial, no ano anterior, chamara Collor, mais de uma vez, de "filhote da ditadura".

Collor anunciou a construção, pelo governo federal, de 635 Centros Integrados de Apoio à Criança (Ciacs), escolas de tempo integral inspiradas nos Cieps, projeto educacional do antropólogo Darcy Ribeiro, um dos símbolos da administração do gaúcho no Rio. Agradecido, Brizola retribuiu defendendo até o indefensável, como a permanência de um dos mais criticados quadros de Brasília, o folclórico ministro do Trabalho, Rogério Magri.

Pelos elogios à condução da política econômica do governo federal e a parceria com o mandatário fluminense, Caetano recebeu críticas de parte dos fãs — muitos escreveram cartas aos jornais se dizendo dispostos a boicotar o trabalho do compositor. A imprensa ajudou a colocar lenha na fogueira tirando do contexto algumas declarações do músico, que revidou:

> Um dos jornais [*Jornal do Brasil*] botou numa chamada de capa que eu tinha fé em Collor, uma palavra que eu não usei e nem eles disseram que eu usei. Botaram na terceira pessoa. Aquilo desencadeou uma série de respostas de leitores que disseram que nunca mais compram disco meu.[35]

Durante uma festa em Salvador, Antônio Carlos Magalhães cobrou de Caetano uma posição mais crítica em relação ao governo. ACM rompera com Collor depois da queda de popularidade do presidente e a aproximação deste com Brizola, seu histórico inimigo político. Caetano enfureceu-se e apontou o dedo para o nariz do coronel, cena rara em solenidades baianas:

203

OUTRAS PALAVRAS: SEIS VEZES CAETANO

Quando ACM, numa festa, se dirigiu a mim e a Gil para queixar-se de ter que seguir apoiando esse "canalha idiota", gritei-lhe na cara: "Como você pode falar assim comigo?" Vocês da direita sustentaram esse cara que nós fizemos tudo para derrotar e agora você vem me tratar como se estivéssemos juntos? Toninho Malvadeza ficou ralo. Olhou ao redor, pálido de raiva, e se afastou de fininho.[36]

Collor escreveu uma carta a Caetano convidando-o para ir a Brasília. O músico não respondeu e depois, em entrevista a *O Globo*, penitenciou-se por isso: "Fiquei envergonhado por ter passado tanto tempo e não ter dado uma resposta. (...) Não acho correto que o presidente da República tenha me escrito, até me fazendo um convite, e eu não tenha respondido. Espero que ele não considere isso uma agressão."[37]

Nessa mesma entrevista, publicada no dia 12 de março de 1992, Caetano criticou o programa com maior Ibope da TV Globo:

O *Jornal Nacional*, que era uma espécie de porta-voz colorido do governo Collor e que limpava todas as possíveis imagens negativas do governo, agora faz campanha contra o Collor que está fazendo os Ciacs [Centros de Atenção Integral à Criança e ao Adolescente]. Senti-me agredido como homem inteligente, adulto e cidadão. Não quero ser tratado como um imbecil.

O compositor também acusou Roberto Marinho, presidente das Organizações Globo, e Antônio Carlos Magalhães de sugerirem um golpe contra Collor:

Agora, quando começa a aparecer que talvez aquilo que o povo viu no Collor realmente existe em algum nível; quando ele vai ser levado a historicamente significar, ainda que minimamente, aquilo que de moderno o Brasil viu nele, vêm estes mastodontes como Roberto Marinho e Antônio Carlos

Magalhães falar em golpe e sugerindo golpe? Eu digo: não. Ele é o nosso presidente.

Em nota publicada no fim da entrevista, a direção de *O Globo* respondeu dizendo que as críticas ao jornal e ao proprietário eram esperadas por conta da notória admiração de Caetano por Brizola, desafeto histórico de Roberto Marinho. Nada que o compositor dissera correspondia à verdade e ele não deveria tecer comentários sobre políticas educacionais, acrescentou a nota: "Quanto aos Ciacs, toda discussão sobre pedagogia esbarraria na probabilidade de que Caetano Veloso entenda tanto de educação pública quanto Leonel Brizola, ou seja, nada."

Em menos de dois anos, o governo Collor caiu em desgraça. O plano econômico de Zélia Cardoso de Mello fracassou — a ministra da Economia tentou um novo choque, com o Plano Collor 2, que, assim como o primeiro, não cumpriu a tarefa de derrubar a inflação. Os casos de corrupção, já sabidos, se tornaram mais visíveis.

No domingo, dia 24 de maio de 1992, em entrevista à *Veja*, Pedro Collor, irmão do presidente, "contou tudo" — essa era a manchete da revista. Segundo ele, Paulo César Farias, ex-tesoureiro da campanha de Collor, era o testa de ferro do presidente, que embolsava 70% das propinas recolhidas (os outros 30% ficavam com PC).

Milhares de estudantes foram às ruas exigir o impeachment de Collor — muitos deles entoando versos de "Alegria, alegria", tema de abertura da minissérie *Anos Rebeldes*, da TV Globo. No feriado de 7 de setembro, um dos dias de manifestação, Caetano estava em temporada de shows em Nova York. A imprensa quis saber por que ele não participara dos atos contra o governo brasileiro, também esperados na cidade norte-americana. O músico reagiu com irritação:

> Tenho horror a patrulhas. Escreveram nos jornais, em tom de crítica, que eu não fui à rua 46, em Nova York, participar das manifestações do 7 de setembro. Esse é o pior tipo de repressão! Você é obrigado a fazer tudo! Eu não tinha show

no Town Hall no mesmo dia. (...) Se não fui lá, passo a ser suspeito; mas de quê?[38]

No dia 25 de setembro, a quatro dias da votação do impeachment de Collor na Câmara dos Deputados, Caetano enfim se pronunciou com mais contundência sobre os acontecimentos políticos. Disse ser a favor do impedimento do presidente, mas reclamou novamente dos patrulheiros:

> As pessoas que apoiam Collor estão no seu direito. Isso é democracia! Não tenho opinião sobre os sertanejos que cantam na Casa da Dinda. Tenho horror a esse negócio de ter de emitir uma opinião sobre tudo. O pior tipo de repressão é o que exige de você uma ação.[39]

No dia 29 de setembro, a Câmara aprovou por 441 votos a abertura do processo contra o presidente. Afastado temporariamente no dia 2 de outubro, Collor renunciaria ao mandato em dezembro, numa tentativa de escapar da condenação. O Senado, porém, prosseguiu o julgamento, condenando-o à inelegibilidade por oito anos.

* * *

Itamar Franco, vice de Collor, tomou posse e logo se soube que, além da paixão por fuscas (ele reduziria a 0,1% o Imposto sobre Produtos Industrializados (IPI) de carros populares, incentivando a produção), o seu cantor favorito era Caetano Veloso. O cantor, porém, não demonstrava entusiasmo pelo político mineiro, de ideias nacionalistas e estatizantes, preferindo o ministro da Fazenda, Fernando Henrique Cardoso.

O presidente deu carta branca para o tucano elaborar um novo pacote de estabilização da economia. O Plano Real derrubou a hiperinflação e tornou o ministro um dos favoritos à sucessão presidencial de 1994. Caetano, a menos de dois meses da eleição, mostrava-se dividido entre FHC e Lula, em quem votara no segundo turno de 1989:

O POLÍTICO

> Quando saí do Brasil, me prometi que ao voltar teria decidido entre Lula e Fernando Henrique. Mas continuo sem saber. E assistindo com muito interesse e fascínio, porque tanto Lula como Fernando Henrique representam indubitavelmente uma novidade no cenário político brasileiro. Há um amadurecimento da consciência política. O Lula é o povo, que nunca teve vez na política brasileira, e o Fernando Henrique é o Ruy Barbosa, que também não conseguiu ser eleito, não chegou a ter vez.[40]

Enquanto Lula visitava Dona Canô em Santo Amaro, e abraçado a ela fazia trocadilhos para criticar o Plano Real ("em dez dias o povo vai cair na real e perceber como o custo de vida subiu ainda mais com a implantação do real"),[41] FHC se aproximava dos tropicalistas. Gilberto Gil, também indeciso, convenceu-se de que o tucano era o melhor candidato após almoçar na casa dele, na rua Maranhão, em São Paulo.

Caetano também anunciou o voto em FHC, o político elogiado por Glauber Rocha, que o chamava de "o príncipe da nossa sociologia". Caetano e Gil foram um contrapeso importante para a campanha do ex-ministro de Itamar, enquanto a maioria da classe artística, liderada por Chico Buarque, responsável por organizar vários encontros, aderiu à candidatura de Lula — que, dessa vez, não decolou. Beneficiado pelo sucesso do Plano Real, Fernando Henrique liquidou a eleição no primeiro turno, com o dobro de votos do petista.

Convidado para a posse de Fernando Henrique, em Brasília, Caetano aceitou o convite, mas não gostou de ter o nome citado nas primeiras frases do discurso do presidente eleito. Descontentamento que só revelou quatro anos depois, em 1999: "Fiquei um pouco surpreso. Achei que foi um gesto de populismo sofisticado."[42]

O clima de cordialidade entre Caetano e FHC se estendeu por todo o primeiro ano de mandato. Em maio de 1995, o músico conseguiu que o presidente assinasse um decreto autorizando o repasse de R$ 228 mil ao Projeto Axé, instituição que dava amparo a 3 mil crianças carentes no Pelourinho, centro histórico de Salvador.

Caetano retribuiu, convidando FHC e próceres do tucanato para assistir, em setembro, ao show *Fina estampa*, no Tom Brasil, em São Paulo. O governador de São Paulo, Mário Covas, e o ministro das Comunicações, Sérgio Motta, aplaudiram de pé a interpretação de "Soy loco por ti, América". Fernando Henrique chorou no momento em que Caetano cantou "Recuerdos de Ypacarai", de Demetrio Ortiz.

Alguns acontecimentos durante o segundo ano de mandato de FHC fizeram de Caetano, até então complacente, um crítico categórico do presidente tucano. O cantor responsabilizou diretamente o governo pelo assassinato de dezenove sem-terra, em abril de 1996, no Pará, episódio conhecido como o massacre de Eldorado do Carajás: "Não é admissível o que aconteceu no Pará. Fernando Henrique Cardoso deveria ter imposto uma atitude que desencorajasse isto. Fernando Henrique Cardoso é culpado pela chacina no Pará."[43]

A aliança político-eleitoral entre o PSDB, partido de FHC, e o Partido da Frente Liberal (PFL), liderado por Antônio Carlos Magalhães, presidente do Senado e eminência parda do governo, e as tenebrosas manobras para que fosse aprovada a emenda da reeleição do presidente da República também desagradaram a Caetano. "Não posso aceitar que o pessoal do PSDB aja como se fosse uma espécie de UDN [União Democrática Nacional] mais esnobe por resolver sujar as mãos. Pensam que são mais chiques ainda porque resolveram reconhecer que a política precisa ter algo de jogo sujo."

Aos jornais, o músico também denunciou os desmandos do carlismo contra Lídice da Mata, a prefeita de Salvador. Ao assumir o mandato em 1993, ela sofreu uma sistemática perseguição de ACM, que conseguiu, inclusive, bloquear investimentos federais para o município: "O que ele [ACM] faz com a prefeita de Salvador é injusto e desigual, brutal e desumano. Antônio Carlos destrói quem quer destruir porque ali o pedaço é dele, só que ele não é o meu dono, nem da Bahia. Precisamos nos livrar de pessoas como Antônio Carlos."[44]

Em maio de 2001, veio à tona o escândalo da violação do painel do Senado que deixou ACM, já divorciado politicamente de FHC, perto da cassação. Artistas baianos se mobilizaram, então, para prestar solidariedade ao presidente do Senado. Jorge Amado, Zélia Gattai e Gal Costa foram a Brasília tirar fotos com Antônio Carlos. Gal, abraçada ao político, se emocionou: "Ele é o paizão da Bahia e está sofrendo injustiça por ter defendido os mais pobres."[45]

Convidados por ACM, Caetano e Gil não apareceram — dias depois, instado a responder sobre o pedido de cassação de ACM, durante uma conferência sobre Tropicalismo na Universidade Cândido Mendes (UCM), Caetano respondeu: "A imprensa adora Antônio Carlos Magalhães, mas a estrela baiana aqui sou eu."[46]

Bethânia, assim como a imprensa, era fã de ACM e lhe enviou um telegrama se dizendo "perplexa e apreensiva". Dona Canô mandou flores junto com um bilhetinho: "Pedi proteção à Nossa Senhora da Purificação." Mas os santos do Recôncavo não fizeram milagre: ACM, pressionado, renunciou para evitar a cassação.

Por fim, Caetano procurou desvincular a sua imagem do governo Fernando Henrique Cardoso — e protestou mais de uma vez quando setores do PSDB tentaram ligá-lo de alguma forma à era FHC. Para o cantor, Fernando Henrique não esteve politicamente à altura do cargo que, por conta da reeleição, ocupou por oito anos: "O histórico político do Fernando Henrique não apontava para um grande político, um homem de força (...). Ele não é um animal político. Aliás, ele não é um animal, falta um pouco de animalidade a ele, com toda a conotação que a palavra tem hoje."[47]

Caetano distanciou-se de FHC ao mesmo tempo que se aproximou de Ciro Gomes, após longas conversas com o filósofo e teórico social Roberto Mangabeira Unger, guru ideológico do ex-governador cearense. Foi José Almino de Alencar, sociólogo e escritor, filho de Miguel Arraes, quem chamou sua atenção para a existência de Mangabeira.

> Passei a referir-me a ele [Mangabeira] em toda entrevista que dava. Por anos essas referências eram cortadas na edição. Mesmo depois que sua presença na cena nacional passou a ser registrada, os editores seguiam achando que o nome de Unger na minha boca nada acrescentava às reportagens que

faziam comigo. Eu dizia a amigos: "Os donos dos jornais são tucanos e os jornalistas, petistas — não querem complicar o Fla-Flu dando ouvidos a um cantor de rádio."[48]

Assim como Mangabeira e desde o Tropicalismo, Caetano insiste na tese utópica de que o Brasil tem a missão de oferecer ao mundo um exemplo original de civilização. Porém, ele mesmo acrescenta: "Não basta o Brasil ser original: tem de funcionar. Precisamos criar condições para que a energia criativa do povo brasileiro encontre seu leito e o ritmo de sua correnteza."[49]

Caetano vive mudando seu apoio político, aposta num líder e, passado um tempo, frustrado, muda de bandeira e depois, esperançoso, pode se alinhar até a um adversário do anterior. A inconstância se justifica pela busca por alguém que conduza o país na direção daquele sonho do cantor. E ele acreditava ter encontrado em Mangabeira ideias e propostas nesse sentido — pragmáticas e viáveis — que precisavam ser testadas.

A utopia que Caetano cultiva desde os tempos de faculdade, em Salvador, veio a público de forma enigmática um ano depois de iniciado o Tropicalismo, em setembro de 1968. Ocorreu durante a primeira apresentação de "É proibido proibir" (não confundir com a segunda, a que ficou na história pelo discurso irado do baiano contra as vaias e agressões de estudantes na plateia do festival).

Na primeira vez, na fase eliminatória do III Festival Internacional da Canção (FIC), em São Paulo, a certa altura ele interrompeu o canto e declamou o poema "D. Sebastião", de Fernando Pessoa:

> Esperai! Caí no areal e na hora adversa
> Que Deus concede aos seus
> Para o intervalo em que esteja a alma imersa
> Em sonhos que são Deus.
>
> Que importa o areal e a morte e a desventura
> Se com Deus me guardei?
> É O que eu me sonhei que eterno dura,
> É Esse que regressarei.

O POLÍTICO

Na época apenas quem tinha certa erudição pôde entender o recado. Em *Verdade tropical*, Caetano decifra a mensagem. D. Sebastião foi o rei português que morreu em 1578, aos 24 anos, na última — "e irrealista" — Cruzada, nas areias de Alcácer-Quibir. Não se encontrou o corpo do monarca, nem ficou registrada sua prisão pelos inimigos infiéis, os mouros. Daí surgiu a lenda de que ele voltaria para reerguer o decadente império português.

A utopia recebeu atualização e modificações em meados do século passado por Agostinho da Silva, exilado português fugido do salazarismo e um dos intelectuais chamados para atuar na revolução cultural empreendida pelo reitor Edgard Santos na Universidade da Bahia. Agostinho desenvolveu o neossebastianismo criado por Fernando Pessoa e substituiu Portugal pelo Brasil como tendo um papel a cumprir no mundo.

O pensamento de Agostinho da Silva chegou a Caetano através de um amigo e ex-aluno dele, o antropólogo Roberto Pinho, que, por sua vez, tinha sido apresentado ao cantor por Alvinho Guimarães. Agostinho "via no Brasil um esforço de superação da fase nórdico-protestante da civilização. Era um paradoxal sebastianismo de esquerda que se nutria de lucidez e franco realismo e não de mistificações" — escreveu em *Verdade tropical*.

Caetano se identificou com essa versão esquerdista do mito, sua ética que não se conforma com as injustiças sociais e se baseia no amor e na defesa de uma vida plena para todos os indivíduos. Como escreveu Luiz Carlos Maciel, em *O sol da liberdade*, o sebastianismo do cantor "vislumbra um Brasil superior que, diz ele, 'a História nos sugere que sejamos'". É o país utópico "que temos o dever de construir e que vive em nós" — palavras textuais do baiano citadas por Maciel.

A construção desse Brasil deve começar pela superação da sua monstruosa desigualdade social, defende Caetano, que se sentiu esperançoso nesse sentido ao conhecer o programa de Roberto Mangabeira Unger para a economia e a política do país. "Mangabeira não era sebastianista: apenas sua conversa pragmática se adequava aos sonhos que me perseguem desde a puberdade e que encontram em Agostinho da Silva uma fórmula sedutora" — disse o baiano ao *O Globo*, em 5 de dezembro de 2010.

OUTRAS PALAVRAS: SEIS VEZES CAETANO

Em livros e artigos, Mangabeira trata de temas caros a Caetano, como a originalidade da nossa situação e as medidas para liberar a energia represada do povo brasileiro, "de modo a gerar ondas de criatividade que levem o Brasil à grandeza" — resumiu Caetano em artigo para a revista digital *Fevereiro*, em março de 2017.

A aposta nos projetos de Mangabeira é extensiva a quem lhes der o devido valor. É o caso de Ciro Gomes, que, como candidato à presidência, os incorporou ao seu programa de governo, e assim ganhou o apoio e a atenção de Caetano.

Com os olhos voltados para Ciro, o cantor percebeu que a falta de animalidade em FHC transbordava no cearense, então candidato a presidente, em 1998. Caetano projetou nele o que achava, inicialmente, ter identificado em Collor, o que fora um engano: "Ciro é o verdadeiro Collor. O político jovem surgido do Nordeste, com sotaque e tudo, moderno, realizador, voluntarista, desabusado. O Collor é uma barbie desse modelo."[50]

Fernando Henrique conseguiu se reeleger de novo em turno único, em 1998, com quase 15 milhões de votos de vantagem sobre Lula (Ciro, o "candidato de Caetano", terminou em terceiro). Num governo marcado por crises econômicas sucessivas, FHC chegou ao último ano do mandato com a reprovação em alta — e com poucas chances de eleger o sucessor, José Serra.

Elas diminuíram ainda mais após o marqueteiro Duda Mendonça dar um verniz moderado à imagem de Lula, ampliando a base eleitoral do petista e tornando-o um dos favoritos para vencer as eleições de 2002.

Numa entrevista ao jornal *O Globo*, por e-mail, no dia 29 de agosto de 2001, Caetano afirmou que votaria em Lula no ano seguinte — não mais em Ciro Gomes, novamente candidato. Parecia ser mais um desejo de mudança do que propriamente um entusiasmo pela figura de Lula, que ainda não o encantara.

O cantor deu a declaração um dia após quatro bandidos roubarem, na avenida Brasil, no Rio, o caminhão com instrumentos e equipamentos de palco do músico, incluindo um violão *framework* emprestado por Gil. "Agora é fazer os mais belos shows possíveis em Fortaleza e Recife, pensar em fazer shows fechados de grandes empresas para poder pagar o prejuízo, ler o Mangabeira Unger e votar no Lula."

O POLÍTICO

O "ler Mangabeira Unger e votar no Lula" era uma clara provocação a Fernando Henrique, o príncipe de Glauber que, para Caetano, havia muito tempo perdera a nobreza, desde o alinhamento ao então Partido da Frente Liberal (PFL) de Toninho Malvadeza. FHC, por sua vez, continuou se dizendo fã do cantor baiano, de quem já esperava mudanças de atitude, por conta do temperamento. "Caetano é sanguíneo", declarou.[51]

Mulherengo notório, ao saber que a modelo Luma de Oliveira dera entrevista se dizendo apoiadora do governo, FHC fez uma provocação a Caetano, durante diálogo com Aécio Neves capturado pelo cronista político José Bastos Moreno, de O Globo: "Depois que ela me disse que me apoia, eu vou me incomodar com Caetano Veloso?"[52]

No dia 1º de maio de 2002, a menos de meio ano para o primeiro turno das eleições presidenciais, Gilberto Gil se ofereceu para ser o anfitrião de um encontro de Lula com músicos de renome. No apartamento de Gil em São Conrado, Caetano, Chico Buarque, Djavan, Wagner Tiso e MV Bill ouviram o candidato petista prometer um governo de mudança, com prioridade para os investimentos sociais e uma dedicação especial à cultura. Zé Dirceu, também presente, disse que o partido buscaria alianças muito além da esquerda (prometeu e cumpriu, ao seu modo).

Gil, que mantinha boas relações com FHC — chegou a ser cotado para assumir o Ministério do Meio Ambiente durante o mandato do tucano —, anunciou o voto em Lula no início da campanha. Caetano estava novamente indeciso entre votar no petista, no candidato tucano José Serra, o preferido de sua mulher, Paula Lavigne, ou repetir o voto em Ciro Gomes. Este, por sinal, ficou possesso ao saber que o cantor baiano se mostrava propenso a votar em Lula. "O manifesto de Caetano não está à altura da politização dele, do carinho e respeito que eu tenho por ele. Ele fez esse manifesto em cima de um roubo de caminhão. Essa reação é compreensível do ponto de vista humano. (...) Mas não é uma atitude que mereça reflexão", afirmou Ciro.[53]

Os petistas se empolgaram com o suposto apoio de Caetano e passaram por uma saia justa com o músico. A poucos dias da eleição, marcada para outubro de 2002, enquanto cumpria uma agenda de shows em Nova York, Caetano telefonou para o advogado Paulo Cesar Pinheiro pedindo que notificasse o Partido dos Trabalhadores (PT) por usar, sem autorização, sua interpretação da canção "Amanhã", de Guilherme Arantes, na propaganda eleitoral de Lula.

Duda Mendonça ainda tentou argumentar, afirmando que a autorização do cantor tinha sido dada, informalmente, a um amigo comum, o antropólogo baiano Antonio Risério. Caetano manteve a notificação e a música acabou tirada da campanha. Zé Dirceu ligou para Nova York e pediu desculpas em nome do partido.

Caetano, enfim, decidiu votar no candidato do PT, não mudando mais de ideia até a eleição, vencida pelo petista no segundo turno, na disputa contra o tucano José Serra. Os destemperos e arroubos sexistas de Ciro — o ex-governador cearense chegou a dizer que o único papel da sua mulher (a atriz Patrícia Pillar) era "dormir com ele" — contribuíram para a perda do cabo eleitoral de peso: "O meu candidato era Ciro Gomes, que pirou do meio para o fim da campanha e praticamente me pediu para não votar nele, por causa de coisas que fez e disse", afirmou Caetano.[54]

* * *

Durante uma entrevista para a *Folha de S.Paulo*, Caetano soube que Gil tinha aceitado o convite para ser o ministro da Cultura de Lula. "Aceitou? Deve ser bom pra ele. (...) Sinceramente eu tenho uma reação assim de repulsa, uma vontade de me afastar de tudo que seja ou pareça poder oficial (...)."[55]

A nomeação de Gil, filiado ao Partido Verde (PV), gerou mal-estar entre setores do PT — preferiam que o ministério fosse ocupado por algum nome historicamente identificado com o partido, caso, por exemplo, dos atores Paulo Betti e Sérgio Mamberti. No decorrer do mandato, o músico foi criticado também por parte da classe artística. Embora alinhado a outro partido, ele estaria permitindo que o comissariado petista interferisse politicamente na gestão da pasta.

Em entrevista concedida no começo de maio de 2003, o cineasta Cacá Diegues acusou a poderosa Secretaria de Comunicação (Secom) chefiada por Luiz Gushiken — um dos integrantes do chamado "núcleo duro" do

O POLÍTICO

governo, ao lado dos ministros Antonio Palocci (Fazenda) e José Dirceu (Casa Civil) —, de "dirigismo cultural", por impor novas regras de patrocínio cultural de estatais como Eletrobras e Furnas:

> Os novos critérios representam uma intervenção política e ideológica na criação artística. Não é isso que se esperava do Lula, não foi isso que Lula disse durante a campanha. Os xiitas foram controlados na economia, na política, em todas as áreas, menos na cultura. É um golpe que pode provocar um desaparecimento do cinema brasileiro.[56]

A entrevista de Cacá teve grande repercussão. Dois dias depois, Caetano, em texto publicado em *O Globo*, se solidarizou com o cineasta e não mencionou o nome de Gil, preferindo se referir a ele apenas como ministro:

> Concordo com Cacá. (...) As exigências que aparecem no site da Eletrobras sugerem um dirigismo temático e estilístico insuportável. (...) Vi ali um pedido ao ministro da Cultura escolhido pelo presidente da República. E espero que, apesar dos tolos de sempre que querem posar de radicais, a mensagem chegue a Lula como uma séria reivindicação da classe artística.[57]

O ministro da Cultura negou a ingerência da Secom, convocou Cacá e outros críticos de sua gestão para seguidas reuniões e, por um momento, conseguiu apaziguar os ânimos. Em dezembro de 2003, Caetano elogiou Gil, reconhecendo a sua importância para dar peso e visibilidade à pasta:

> Gil parece tão bem, não é? Ele estando feliz, fico feliz também. Além disso, trouxe visibilidade e peso inéditos para o MinC. E, da minha parte, não tive que brigar com ele como briguei com Celso Furtado quando apoiou Sarney na proibição de *Je Vous Salue, Marie*, do Godard, para agradar aos padres e a Roberto Carlos.[58]

No entanto, a paciência de Caetano com Lula se esgotou rapidamente. No mesmo mês de julho de 2003, recebeu para jantar em casa o líder do PT no Senado, Aloizio Mercadante, e, durante uma turnê pela Itália, elogiou a conduta do presidente ("Lula é impecável em matéria de ética e honestidade").[59] Mas, pouco tempo depois, deu seguidas entrevistas falando mal de Lula, principalmente a partir do início de 2004.

Em menos de um ano, deixou de considerar o presidente um exemplo de probidade. A decepção surgiu após a primeira grande crise política do governo petista, o chamado Mensalão, que terminou com o pedido de demissão de José Dirceu, principal ministro de Lula — Waldomiro Diniz, seu subchefe de assuntos parlamentares da Casa Civil, havia sido flagrado negociando com bicheiros em troca de propinas e contribuições para campanhas eleitorais.

Primeiro, Caetano acusou o governo petista de ser mais do mesmo. "A gente já está de saco cheio desse governo que é muito mantenedor e pouco experimentador."[60] Depois, responsabilizou Lula pela falta de uma ação firme no caso Waldomiro Diniz — Dirceu só deixou o cargo quase um ano e meio após o seu assessor aparecer num vídeo pagando propina ao bicheiro Carlinhos Cachoeira. "Se Lula fosse Lula, o Dirceu tinha que ter saído em 2004."[61]

Sobrou também para Gil. Dias depois de dizer em entrevista que "a única coisa que funciona honestamente e coerentemente no governo é a política econômica, o resto é um caos",[62] Caetano falou mais especificamente sobre o desempenho do ministro da Cultura:

> O Gil é maravilhoso. Mas o ministério não tem verba, não decide muita coisa. Não está fora de uma certa confusão que é relativamente caótica. Gil dá um certo brilho para a pasta, as pessoas se lembram de que existe o Ministério da Cultura porque Gil está lá. Isso é bacana. Agora, conseguimentos concretos, coerentes, interessantes, não apareceram. A Cultura não está fora do caos de que eu falei, não.[63]

Os afagos não foram suficientes para Gil convencer o amigo a comparecer a uma reunião do ministério com representantes da classe artística, em Brasília. O ministro amenizou: "O Caetano não vem porque já não é Lula há muito tempo. Não é uma questão racional, é uma questão de afeto. Política não se faz só com razão, mas com afeto também."[64]

Gil tinha razão. O afeto que Caetano dizia sentir por Lula, a ponto de ter chorado na cabine quando votou no petista em 2002, dissipou-se. O compositor confessou que não alimentava muita esperança em Lula — fora alertado por pessoa próxima ao partido de que o futuro presidente não agiria de forma muito republicana:

> Votei no Lula e não me arrependo. Mas não esperava muito. Apenas tive muita tristeza quando vi estourarem esses escândalos e ver confirmada uma previsão que foi feita antes da eleição por um sujeito que conheci, que fora ligado ao PT, tinha trabalhado com gente do PT em prefeituras do interior de São Paulo, e que me disse: "Pode vir aí um negócio de corrupção maior do que jamais houve."[65]

Além de Cacá Diegues, outro artista acusou o governo petista de "dirigismo cultural". Em entrevista à *Folha de S.Paulo*, o poeta Ferreira Gullar afirmou que o Ministério da Cultura não estava cumprindo "o seu papel": "Dizem que os projetos não andam. Nem solicitações de verbas. Houve centralização que não sei se continua."[66]

Secretário de Políticas Culturais do ministério, Sérgio Sá Leitão respondeu às críticas chamando Gullar de stalinista: "Não deixa de ser curioso um comunista criticar algo ou alguém por uma suposta 'centralização'. A 'centralização' não era a marca registrada dos finados regimes stalinistas dos quais Gullar foi e segue sendo um defensor?"[67]

Caetano entrou na polêmica. Além de assinar um manifesto exigindo a demissão de Sá Leitão, escreveu uma carta aberta, publicada na *Folha de S.Paulo*, em resposta ao secretário:

> Governos totalitários são viciados em expurgar poetas. Se um ministério demonstra não aceitar críticas — pior: exige adesão total a suas decisões —, estamos sim a um passo do totalitarismo; se um poeta expõe de público discordância — ou simples desconfiança — dos rumos de um ministério, temos democracia.[68]

Gil reagiu à carta de Caetano primeiro com ironia. "Pelo menos ele está tentando acompanhar [as ações do MinC]."[69] Depois insinuou que totalitários eram os que exigiam a cabeça de Sá Leitão: "Totalitário seria o MinC fazer algo contra Gullar ou contra quem quer que seja. Isto jamais acontecerá. Assim como seria totalitário negar ao MinC o direito de debater ou exigir a demissão de alguém por delito de opinião."[70]

O que poderia resultar num inédito rompimento de uma longa amizade não aconteceu. Caetano e Gil fizeram as pazes dias depois, durante um show do ministro no Morro da Urca, no Rio. Caetano ficou no fundo do palco. Quando a apresentação terminou, dirigiu-se a Gil e trocou um selinho. Os dois conversaram com a imprensa.

"Não falei com ele sobre o Ministério. Aquilo não foi uma questão pessoal (...) O Ministério de Gil é forte pela mera presença dele e com isso as discussões aparecem mais", disse Caetano. Gil respondeu: "É impossível brigar com Caetano. Isso é trucagem que a imprensa faz, atribuindo atitudes, e palavras, e sentimentos que não são exatamente aqueles, nem dele [Caetano], nem de outros."[71]

Caetano poupou críticas a Gil (voltaria a discordar do parceiro só em 2011, sobre novos modelos de direito autoral, quando ele já não era mais ministro) e centrou fogo no governo Lula. Em setembro de 2006, a um mês do primeiro turno — o petista tentava a reeleição —, o compositor disse que não repetiria o voto de 2002. "Eu não sou burro, nem maluco, então não vou votar nele."[72]

O POLÍTICO

Desde o início da campanha, o cantor estava propenso a votar em Cristovam Buarque (Partido Democrático Trabalhista — PDT), ex-ministro da Educação de Lula que se tornara um dos críticos mais ferrenhos do governo, mas na última hora decidiu votar em Geraldo Alckmin (Partido da Social Democracia Brasileira — PSDB). Caetano tinha boas lembranças de um encontro com o então governador de São Paulo, dois anos antes, na casa da família de Aécio Neves, em São João Del Rei, Minas Gerais. Passaram horas conversando sobre literatura brasileira e cinema italiano.

Lula venceu Alckmin no segundo turno e manteve Gil no cargo de ministro. Caetano achava que o amigo estava tomando gosto pela política — era o seu temor. "Gil, você é o Lula do Lula. O símbolo de um símbolo."[73] Os ataques ao petista se acentuaram, a ponto de Dona Canô, lulista fervorosa, repreendê-lo publicamente: "Já disse para ele: 'Caetano, você não sabe o que está dizendo. Deixa o Lula terminar o mandato para depois reclamar."[74]

Em 2009, em entrevista ao *Estadão*, Caetano justificou o voto em Marina Silva, candidata às eleições presidenciais do ano seguinte, fazendo comparações: "é inteligente como o [Barack] Obama e não é analfabeta como o Lula, que não sabe falar, é cafona falando, grosseiro."[75] Dona Canô deu novo pito no filho famoso: "Lula não merece isso. Quero muito bem a ele. Foi uma ofensa sem necessidade. Caetano não tinha que dizer aquilo. Ele é só um cantor. Vota em Lula se quiser, não precisa ofender nem procurar confusão."[76]

Irmão mais velho de Caetano, Rodrigo Veloso, na época secretário municipal de Cultura de Santo Amaro na gestão do prefeito Ricardo Machado, do PT, também se manifestou, dizendo que as críticas do cantor ao presidente tinham sido feitas dois dias após Lula atender um pedido pessoal de Dona Canô — que não deixasse a Santa Casa de Misericórdia, o principal hospital público da cidade, fechar por falta de verbas.

Rodrigo disse que tratou rapidamente de pedir desculpas ao staff petista pela gafe do irmão famoso:

> Caetano tem mania de falar sem pensar e aí diz coisas assim. Falou de maneira preconceituosa. Achei maluquice. Fiquei

revoltado. (...) No palanque de um evento em Santo Amaro, a primeira coisa que me ocorreu, vendo o secretário Rui Costa (de Relações Institucionais do Estado), foi pedir a ele que transmitisse ao governador Jaques Wagner e ao presidente Lula o pedido de desculpas em nome da minha mãe e da nossa família. Achei decente fazer isso.[77]

* * *

Dilma Rousseff, ministra-chefe da Casa Civil de Lula, derrotou o tucano José Serra e se tornou a primeira mulher a presidir o Brasil. Caetano anulara o voto no segundo turno e se surpreendeu positivamente com os primeiros gestos e declarações de Dilma, que, para ele, demonstravam personalidade e uma vontade de seguir um caminho próprio. "Dilma tirou a Bíblia de cima da mesa e o crucifixo da parede, eu gostei muito. Lula era mais carola. (...) Já consigo vê-la descolada de seu criador."[78]

O músico também gostou de vê-la criticar o desrespeito aos direitos humanos no Irã. Em novembro de 2009, Lula havia recebido o presidente Mahmoud Ahmadinejad em visita oficial, o que levou entidades ligadas à comunidade judaica, grupos religiosos e da causa LGBT e outras organizações a realizar protestos contra a visita do líder iraniano. Caetano: "E quando o Lula apoiou aquele presidente do Irã? Isso é ridículo. Isso é abominável. (...) Detesto que me queiram confinar num ambiente mental que se excita com [Hugo] Chávez, se alimenta de sindicalismo operário e do corporativismo dos servidores públicos, (...) e desculpa o indesculpável no Irã."[79]

Em 2010, Caetano começou a assinar uma coluna publicada aos domingos no "Segundo Caderno" do jornal *O Globo* — espaço que aproveitou com entusiasmo, revelando-se um colunista menos barroco, menos digressivo que o ensaísta, escrevendo de maneira aberta e polêmica sobre os mais variados assuntos, desde problemas pessoais aos dos outros. Sobrou até para o próprio jornal, acusado pelo cantor de promover uma campanha sistemática contra o então deputado estadual Marcelo Freixo, do Partido Socialismo e Liberdade (PSOL).

O POLÍTICO

Muitas colunas eram escritas no calor da hora, com Caetano comentando fatos da atualidade e acontecimentos vividos por ele durante viagens pelo Brasil e pelo mundo. Em fevereiro de 2012, de férias na Bahia, o músico indignou-se com o processo de degradação de seu estado, que, além dos problemas sociais e econômicos de sempre, enfrentava a violência resultante de uma longa greve da polícia militar.

Os policiais baianos reivindicavam aumento salarial e exigiam do governador petista, Jaques Wagner, a anulação de mandados de prisão contra doze grevistas. Ciceroneando amigos em Salvador, entre eles os cantores Criolo e Mariana Aydar, Caetano sentiu de perto o aumento da violência — durante passeio no Pelourinho, Paula Lavigne teve o colar arrancado por um garoto.

"A cidade está um lixo. Tudo aqui dá impressão de que não há futuro. (...) Tenho vontade de ver um Aécio [Neves] presidente", escreveu o colunista, explicitando o desejo de que o neto de Tancredo cumprisse o mandato não exercido pelo avô, morto antes de tomar posse, em abril de 1985. Preterido pelo partido na disputa ao Planalto, o tucano mineiro teve que abrir mão da disputa nas prévias para o apoio a José Serra, candidato único.[80]

Ao citar Aécio, o cantor também demonstrava descontentamento com Dilma, a quem elogiara no início do mandato porque ela não se comportava como mero poste do padrinho político. Em junho de 2013, quando milhões de pessoas saíram às ruas para protestar contra o governo — atos que começaram com uma gritaria contra o reajuste das tarifas de transporte público —, Caetano achou que as manifestações eram inevitáveis e necessárias, mas fez restrições aos quebra-quebras:

> Não gosto de violência nem desejo insuflar o entusiasmo de jovens narcisistas [referindo-se ao movimento black bloc, surgido nos anos 1980 na Europa, de inspiração anarquista] que adoram se sentir salvadores da humanidade. Mas, como disse, os nós de nossa estrutura social brutal não podem se desfazer sem dor. Black blocs têm a ingenuidade de rebeldes sessentistas. (...) E não sou contra, já que a injustiça, a brutalidade e a crueldade merecem reação enérgica.[81]

Insuflado nas redes sociais pelo Movimento Passe Livre, após o aumento na passagem de ônibus em São Paulo, os protestos chegaram, simultaneamente, a mais de cem cidades brasileiras. Na grande maioria, as manifestações se mostraram difusas, apartidárias, sem líderes definidos, refletindo basicamente a indignação contra a corrupção e o aumento da recessão econômica.

Os protestos continuavam violentos, sobretudo nas grandes capitais. No Rio, os black blocs prometiam incendiar a cidade durante os festejos do dia 7 de setembro. Elogiado por Caetano por diversas vezes nas colunas de *O Globo*, o secretário de Segurança do Rio, José Mariano Beltrame, aceitou receber o cantor e outros representantes da sociedade civil para conversar sobre os excessos cometidos pela PM carioca durante as manifestações — o grupo pedia o fim do uso de balas de borracha e outros abusos.

Caetano discordava de uma decisão tomada por Beltrame, a de coibir o uso de máscara, indumentária característica dos black blocs durante os protestos. As máscaras não seriam oficialmente proibidas, mas a Justiça autorizava a polícia a pedir a identificação de quem a usasse — se houvesse recusa, o mascarado seria levado à delegacia. Na prática, era uma proibição.

Logo após participar da reunião, Caetano postou uma foto nas redes sociais em que ele aparecia com o rosto coberto por uma camiseta preta, apenas com os olhos à mostra, numa referência clara ao movimento black bloc. Na legenda, escreveu: "Em favor da paz, no dia 7 de setembro, todos deveriam sair mascarados como no carnaval, respondendo à violência simbólica, sem usar a violência. Proibir o uso de máscaras numa cidade como o Rio de Janeiro é uma violência simbólica."[82]

Os que defendiam uma radicalização ainda maior dos protestos acusaram Caetano de descaracterizar um movimento genuíno e necessário, associando-o ao carnaval. Para os que eram contra as manifestações, o músico, ao aparecer mascarado nas redes sociais, incitava a violência e promovia os baderneiros.

* * *

Nas eleições presidenciais de 2014, Caetano fez campanha para Marina Silva. A candidata do Partido Socialista Brasileiro (PSB) chegou a empatar com Dilma Rousseff na liderança das pesquisas eleitorais, impulsionada pela comoção nacional após a morte do companheiro de chapa, Eduardo Campos, num acidente aéreo em agosto de 2014.

Marqueteiro de Dilma, João Santana elaborou uma estratégia de desconstrução de Marina, tachando-a de candidata "dos bancos" e "dos conservadores". Evangélica, contra o aborto e a legalização das drogas, a ex-senadora do Acre mantinha laços estreitos com a educadora Neca Setúbal, herdeira do Grupo Itaú e coordenadora de seu programa de governo.

Na propaganda eleitoral, o PT insinuou que a independência do Banco Central, proposta por Marina, dava mais poder aos banqueiros e significava uma retribuição da candidata ao apoio financeiro — segundo os petistas, 83% dos custos de um instituto dela tinham sido pagos por Neca Setúbal.

Caetano chamou de "odiosa" a desconstrução de Marina realizada pelo PT, mas, mesmo assim, votou em Dilma no segundo turno, por identificar uma onda reacionária em torno da candidatura do tucano Aécio Neves: "O PSDB nunca antes tinha sido tão completamente tomado pela direita. Os fanáticos malucos que pediam a volta da ditadura; colegas meus em euforia conservadora; articulistas reacionários — minha necessidade de destoar dessa fauna era visceral."[83]

Um ano e oito meses depois de empossada, Dilma deixou o poder. Enfraquecida por conta de sucessivas crises econômicas e políticas e pelas denúncias de corrupção contra o PT, sofreu um processo de impeachment, acusada de pedaladas fiscais, dando lugar a Michel Temer (PMDB), um dos articuladores da queda da petista — seu próprio vice.

Caetano posicionou-se contra o impeachment, classificando o afastamento de Dilma "de um golpe paraguaio em câmera lenta", com cheiro de déjà-vu: "Vi essa gente festejando a futura queda de Dilma e me senti tão estranho a essa turba quanto às marchadeiras de 1964." Mas não deixou de fazer críticas duras à ex-mandatária. "Dilma não tinha talento. Gosto dela, mas seu governo foi ruim (...). Podemos dizer que a esquerda errou ao referendar tudo o que Lula quisesse."[84]

Nome mais representativo do #342Artes, coletivo de artistas criado por Paula Lavigne, Caetano se engajou em várias frentes do movimento, entre elas a luta para que Michel Temer recuasse da decisão de extinguir o Ministério da Cultura — o presidente interino decidira abrigar a pasta, transformada em secretaria, no Ministério da Educação.

"Parece que há quem queira festejar. Eu, neste primeiro momento do governo Michel Temer, só tenho mesmo uma grande queixa a fazer: a extinção do MinC é ato retrógrado",[85] afirmou Caetano, no dia 15 de maio de 2016. Uma semana depois, após forte pressão dos artistas, Temer recuou e emitiu uma medida provisória recriando o MinC.

O #342Artes também aderiu ao *Fora, Temer*, movimento que ganhou ainda mais força após o presidente ser gravado pelo empresário Joesley Batista, proprietário do frigorífico JBS, falando sobre a solução de "pendências" com o ex-deputado federal pelo Rio de Janeiro Eduardo Cunha (PMDB). A revelação do áudio fazia parte do acordo de delação premiada firmado entre Batista, investigado no âmbito da Operação Lava Jato, e o Ministério Público Federal (MPF).

Num primeiro momento, Caetano entusiasmou-se com os desdobramentos da força-tarefa comandada pelo procurador Deltan Dallagnol e os julgamentos em primeira instância pelo juiz da 13ª Vara Federal de Curitiba, Sérgio Moro. Iniciada em 2014 e considerada a maior iniciativa de combate à corrupção e lavagem de dinheiro da história recente do Brasil, a Lava Jato avançou principalmente contra políticos e empresários ligados aos governos Lula e Dilma.

Em fevereiro de 2016, a 23ª fase da operação, batizada de "Acarajé", levou para a cadeia um velho conhecido de Caetano: o ex-integrante do grupo Bendegó, João Santana, que, com a banda, participara de discos importantes do cantor, como o LP *Joia*. O publicitário, acusado de receber recursos ilegais, encabeçara campanhas presidenciais petistas.

A prisão do marqueteiro baiano provocou sentimentos dúbios em Caetano: "Ao saber da prisão de meu colega Patinhas (o João Santana), senti tristeza e mal-estar, mas também surgiu um 'bem feito' no fundo da minha alma, principalmente por causa da campanha contra Marina."[86]

O POLÍTICO

No dia 24 de agosto de 2017, o músico participou de um ato em solidariedade ao juiz Marcelo Bretas, responsável pela Lava Jato no Rio e criticado pelo ministro do Supremo Tribunal Federal (STF) Gilmar Mendes, que chamara os mandados de prisão expedidos por Bretas como "atípicos".

Caetano e outros artistas, entre eles Marcelo Serrado, ator que vivia Sérgio Moro no filme *Polícia Federal: a lei é para todos*, foram fotografados, em frente ao prédio da Justiça Federal, segurando uma faixa de apoio ao representante da Lava Jato no Rio, confeccionada pelo Vem Pra Rua, um dos movimentos pró-impeachment de Dilma.

Ao lado de Bretas na foto, Caetano parecia visivelmente constrangido, não pela presença no ato e sim pelo erro crasso de português estampado na enorme faixa de desagravo ao lavajatista empunhada por ele: "BRETAS — O RIO, ESTÁ COM VOCÊ." O músico protestou e outra faixa foi providenciada, essa num português informal, mas com a vírgula no lugar certo: "BRETAS, TAMO JUNTO."

Quanto às ações da Lava Jato, nenhuma correção a fazer. Pelo contrário, Caetano lutava para mantê-las vivas: "Há uma ameaça à Lava Jato e ao desfazimento da organização corrupta que insiste em se manter no Brasil."[87]

O cantor não gostou, porém, de ver Sérgio Moro, em março de 2016, quebrar o sigilo e autorizar a divulgação do áudio de uma conversa entre a então presidente Dilma Rousseff e o ex-presidente Lula, logo após ser nomeado para o cargo de ministro da Casa Civil. A nomeação acabou sendo cassada pelo STF. Caetano também achou suspeito e detestável o PowerPoint exibido por Deltan Dallagnol descrevendo Lula como o personagem central do esquema de corrupção na Petrobras.

Num encontro intermediado por Paula Lavigne e o senador pelo Amapá Randolfe Rodrigues (Rede), Caetano e Deltan Dallagnol se reuniram, no início de setembro de 2017, para um jantar no apartamento do cantor na avenida Vieira Souto, em Ipanema. Colaboradores do movimento #342Artes foram chamados. Nomes ligados mais à esquerda, como o músico Criolo e o ator Wagner Moura, recusaram prontamente o convite, ao contrário de lavajatistas de carteirinha, como Christiane Torloni e Thiago Lacerda.

225

Deltan chegou ao jantar acompanhado de colegas do MPF, bastante atrasado — já passava da meia-noite. Caetano pouco falou. Numa das poucas vezes em que quebrou o silêncio, criticou a exibição do PowerPoint e o procurador reconheceu ter sido infeliz, apesar de reiterar as acusações a Lula. O jantar virou festa, terminando às 5 da manhã.

Dias depois, Caetano escreveu um artigo no jornal *O Globo*, comentando o encontro com Dallagnol. Apesar de revelar preocupações com certos abusos e desvios, seguia entusiasmado com a operação: "É com tudo isso em mente que apoio, em meu íntimo, a Lava-Jato."[88]

A menos de um ano e meio das eleições presidenciais de 2018, Paula Lavigne e Caetano receberam o ex-ministro do STF Joaquim Barbosa — relator do processo no caso do mensalão petista, que resultou na condenação de figuras de peso do cenário político — na tentativa de convencê-lo a disputar as eleições presidenciais de 2018. Barbosa ficou lisonjeado por ter o nome lembrado pelos anfitriões, mas disse que não seria candidato.

Apesar do respeito por Marina Silva, sua candidata em 2010 e 2014, Caetano anunciou o voto em Ciro Gomes em 2018. "Desde que o conheci, garoto, prefeito de Fortaleza, achei que ali nascia um grande quadro político."[89] O crescimento da onda conservadora no país, que tirou da sombra o deputado do baixo clero Jair Bolsonaro, preocupava Caetano, assim como a polarização cada vez maior na disputa presidencial entre o ex-capitão do Exército e Lula, preso em abril de 2018 pela Operação Lava Jato. "Seria melhor que essa cena não dominasse a eleição",[90] declarou Caetano.

Lula, impossibilitado judicialmente de disputar a eleição, deu lugar a Fernando Haddad, ex-prefeito de São Paulo, que chegou ao segundo turno tendo como adversário Jair Bolsonaro. Ciro Gomes preferiu viajar a Paris, gesto que simbolizou uma posição de neutralidade no segundo turno.

Já o cirista Caetano, mesmo com críticas ao PT ("Eu nunca fui petista. Nunca fui comunista. Odeio ter ouvido de Dirceu que o caso não é de ganhar eleição, mas de tomar o poder",[91] declarou o cantor, a duas semanas do segundo turno), engajou-se de cabeça na campanha de Haddad, que acabou derrotado por uma diferença de 10 milhões de votos.

O POLÍTICO

Nas redes sociais, Caetano e outros apoiadores do candidato petista, como Gilberto Gil e Chico Buarque, eram atacados quase diariamente pela máquina de difamação bolsonarista, que, entre outras aberrações, atribuía a maciça adesão de artistas à candidatura Haddad ao medo de perder antigas benesses — como "o privilégio de viver às custas da Lei Rouanet".

Um vereador de Angra dos Reis, no Rio de Janeiro, gravou um vídeo chamando Caetano, Gil e Chico de "pilantras subversivos", além de acusá-los de se beneficiar com a isenção de pagamentos de impostos e por uma "bolsa ditadura" no valor de R$ 33 mil mensais. Enquanto isso, Olavo de Carvalho, principal ideólogo da candidatura de Bolsonaro, também nas redes sociais, chamava Caetano de "pedófilo", e Chico, de "monstro criminoso".

Os olavistas ganharam projeção e cargos no governo Bolsonaro. O professor de literatura Rafael Nogueira, discípulo aplicado do ex-astrólogo, foi nomeado presidente da Fundação Biblioteca Nacional (FBN). Um ano antes, Nogueira associara Caetano e outros artistas aos altos índices de analfabetismo no país: "Livros didáticos estão cheios de músicas de Caetano Veloso, Gabriel O Pensador, Legião Urbana. Depois não sabem por que está todo mundo analfabeto."

No fim de janeiro de 2020, antes de a pandemia da covid-19 devastar o país e se somar aos estragos já feitos pelo governo Bolsonaro, Caetano gravou um vídeo em inglês nas redes sociais. O tom era de desespero e incredulidade: "O governo brasileiro não só empreendeu uma guerra contra as artes e os criadores, mas também contra a Amazônia e os direitos humanos em geral. (...) Nunca achei que fosse ver semelhante retrocesso enquanto estivesse vivo."

Caetano não imaginou nem que, na sequência dessa conjuntura, ele iria virar pelo avesso a própria ideologia política, do "liberaloide" (a definição é dele), leitor atento de Roberto Campos, Olavo de Carvalho e Rodrigo Constantino ("o eurocentrismo racista de Marx e Engels comentado por Rodrigo Constantino merece minha atenção" — escreveu na coluna de *O Globo* em março de 2014), para um crítico do liberalismo.

"Eu sou outra pessoa. Não sou mais aquele rapaz que há dois anos falou 'eu sou liberal, não admito nada de país socialista'", revelou Caetano, em

227

OUTRAS PALAVRAS: SEIS VEZES CAETANO

entrevista ao programa *Conversa com Bial*, da TV Globo, em setembro de 2020. Porém negou que a escalada da extrema direita com apoio do neoliberalismo tenha motivado essa guinada. "É uma questão de desenvolvimento intelectual mesmo."

O maior responsável por Caetano trocar de lado foi o professor, historiador, militante do PCB, youtuber, autor de livros sobre marxismo — e quase cinquenta anos mais jovem — Jones Manoel da Silva, natural de Recife. Os dois se conheceram por meio de um amigo em comum, o cineasta Mauro Lima, que indicou ao cantor um dos livros do comunista pernambucano, *Revolução africana* (2019), coletânea que reúne textos de líderes anticoloniais da África.

O santo-amarense gostou do que leu e a admiração evoluiu rapidamente para uma amizade. Jones Manoel apresentou-lhe a obra do marxista Domenico Losurdo (1941-2018), um crítico contundente do liberalismo. O filósofo italiano não perdoa muitos dos fundadores e expoentes dessa doutrina por graves contradições, como o pouco apego aos valores democráticos e a indulgência com a escravidão — alguns até financiavam o tráfico negreiro.

Quando diz ter se tornado "outra pessoa", Caetano não está exagerando. Losurdo mudou completamente a sua maneira de ver as coisas. O agora ex-liberaloide jamais repetiria o que disse ao jornal *O Globo*, em 2012, no auge do descontentamento com o PT e os governos de esquerda:

> Muitos valores liberais iam ganhando luz aos meus olhos. Quando saiu o livro de Roberto Campos, li todo, com muito interesse. As críticas de Olavo de Carvalho a certos absurdos da esquerda, mais tarde, me pareceram relevantes. E, finalmente, tive de reconhecer que Delfim Netto não é a única coisa que Lula deve aos milicos.

Em 2013, ele dizia sentir inveja do amadurecimento político vivido pelo poeta Ferreira Gullar. "Sonhava em ser de esquerda, à esquerda da esquerda e, no fim do processo, quase me tornei um liberal inglês. Tenho muita inveja de Ferreira Gullar, que foi de esquerda, sem fantasias ou delírios (...), e amadureceu para defender sem pejo muitos dos princípios liberais."[92]

Dez anos antes, em outubro de 1993, a um ano de votar em Fernando Henrique Cardoso, o "liberal inglês", numa conferência proferida no Museu de Arte Moderna do Rio de Janeiro, refletiu sobre o que seria do Brasil nas mãos de um governo genuinamente de esquerda:

> Uma cubanização do Brasil — com sua extensão territorial, sua industrialização e o tamanho de sua economia — teria sido uma hecatombe política mundial. Porém, o que me interessa é perguntar: com uma revolução bem-sucedida, o que o Brasil daria ao socialismo, o que o socialismo brasileiro daria ao mundo? Hoje é fácil responder que talvez nada: dado o histórico de nossa incompetência, apenas somaríamos ao sombrio mundo comunista mais um gigante com câimbras burocráticas e boçalidade policial.

Em maio de 2008, em entrevista à *Folha de S.Paulo*, Caetano comprou briga com ninguém menos do que Fidel Castro ao falar sobre a origem da letra de "Baía de Guantánamo". A canção explorava uma contradição dos Estados Unidos: se apresentam ao mundo como defensores dos princípios democráticos, enquanto ignoram os direitos humanos no presídio de sua base militar em Cuba:

> Se você falar em questão de como são observados os direitos humanos e as questões de liberdade e respeito aos homens, sou 100% mais EUA do que Cuba. (...) Se fosse o tipo de cara de esquerda, pró-Cuba, anti-EUA, não seria nenhum abalo. (...) O fato de os americanos desrespeitarem os direitos humanos em solo cubano é por demais forte simbolicamente para eu não me abalar.

OUTRAS PALAVRAS: SEIS VEZES CAETANO

As declarações chegaram aos ouvidos do comandante cubano, que deixou para responder ao cantor no prefácio da reedição do livro *Fidel, Bolívia e algo mais*, relato sobre uma visita feita à Bolívia, em 1993. O texto é integralmente dedicado a exaltar o regime cubano como modelo de resistência ao imperialismo norte-americano.

Afastado do poder desde agosto de 2006, após ser submetido a uma cirurgia de intestino, Fidel não citou o nome do cantor baiano, mas o recado era claramente destinado a ele. Segundo o líder cubano, Caetano teria afirmado que, se fosse um esquerdista pró-Cuba e anti-Estados Unidos, não sentiria nenhuma decepção pelo que ocorre em Guantánamo: "Em duas palavras: o músico brasileiro pediu perdão ao império por criticar as atrocidades cometidas naquela base naval em território ocupado de Cuba", afirmou. O cantor retrucou em seguida no seu blog "Obra em progresso": "Não pedi perdão a ninguém. Procuro pensar por conta própria. (...) Se não me submeto ao poderio norte-americano, tampouco aceito ordens de ditadores."

Em 2017, antes de ser convertido por Jones Manoel e Domenico Losurdo, ele já ensaiava se divorciar do liberaloide: "Mantenho minhas críticas e grande parte do respeito pelos valores liberais. Mas perdi qualquer entusiasmo com o liberalismo real."[93] Fidel, morto um ano antes, não teve o prazer de testemunhar tamanha transmutação.

A covid-19 impôs um inédito e longo silêncio a Caetano, até então quase um cronista diário dos acontecimentos políticos do país — havia sido assim desde o início de sua projeção como artista. Confinado em casa como a maioria dos brasileiros, as aparições involuntárias nas redes sociais da mulher Paula Lavigne se resumiam a comentários monossilábicos e desanimados sobre o cotidiano pandêmico, restrito a leituras e goles de kombucha.

A chegada, enfim, das vacinas e a consequente regressão da pandemia trouxeram Caetano de volta ao seu normal — e ao centro do debate. A letra do single "Anjos tronchos", do disco de inéditas *Meu coco*, gravado num estúdio caseiro, não citava nominalmente o presidente Bolsonaro, talvez porque o recado não fosse só para ele:

Palhaços líderes brotaram macabros
No império e nos seus vastos quintais
Ao que reveem impérios já milenares
Munidos de controles totais

* * *

Quanto às opções de voto em 2022, Caetano já não tinha certeza se votaria em Ciro Gomes, antes muito elogiado por ele — dúvida que aumentou após o candidato do PDT fazer ataques seguidos a Lula, como parte da estratégia traçada pelo seu marqueteiro João Santana, de volta às campanhas políticas: "O tom do Ciro nesse último período não me agradou. (...) Não me sinto à vontade, não me sinto muito bem. Não me parece que venha a ser tão eficaz como ele e talvez João Santana pensem."[94]

Em outubro de 2021, a um ano das eleições, Caetano mostrava-se inclinado a votar em Lula, mesmo não sendo, como sempre, o político dos seus sonhos — sinalizando que poderia mudar de ideia caso surgisse um candidato melhor:

> Lula é uma figura na história do Brasil que eu não consigo não admirar e não sentir afeto. Acho que tem uma beleza nessa manifestação da maioria do povo brasileiro de querer elegê-lo (...). Agora, isso não quer dizer que a melhor coisa que poderá acontecer com o Brasil será Lula voltar à presidência. Não sei. Há um pouco de volta ao passado, gostaria que o Brasil desse passos pra frente.[95]

Em janeiro de 2022, pelo Twitter, Caetano, menos resistente, comemorou o esboço de aliança entre Lula e o tucano Geraldo Alckmin, cotado para ser candidato a vice-presidente na chapa encabeçada pelo petista. "Há beleza no apoio massivo a Lula. Se tudo segue como está, voto nele."

NOTAS

1. O santo-amarense

1. Instagram de Caetano Veloso, 16 set. 2021.
2. Depoimento em *Mapas urbanos*, direção Daniel Augusto, 1988.
3. Caetano Veloso. *Verdade tropical*. São Paulo: Companhia das Letras, 1997.
4. Idem.
5. *TV Manchete*, 24 nov. 1983.
6. *Revista Ípsilon Público* (Portugal), 10 dez. 2009.
7. *Jornal de Música*, 1977.
8. Eucanaã Ferraz (Org.). *Sobre as letras*. São Paulo: Companhia das Letras, 2003.
9. Idem.
10. *O Globo*, 8 set. 1981.
11. *Revista Transe*, mar. 1982.
12. *A Tarde*, 2 maio 2014.
13. *Rolling Stones*, ago. 2007.
14. *Folha de S.Paulo*, 30 jan. 2011.
15. *RG Vogue*, out. 2006.
16. Almir Chediak. *Songbook*: Caetano Veloso. v. 1. Rio de Janeiro: Lumiar Editora, 1988.
17. *Folha de S.Paulo*, 22 jul. 2007.
18. *O Globo*, 24 fev. 2013.
19. Catálogo da exposição *A paixão segundo Clarice Lispector*, Centro Cultural Banco do Brasil, out. 1992.
20. *O Globo*, 24 jul. 2011.
21. Catálogo da exposição *A paixão segundo Clarice Lispector*, Centro Cultural Banco do Brasil, out. 1992.
22. Almir Chediak. *Songbook*: Caetano Veloso. v. 1. Rio de Janeiro: Lumiar Editora, 1988.
23. Caetano Veloso. *Verdade tropical*. São Paulo: Companhia das Letras, 1997.
24. Idem.
25. *Jornal do Brasil*, 2 ago. 1986.
26. *O Bondinho*, edição de 31 mar. a 13 abr. 1972.
27. *O Pasquim*, fev. 1971.

28. *Jornal do Brasil*, 2 ago. 1986.
29. *O Globo*, 3 nov. 2006.
30. Gilberto Gil. Org. Carlos Rennó. *Todas as letras*. São Paulo: Companhia das Letras, 2003.
31. *Jornal do Brasil*, 6 jan. 1980.
32. *Careta*, ago. 1981.
33. Caetano Veloso. *Verdade tropical*. São Paulo: Companhia das Letras, 1997.
34. *Playboy*, nov. 1996.
35. *G1*, 7 ago. 2012.
36. *Playboy*, nov. 1996.
37. Caetano Veloso. *Verdade tropical*. São Paulo: Companhia das Letras, 1997.
38. Idem.
39. Idem.
40. Paulo César de Araújo. *Roberto Carlos em detalhes*. São Paulo: Planeta, 2006.
41. *Maria Bethânia*. Fotos e textos de Marisa Alvarez Lima, 1981.
42. *Diário de Notícias* (Portugal), 2003.

2. O polêmico

1. *RG Vogue*, out. 2006.
2. *Jornal da Tarde*, 24 nov. 1979.
3. *Folha de S.Paulo*, 17 nov. 1991.
4. Caetano Veloso. *Verdade tropical*. São Paulo: Companhia das Letras, 1997.
5. *O Pasquim*, 2 abr. 1970.
6. *Folha de S.Paulo*, 25 ago. 1991.
7. Entrevista para o autor.
8. Idem.
9. Caetano Veloso. *Verdade tropical*. São Paulo: Companhia das Letras, 1997.
10. *O Pasquim*, 2 abr. 1970.
11. *Última Hora*, 1968.
12. *Jornal do Brasil*, 14 abr. 1989.
13. Idem.
14. *O Pasquim*, 2 abr. 1970.
15. *Última Hora*, 9 dez. 1968.
16. Idem.
17. *O Pasquim*, 2 abr. 1970.
18. Idem.
19. Charles Gavin e Luís Pimentel. *Tantas canções*. Universal Music, 2002.
20. *Jornal do Brasil*, 13 out. 1977.
21. *Jornal do Brasil*, 12 dez. 1979.
22. Charles Gavin e Luís Pimentel. *Tantas canções*. Universal Music, 2002.
23. *Correio da Bahia*, 27 jan. 1979.

NOTAS

24. Tom Cardoso. *Tarso de Castro: 75 kg de músculos e fúria*. São Paulo, 2005.
25. Idem.
26. *Folha de S.Paulo*, Ilustríssima, 12 jul. 2015.
27. *Folha de S.Paulo*, 2 out. 1977.
28. *Jornal do Brasil*, 26 mai. 1976.
29. *O Pasquim*, dez. 1975.
30. *O Pasquim*, 13 ago. 1970.
31. *Jornal do Brasil*, 12 dez. 1979.
32. Idem.
33. *O Estado de S. Paulo*, 10 ago. 1977.
34. *O Globo*, 4 mar. 1981.
35. *Revista Fevereiro*, 9 mar. 2017.
36. *Voz da Unidade*, nov. 1990.
37. *O Globo*, 19 nov. 1980.
38. *Revista Fevereiro*, 9 mar. 2017.
39. *O Globo*, 19 nov. 2011.
40. *Folha de S.Paulo*, 22 abr. 1979.
41. *Jornal do Brasil*, 14 abr. 1977.
42. *Jornal do Brasil*, 15 mar. 1979.
43. *O Estado de S. Paulo*, 29 mar. 1988.
44. *Diário de S. Paulo*, 16 dez. 1978.
45. Idem.
46. *O Estado de S. Paulo*, 31 ago. 1978.
47. *Jornal do Brasil*, 13 out. 1977.
48. Idem.
49. *Folha de S.Paulo*, 10 dez. 1978.
50. *Jornal do Brasil*, 16 mai. 1991.
51. *Jornal do Brasil*, 1º fev. 1981.
52. *IstoÉ*, 28 jun. 1989.
53. *Jornal do Brasil*, 10 ago. 1985.
54. *IstoÉ*, 24 mar. 1982.
55. Idem.
56. *Folha de S.Paulo*, 25 mar. 1982.
57. *Folha de S.Paulo*, 16 jul. 1989.
58. Gilberto Gil. Carlos Rennó (Org.). *Todas as letras*. São Paulo: Companhia das Letras, 2003.
59. Idem.
60. *IstoÉ*, 24 mar. 1982.
61. *Folha de S.Paulo*, 2 out. 1977.
62. Idem.
63. *Folha de S.Paulo*, 25 jun. 1983.
64. *Folha de S.Paulo*, 5 out. 1983.

65. *Folha de S.Paulo*, 8 out. 1983.
66. Idem.
67. *Folha de S.Paulo*, 8 out. 1983.
68. *Folha de S.Paulo*, 15 jul. 2001.
69. *O Estado de S. Paulo*, 10 out. 2020; *Folha de S.Paulo*, 11 mai. 2021.
70. *Amiga*, 12 dez. 1979.

3. O líder

1. *Folha de S.Paulo*, 22 abr. 1979.
2. *O Globo*, 28 dez. 1997.
3. *Jornal do Brasil*, 17 nov. 1991.
4. *Folha de S.Paulo*, 9 abr. 2017.
5. *Tropicália* [site], de Ana de Oliveira. Disponível em: <http://tropicalia.com.br/>.
6. *Verbo Encantado*, 1972.
7. *O Estado de S. Paulo*, 19 mai. 1984
8. Caetano Veloso. *Verdade tropical*. São Paulo: Companhia das Letras, 1997.
9. Idem.
10. Idem.
11. Idem.
12. *Folha de S.Paulo*, 8 set. 2005.
13. *Obra em progresso* [blog], 18 out. 2008.
14. Caetano Veloso. *Verdade tropical*. São Paulo: Companhia das Letras, 1997.
15. Idem.
16. *Folha de S.Paulo*, 16 mai. 1984.
17. *O bondinho*, edição de 31 mar. a 13 abr. 1972.
18. *O bondinho*, edição de 31 mar. a 13 abr. 1972.
19. *Folha de S.Paulo*, 13 fev. 2015.
20. *Jornal do Brasil*, 6 jan. 1980.
21. *Folha de S.Paulo*, 13 fev. 2015.
22. *Folha de S.Paulo*, 11 mai. 2009.
23. Caetano Veloso. *Verdade tropical*. São Paulo: Companhia das Letras, 1997.
24. Idem.
25. Idem.
26. Idem.
27. Charles Gavin e Luís Pimentel. *Tantas canções*. Universal Music, 2002.
28. *O Globo*, 26 maio 2012.
29. Depoimento para o autor.
30. Caetano Veloso. *Verdade tropical*. São Paulo: Companhia das Letras, 1997.
31. *Tropicália* [site], de Ana de Oliveira. Disponível em: <http://tropicalia.com.br/>.
32. Idem.

NOTAS

33. *Folha de S.Paulo*, 17 jan. 2016.
34. Caetano Veloso. *Verdade tropical*. São Paulo: Companhia das Letras, 1997.
35. Idem.
36. *Folha de S.Paulo*, 19 mai. 1967.
37. *Correio da Manhã*, 16 mai. 1967.
38. Waly Salomão (Org.). *Alegria, alegria*. Rio de Janeiro: Pedra Q Ronca, 1977.
39. *Folha de S.Paulo*, 27 mar. 2018.
40. *CliqueMusic*, 2000.
41. Almir Chediak. *Songbook*: Caetano Veloso. v. 1. Rio de Janeiro: Lumiar Editora, 1988.
42. Caetano Veloso. *Verdade tropical*. São Paulo: Companhia das Letras, 1997.
43. Idem.
44. *Folha de S.Paulo*, 18 set. 1982.
45. Caetano Veloso. *Verdade tropical*. São Paulo: Companhia das Letras, 1997.
46. *Enciclopédia da virada do século/milênio*, 26 out. 1993.
47. *Interview*, fev. 1980.
48. Caetano Veloso. *Verdade tropical*. São Paulo: Companhia das Letras, 1997.
49. *Folha de S.Paulo*, 9 abr. 2017.
50. *The New York Times*, 22 mai. 1987.
51. *Folha de S.Paulo*, 6 ago. 1999.
52. *Jornal do Brasil*, 2 mai. 1975.
53. *Jornal do Brasil*, 28 abr. 1976.
54. *Jornal do Brasil*, 6 nov. 1977.
55. *Folha de S.Paulo*, 3 set. 1977.
56. *Correio da Bahia*, 23 jan. 1979.
57. Idem.
58. *Folha de S.Paulo*, 10 dez. 1978.
59. *Folha de S.Paulo*, 31 ago. 2000.
60. Geneton Moraes Neto. *Caderno de confissões brasileiras*: dez depoimentos, palavra por palavra. Rio de Janeiro: Editora Comunicarte, 1983.

4. O vanguardista

1. *O Globo*, 8 mar. 2015.
2. *O Pasquim*, 21 nov. 1972.
3. *Jornal do Brasil*, 4 jan. 1987.
4. *Jornal do Brasil*, 19 mai. 1982.
5. *O Estado de S. Paulo*, 8 jun. 1986.
6. *El Pais*, 23 out. 2020.
7. *Folha de S.Paulo*, 5 fev. 1986.
8. *Folha de S.Paulo*, 2 mar. 1986.
9. *Jornal do Commercio*, 22 abr. 1986.

10. *Jornal do Brasil*, 24 abr. 1986.
11. *Folha de S.Paulo*, 3 jun. 1986.
12. *Jornal do Brasil*, 26 abr. 1986.
13. *Jornal do Brasil*, 23 jun. 1986.
14. Idem.
15. Depoimento para o autor.
16. *Playboy*, 1979.
17. *Jornal do Brasil*, 12 dez. 1979.
18. *Revista Nova*, 1981.
19. *Manchete*, 3 dez. 1983.
20. Eucanaã Ferraz (Org.). *Sobre as letras*. São Paulo: Companhia das Letras, 2003.
21. *Veja*, 15 jul. 1977.
22. *Jornal do Brasil*, 16 jul. 1995.
23. *Jornal do Brasil*, 17 out. 1976.
24. *O verbo encantado*, jun. 1972.
25. Almir Chediak. *Songbook*: Caetano Veloso. v. 1. Rio de Janeiro: Lumiar Editora, 1988.
26. *Folha de S.Paulo*, 30 jan. 2011.
27. *Revista Poder*, 26 mai. 1999.
28. Entrevista a Mariano Horenstein, 6 nov. 2018.
29. Charles Gavin e Luís Pimentel. *Tantas canções*. Universal Music, 2002.
30. Idem.
31. *IstoÉ*, 24 mar. 1982.
32. *Estranho encontro* [blog de Andrea Ormond], nov. 2016.
33. Caetano Veloso. *Verdade tropical*. São Paulo: Companhia das Letras, 1997.
34. Idem.
35. *Tabu*, jan. 1990.
36. Caetano Veloso. *Verdade tropical*. São Paulo: Companhia das Letras, 1997.
37. *Jornal do Brasil*, 20 nov. 1986.
38. Idem.
39. Idem.
40. Idem.
41. *Estranho encontro* [blog de Andrea Ormond], nov. 2016.
42. *O Estado do Paraná*, 25 nov. 1986.
43. *Folha de S.Paulo*, 7 dez. 1986.
44. Idem.
45. Idem.
46. Idem.
47. Idem.
48. Idem.
49. Depoimento do autor, DVD *Cinema falado*, 2003.
50. *O Globo*, 21 dez. 2003.

NOTAS

5. O amante

1. *Folha de S.Paulo*, 17 nov. 1991.
2. Gilberto Gil. Org. Carlos Rennó. *Todas as letras*. São Paulo: Companhia das Letras, 2003.
3. *Capricho*, 22 ago. 1981.
4. Almir Chediak. *Songbook*: Caetano Veloso. v. 1. Rio de Janeiro: Lumiar Editora, 1988.
5. Idem.
6. Idem.
7. *Status*, fev. 1985.
8. *Minha canção*, de Sarah Oliveira, dez. 2021.
9. *Manchete*, 3 dez. 1983.
10. *O Globo*, 22 ago. 2010.
11. *Interview*, fev. 1980.
12. *O Globo*, 29 mai. 1998.
13. *O Globo*, 12 out. 2000.
14. *O Globo*, 28 mar. 1982.
15. *Folha de S.Paulo*, 25 jul. 2010.
16. *O Globo*, 30 nov. 1996.
17. *Status*, nov. 2012.
18. *Folha de S.Paulo*, jul. 2010.
19. *Playboy*, ago. 1998.
20. Idem.
21. *Jornal do Brasil*, 23 ago. 1986.
22. *Folha de S.Paulo*, 25 jul. 2010.
23. Página oficial de Caetano nas redes sociais, 31 mar. 2018.
24. *Marie Claire*, 30 set. 2016.
25. *Playboy*, ago. 1988.
26. Idem.
27. *IstoÉ Gente*, 20 mai. 2005.
28. Gilberto Gil. Org. Carlos Rennó. *Todas as letras*. São Paulo: Companhia das Letras, 2003.
29. Idem.
30. Idem.
31. *Playboy*, ago. 1998.
32. *Status*, nov. 2012.
33. *Jornal do Brasil*, 9 ago. 1986.
34. *Playboy*, ago. 1988.
35. *Folha de S.Paulo*, 1º dez. 2004.
36. *Marie Claire*, set. 2016.
37. Idem.

38. Idem.
39. *Folha de S.Paulo*, 7 dez. 2004.
40. Idem.
41. *O Globo*, 25 mar. 1999.
42. *Folha de S.Paulo*, 22 jul. 2007.
43. *Trip*, 14 mai. 2007.
44. *Folha de S.Paulo*, 13 jun. 2007.
45. *Jornal do Brasil*, 27 mai. 1977.
46. *O Globo*, 11 jan. 2015.
47. *Jornal do Brasil*, 10 ago. 1985.
48. *TPM*, dez. 2004.

6. O político

1. *Elle*, 6 set. 2020.
2. *Jornal da Tarde*, 9 dez. 1978.
3. Idem.
4. Idem.
5. Idem.
6. Gilberto Gil. Org. Carlos Rennó. *Todas as letras*. São Paulo: Companhia das Letras, 2003.
7. Idem.
8. *O Globo*, 11 set. 2011.
9. *Folha de S.Paulo*, 30 nov. 2012.
10. *Folha de S.Paulo*, 10 dez. 1978.
11. *Revista do CD*, mai. 1992.
12. Depoimento para o autor.
13. *Folha de S.Paulo*, 21 fev. 1978.
14. *IstoÉ*, 3 abr. 1978.
15. *Folha de S.Paulo*, 5 abr. 1978.
16. *Jornal da Tarde*, São Paulo, 9 dez. 1978.
17. Idem.
18. *Jornal do Brasil*, 15 mai. 1991.
19. Idem.
20. *Jornal do Brasil*, 2 mai. 1981.
21. *ACM em cena*, Instituto ACM, 2017.
22. *Tribuna da Bahia*, 5 set. 1981.
23. Idem.
24. *Folha de S.Paulo*, 20 abr. 1984.
25. *Folha de S.Paulo*, 8 jun. 1984.
26. *Jornal do Brasil*, 21 jun. 1984.
27. *Jornal do Brasil*, 21 out. 1985.

NOTAS

28. *Jornal da Bahia*, mai. 1989.
29. *A Tarde*, 9 mar. 1988.
30. *Jornal do Brasil*, 15 jan. 1990.
31. *Jornal do Brasil*, 27 jan. 1990.
32. *Veja*, 20 nov. 1991.
33. *Jornal do Brasil*, 3 mai. 1990.
34. Idem.
35. *O Globo*, 12 mar. 1992.
36. *A Tarde*, 25 mar. 1998.
37. *O Globo*, 12 mar. 1992.
38. *Jornal do Brasil*, 25 set. 1992.
39. Idem.
40. *O Globo*, 28 ago. 1994.
41. *O Globo*, 4 jul. 1994.
42. *Folha de S.Paulo*, 6 ago. 1999.
43. *IstoÉ*, 15 mai. 1996.
44. Idem.
45. *O Globo*, 1º mai. 2001.
46. *O Globo*, 27 maio 2001.
47. *Folha de S.Paulo*, 6 ago. 1999.
48. *O Globo*, 5 dez. 2010.
49. *Folha de S.Paulo*, 29 out. 2017.
50. *O Globo*, 20 jan. 1988.
51. *O Globo*, 1º set. 2001.
52. *O Globo*, 8 set. 2001.
53. *O Globo*, 4 set. 2001.
54. *Folha de S.Paulo*, 3 nov. 2005.
55. *Folha de S.Paulo*, 19 dez. 2002.
56. *O Globo*, 3 mai. 2003.
57. *O Globo*, 5 mai. 2003.
58. *O Globo*, 17 dez. 2003.
59. *O Globo*, 17 jul. 2003.
60. *Folha de S.Paulo*, 3 abr. 2004.
61. *Folha de S.Paulo*, 3 nov. 2005.
62. *Folha de S.Paulo*, 26 jun. 2005.
63. Idem.
64. *O Globo*, 27 ago. 2006.
65. *O Globo*, 7 set. 2006.
66. *Folha de S.Paulo*, 21 dez. 2005.
67. *Folha de S.Paulo*, 24 dez. 2005.
68. *Folha de S.Paulo*, 4 jan. 2006.
69. *Folha de S.Paulo*, 6 jan. 2006.

70. Idem.
71. *O Globo*, 9 jan. 2006.
72. *Folha de S.Paulo*, 7 set. 2006.
73. *Rolling Stones*, ago. 2007.
74. *Folha de S.Paulo*, 22 jul. 2007.
75. *O Estado de S. Paulo*, 5 nov. 2009.
76. *Agência A Tarde*, 16 nov. 2009.
77. Idem.
78. *Folha de S.Paulo*, 30 jan. 2011.
79. Idem.
80. *O Globo*, 12 fev. 2012.
81. *Folha de S.Paulo*, 29 jan. 2014.
82. *O Globo*, 7 set. 2013.
83. *Revista Fevereiro*, mar. 2017.
84. *Folha de S.Paulo*, 12 out. 2016.
85. *O Globo*, 15 mai. 2016.
86. *Revista Fevereiro*, mar. 2017.
87. *Folha de S.Paulo*, 24 ago. 2017.
88. *O Globo*, 19 set. 2017.
89. *Folha de S.Paulo*, 29 out. 2017.
90. Idem.
91. *Folha de S.Paulo*, 14 out. 2018.
92. *O Globo*, 1º set. 2013.
93. *O Globo*, 25 out. 2017.
94. *Folha de S.Paulo*, 22 out. 2021.
95. Idem.

BIBLIOGRAFIA

ARAÚJO, Paulo César de. *Eu não sou cachorro, não*: música popular cafona e ditadura militar. Rio de Janeiro: Record, 2002.

_____. *Roberto Carlos em detalhes*. São Paulo: Planeta, 2006.

BAHIANA, Ana Maria. *Nada será como antes*: MPB nos anos 70. Rio de Janeiro: Civilização Brasileira, 1980.

CALADO, Carlos. *Tropicália*: a história de uma revolução musical. São Paulo: Editora 34, 1997.

CARDOSO, Tom. *Tarso de Castro*: 75 kg de músculos e fúria. São Paulo: Planeta, 2005.

_____; ROCKMANN, Roberto. *O marechal de vitória*: uma história de rádio, tv e futebol. Rio de Janeiro: Girafa, 2005.

CHEDIAK, Almir. *Songbook*: Caetano Veloso. Rio de Janeiro: Lumiar Editora, 1988.

DRUMMOND, Carlos Eduardo; NOLASCO, Marcio. *Caetano, uma biografia*. São Paulo: Seoman, 2017.

DUARTE, Pedro. *Tropicália ou panis et circencis*. Rio de Janeiro: Cobogó, 2018.

FAOUR, Rodrigo. *História sexual da MPB*. Rio de Janeiro: Record, 2006.

FERRAZ, Eucanaã (Org.). *Sobre as letras*. São Paulo: Companhia das Letras, 2003.

_____ (Org.). *O mundo não é chato*. São Paulo: Companhia das Letras, 2005.

FONSECA, Herbert. *Esse cara*: Caetano. Rio de Janeiro: Revan, 1993.

HOMEM DE MELLO, Zuza. *A era dos festivais:* uma parábola. São Paulo: Editora 34, 2003.

JULIÃO, Rafael. *Infinitivamente pessoal:* Caetano Veloso e sua verdade tropical. Rio de Janeiro: Batel, 2018.

LUCCHESI, Ivo; DIEGUEZ, Gilda Korff. *Caetano Veloso:* por que não? Uma viagem entre a aurora e a sombra. São Paulo: Leviatã, 1993.

MARIA, Julio. *Ney Matogrosso:* a biografia. São Paulo: Companhia das Letras, 2021.

MACIEL, Luis Carlos. *Geração em transe.* Memórias do tempo do Tropicalismo. Rio de Janeiro: Nova Fronteira, 1996.

MOTTA, Nelson. *Noites tropicais.* Rio de Janeiro: Objetiva, 2000.

NAVES, Santuza Cambraia. *Da bossa nova à Tropicália.* São Paulo: J. Zahar, 2001.

PÉCORA, Alcyr; FRANCETTI, Paulo (Org.). *Caetano Veloso:* literatura comentada. São Paulo: Abril Educação, 1981.

SALOMÃO, Waly (Org.). *Alegria, alegria.* Salvador: Pedra Q Ronca, 1972.

SCEGO, Igiaba. *Caminhando contra o vento.* São Paulo: Buzz Editora, 2018.

SEVERIANO, Jairo; HOMEM DE MELLO, Zuza. *A canção no tempo:* 85 anos de músicas brasileiras (1958-1985). São Paulo: Editora 34, 1998. v. 2.

VELOSO, Caetano. *Verdade tropical.* São Paulo: Companhia das Letras, 1997.

_____. *Narciso em férias.* São Paulo: Companhia das Letras, 2020.

WERNECK, Humberto. *Chico Buarque:* letra e música. São Paulo: Companhia das Letras, 1989.

WISNIK. Guilherme. *Caetano Veloso*: Folha Explica. São Paulo: Publifolha, 2005.

ZAPPA, Regina. *Chico Buarque.* Rio de Janeiro: Relume Dumará, 1999.

_____. *Gilberto bem perto.* Rio de Janeiro: Harper Collins Brasil, 2013.

DISCOGRAFIA

DOMINGO (1967)

1) Coração vagabundo (Caetano Veloso)
2) Onde eu nasci passa um rio (Caetano Veloso)
3) Avarandado (Caetano Veloso)
4) Um dia (Caetano Veloso)
5) Domingo (Caetano Veloso)
6) Nenhuma dor (Caetano Veloso e Torquato Neto)
7) Candeias (Edu Lobo)
8) Remelexo (Caetano Veloso)
9) Minha senhora (Gilberto Gil e Torquato Neto)
10) Quem me dera (Caetano Veloso)
11) Maria Joana (Sidney Miller)
12) Zabelê (Gilberto Gil e Torquato Neto)

CAETANO VELOSO (1967)

1) Tropicália (Caetano Veloso)

2) Clarice (Caetano Veloso e José Carlos Capinan)

3) No dia em que eu vim-me embora (Caetano Veloso e Gilberto Gil)

4) Alegria, alegria (Caetano Veloso)

5) Onde andarás (Caetano Veloso e Ferreira Gullar)

6) Anunciação (Caetano Veloso e Rogério Duarte)

7) Superbacana (Caetano Veloso)

8) Paisagem útil (Caetano Veloso)

9) Clara (Caetano Veloso)

10) Soy loco por ti América (José Carlos Capinan e Gilberto Gil)

11) Ave Maria (Caetano Veloso)

12) Eles (Caetano Veloso e Gilberto Gil)

TROPICÁLIA OU PANIS ET CIRCENSIS (1968)

1) Miserere nobis (José Carlos Capinan e Gilberto Gil)
2) Coração materno (Vicente Celestino)
3) Panis et circensis (Caetano Veloso e Gilberto Gil)
4) Lindoneia (Caetano Veloso e Gilberto Gil)
5) Parque industrial (Tom Zé)
6) Geleia geral (Gilberto Gil e Torquato Neto)
7) Baby (Caetano Veloso)
8) Três caravelas (Augusto Algueró Jr. e Santiago Guardia Moreu. Versão: João de Barro)
9) Enquanto seu lobo não vem (Caetano Veloso)
10) Mamãe, coragem (Caetano Veloso e Torquato Neto)
11) Batmacumba (Caetano Veloso e Gilberto Gil)
12) Hino do Senhor do Bonfim (Arthur de Salles e João Antonio Wanderley)

CAETANO VELOSO (1969)

1) Irene (Caetano Veloso)
2) Empty boat (Caetano Veloso)
3) Marinheiro só (Caetano Veloso — Tradicional / Adaptação)
4) Lost in the paradise (Caetano Veloso)
5) Atrás do trio elétrico (Caetano Veloso)
6) Os argonautas (Caetano Veloso)
7) Carolina (Chico Buarque)
8) Cambalache (Enrique Santos Discépolo)
9) Não identificado (Caetano Veloso)
10) Chuvas de verão (Fernando Lobo)
11) Acrilírico (Caetano Veloso, Rogério Duarte, Rogério Duprat)
12) Alfomega (Gilberto Gil)

CAETANO VELOSO (1971)

1) A little more blue (Caetano Veloso)
2) London, London (Caetano Veloso)
3) Maria Bethânia (Caetano Veloso)
4) If you hold a stone (Caetano Veloso)
5) Shoot me dead (Caetano Veloso)
6) In the hot sun of a Christmas Day (Caetano Veloso)
7) Asa branca (Luiz Gonzaga e Humberto Teixeira)

BARRA 69 (com Gilberto Gil) (ao vivo) (1972)

1) Cinema Olympia (Caetano Veloso)
2) Frevo rasgado (Bruno Ferreira e Gilberto Gil)
3) Superbacana (Caetano Veloso)
4) Madalena (Ivan Lins e Ronaldo Monteiro de Souza)
5) Atrás do trio elétrico (Caetano Veloso)
6) Domingo no parque (Gilberto Gil)
7) Alegria, alegria / Hino do Esporte Clube Bahia / Aquele abraço (Caetano Veloso / Adroaldo Ribeiro Costa / Gilberto Gil)

CAETANO E CHICO JUNTOS E AO VIVO (1972)

1) Bom conselho (Chico Buarque)
2) Partido alto (Chico Buarque)
3) Tropicália (Caetano Veloso)
4) Morena dos olhos d'água (Chico Buarque)
5) A Rita / Esse cara (Chico Buarque / Caetano Veloso)
6) Atrás da porta (Chico Buarque e Francis Hime)
7) Você não entende nada / Cotidiano (Caetano Veloso / Chico Buarque)
8) Bárbara (Chico Buarque e Ruy Guerra)
9) Ana de Amsterdam (Chico Buarque e Ruy Guerra)
10) Janelas abertas nº 2 (Caetano Veloso)
11) Os argonautas (Caetano Veloso)

TRANSA (1972)

1) You don't know me (Caetano Veloso)
2) Nine of out ten (Caetano Veloso)
3) Triste Bahia (Caetano Veloso e Gregório de Mattos)
4) It's a long way (Caetano Veloso)
5) Mora na filosofia (Arnaldo Passos e Monsueto Menezes)
6) Neolithic man (Caetano Veloso)
7) Nostalgia (Caetano Veloso)

ARAÇÁ AZUL (1972)

1) Viola, meu bem (Tradicional)
2) De conversa / Cravo e canela (Caetano Veloso, Milton Nascimento e Ronaldo Bastos)
3) Tu me acostumbraste (Frank Domínguez)
4) Gilberto misterioso (Caetano Veloso e Souzandrade)
5) De palavra em palavra (Caetano Veloso)
6) De cara / Eu quero essa mulher (Caetano Veloso, José Batista, Lanny e Monsueto Menezes)
7) Sugar cane fields forever (Caetano Veloso)
8) Júlia / Moreno (Caetano Veloso)
9) Épico (Caetano Veloso)
10) Araçá azul (Caetano Veloso)

TEMPORADA DE VERÃO (ao vivo) (1974)

1) Quem nasceu (Péricles R. Cavalcanti)
2) De noite na cama (Caetano Veloso)
3) O conteúdo (Caetano Veloso)
4) Terremoto (João Donato e Paulo César Pinheiro)
5) O relógio quebrou (Jorge Mautner)
6) O sonho acabou (Gilberto Gil)
7) Cantiga do sapo (Buco do Pandeiro e Jackson do Pandeiro)
8) Acontece (Creusa Carlota)
9) Felicidade (Catulo da Paixão Cearense, João Pernambuco e Lupicínio Rodrigues)

JOIA (1975)

1) Minha mulher (Caetano Veloso)
2) Guá (Caetano Veloso e Perinho Albuquerque)
3) Pelos olhos (Caetano Veloso)
4) Asa (Caetano Veloso)
5) Lua, lua, lua, lua (Caetano Veloso)
6) Canto do povo de algum lugar (Caetano Veloso)
7) Pipoca moderna (Caetano Veloso e Sebastiano Biano)
8) Joia (Caetano Veloso)
9) Help (John Lennon e Paul McCartney)
10) Gravidade (Caetano Veloso)
11) Tudo, tudo, tudo (Caetano Veloso)
12) Na asa do vento (João do Vale e Luiz Vieira)
13) Escapulário (Caetano Veloso e Oswald de Andrade)

QUALQUER COISA (1975)

1) Qualquer coisa (Caetano Veloso)
2) Da maior importância (Caetano Veloso)
3) Samba e amor (Chico Buarque)
4) Madrugada e amor (José Messias)
5) A tua presença morena (Caetano Veloso)
6) Drume negrinha (Ernesto Grenet)
7) Jorge de Capadócia (Jorge Ben Jor)
8) Eleanor Rigby (John Lennon e Paul McCartney)
9) For no one (John Lennon e Paul McCartney)
10) Lady Madonna (John Lennon e Paul McCartney)
11) La flor de la canela (Chabuca Granda)
12) Nicinha (Caetano Veloso)

DOCES BÁRBAROS
(com Gilberto Gil, Gal Costa e Maria Bethânia) (1976)

1) Os mais doces bárbaros (Caetano Veloso)
2) Fé cega, faca amolada (Milton Nascimento e Ronaldo Bastos)
3) Atiraste uma pedra (David Nasser e Herivelto Martins)
4) Pássaro proibido (Caetano Veloso e Maria Bethânia)
5) Chuckberry fields forever (Gilberto Gil)
6) Gênesis (Caetano Veloso)
7) Tarrasca guidon (Waly Sailormoon)
8) Eu e ela estávamos ali encostados na parede (Caetano Veloso, Gilberto Gil e José Agrippino de Paula)
9) Esotérico (Gilberto Gil)
10) Eu te amo (Caetano Veloso)
11) O seu amor (Gilberto Gil)
12) Quando (Caetano Veloso, Gal Costa e Gilberto Gil)
13) Pé quente, cabeça fria (Gilberto Gil)
14) Peixe (Caetano Veloso)
15) Um índio (Caetano Veloso)
16) São João, xangô menino (Caetano Veloso e Gilberto Gil)
17) Nós, por exemplo (Gilberto Gil)

BICHO (1977)

1) Odara (Caetano Veloso)
2) Two naira fifty kobo (Caetano Veloso)
3) Gente (Caetano Veloso)
4) Olha o menino (Jorge Ben Jor)
5) Um índio (Caetano Veloso)
6) A grande borboleta (Caetano Veloso)
7) Tigresa (Caetano Veloso)
8) O leãozinho (Caetano Veloso)
9) Alguém cantando (Caetano Veloso)

MUITOS CARNAVAIS (1977)

1) Muitos carnavais (Caetano Veloso)
2) Chuva, suor e cerveja (Caetano Veloso)
3) A filha da Chiquita Bacana (Caetano Veloso)
4) Deus e o diabo (Caetano Veloso)
5) Piaba (Caetano Veloso)
6) Hora da razão (Ivani Maia Luna e Oscar da Penha)
7) Atrás do trio elétrico (Caetano Veloso)
8) Um frevo novo (Caetano Veloso)
9) Cara a cara (Caetano Veloso)
10) La barca (Caetano Veloso e Moacyr Albuquerque)
11) Qual é, baiana? (Caetano Veloso e Moacyr Albuquerque)
12) Guarde seu conselho (Alcebiades Nogueira e Luis Franca)

MARIA BETHÂNIA E CAETANO VELOSO
(ao vivo) (1977)

1) Tudo de novo (Caetano Veloso)
2) Carcará (José Cândido e João do Valle)
3) João e Maria (Chico Buarque e Sivuca)
4) Número um (Benedicto Lacerda e Mário Lago)
5) Maria Bethânia (Caetano Veloso)
6) O que tinha de ser (Antonio Carlos Jobim e Vinicius de Moraes)
7) O leãozinho (Caetano Veloso)
8) Meu primeiro amor (Hermínio Gimenez)
9) Falando sério (Carlos Colla e Mauricio Duboc)
10) Reino antigo / Adeus, meu Santo Amaro (Caetano Veloso, Maria Bethânia e Rosinha de Valença)
11) Maninha (Chico Buarque)
12) Doce mistério da vida (Alberto Ribeiro e Victor Herbert)

MUITO (1978)

1) Terra (Caetano Veloso)
2) Tempo de estio (Caetano Veloso)
3) Muito romântico (Caetano Veloso)
4) Quem cochicha o rabo espicha (Jorge Ben Jor)
5) Eu sei que vou te amar (Antonio Carlos Jobim e Vinicius de Moraes)
6) Muito (Caetano Veloso)
7) Sampa (Caetano Veloso)
8) Love love love (Caetano Veloso)
9) Cá já (Caetano Veloso)
10) São João, Xangô menino (Caetano Veloso e Gilberto Gil)
11) Eu te amo (Caetano Veloso)

CINEMA TRANSCENDENTAL (1979)

1) Lua de São Jorge (Caetano Veloso)

2) Oração ao tempo (Caetano Veloso)

3) Beleza pura (Caetano Veloso)

4) Menino do Rio (Caetano Veloso)

5) Vampiro (Jorge Mautner)

6) Elegia (Augusto de Campos e Péricles Cavalcanti)

7) Trilhos urbanos (Caetano Veloso)

8) Louco por você (Caetano Veloso)

9) Cajuína (Caetano Veloso)

10) Aracaju (Caetano Veloso, Tomás Improta e Vinícius Cantuária)

11) Badauê (Moa de Catende)

12) Os meninos dançam (Caetano Veloso)

OUTRAS PALAVRAS (1981)

1) Outras palavras (Caetano Veloso)
2) Gema (Caetano Veloso)
3) Vera gata (Caetano Veloso)
4) Lua e estrela (Vinícius Cantuária)
5) Sim / Não (Caetano Veloso e Bolão)
6) Nu com a minha música (Caetano Veloso)
7) Rapte-me, camaleoa (Caetano Veloso)
8) Dans mon île (Henri Salvador e Maurice Pon)
9) Tem que ser você (Caetano Veloso)
10) Blues (Péricles Cavalcanti)
11) Verdura (Paulo Leminski)
12) Quero um baby seu (Luis Carlos Siqueira e Paulo Zdanowski)
13) Jeito de corpo (Caetano Veloso)

BRASIL (com João Gilberto, Gilberto Gil e Maria Bethânia) (1981)

1) Aquarela do Brasil (Ary Barroso)
2) Disse alguém (Haroldo Barbosa)
3) Bahia com H (Denis Brean)
4) No tabuleiro da baiana (Ary Barroso)
5) Milagre (Dorival Caymmi)
6) Cordeiro de Nanã (Mateus de Aleluia e Dadinho)

CORES, NOMES (1982)

1) Queixa (Caetano Veloso)

2) Ele me deu um beijo na boca (Caetano Veloso)

3) Trem das cores (Caetano Veloso)

4) Sete mil vezes (Caetano Veloso)

5) Coqueiro de Itapoã (Dorival Caymmi)

6) Um canto de afoxé para o bloco do Ilê (Caetano Veloso e Moreno Veloso)

7) Cavaleiro de Jorge (Caetano Veloso)

8) Sina (Djavan)

9) Meu bem, meu mal (Caetano Veloso)

10) Gênesis (Caetano Veloso)

11) Sonhos (Peninha)

12) Surpresa (Caetano Veloso e João Donato)

UNS (1983)

1) Uns (Caetano Veloso)
2) Musical (Péricles Cavalcanti)
3) Eclipse oculto (Caetano Veloso)
4) Peter Gast (Caetano Veloso)
5) Quero ir a Cuba (Caetano Veloso)
6) Coisa mais linda (Carlos Lyra e Vinicius de Moraes)
7) Você é linda (Caetano Veloso)
8) Bobagens, meu filho, bobagens (Antonio Cicero e Marina Lima)
9) A outra banda da terra (Caetano Veloso)
10) Salva vida (Caetano Veloso)
11) É hoje (Didi e Mestrinho)

BRAZIL NIGHT AO VIVO MONTREUX
(com João Bosco e Ney Matogrosso) (1983)

1) Maria Bethânia (Caetano Veloso)
2) Terra (Caetano Veloso)
3) Eu sei que vou te amar (Tom Jobim e Vinicius de Moraes)
4) Eclipse oculto (Caetano Veloso)
5) Odara (Caetano Veloso)
6) Linha de passe (Aldir Blanc, João Bosco e Paulo Emilio)
7) Nação / Aquarela do Brasil / O mestre-sala dos mares (Aldir Blanc, Ary Barroso, João Bosco e Paulo Emilio)
8) Deixar você (Gilberto Gil)
9) Andar com fé (Gilberto Gil)
10) Napoleão (Lucina e Luhli)
11) Folia no matagal (Eduardo Dussek e Luis Carlos Goes)

VELÔ (1984)

1) Podres poderes (Caetano Veloso)
2) Pulsar (Augusto de Campos e Caetano Veloso)
3) Nine of out ten (Caetano Veloso)
4) O homem velho (Caetano Veloso)
5) Comeu (Caetano Veloso)
6) Vivendo em paz (Tuzé de Abreu)
7) O quereres (Caetano Veloso)
8) Grafitti (Antonio Cicero, Caetano Veloso e Waly Salomão)
9) Sorvete (Caetano Veloso)
10) Shy moon (Caetano Veloso)
11) Língua (Caetano Veloso)

TOTALMENTE DEMAIS (1985)

1) Vaca profana (Caetano Veloso)
2) Oba-lá-lá / Bim bom (João Gilberto)
3) O quereres (Caetano Veloso)
4) Nosso estranho amor (Caetano Veloso)
5) Calúnia (Marino Pinto e Paulo Soledade)
6) Nature boy (Eden Ahbez)
7) Estranha forma de vida (Alfredo Duarte e Amália Rodrigues)
8) Kalu (Humberto Cavalcanti Teixeira)
9) Totalmente demais (Arnaldo Brandão, Robério Rafael e Tavinho Paes)
10) Pra que mentir (Noel Rosa e Vadico)
11) Dom de iludir (Caetano Veloso)
12) Solidão (Alcides Fernandes e Antonio Carlos Jobim)
13) Cuesta abajo (Alfredo Le Pera e Carlos Gardel)
14) Lealdade (Jorge de Castro e Wilson Baptista de Oliveira)
15) Todo amor que houver nesta vida (Cazuza e Roberto Frejat)
16) Amanhã (Guilherme Arantes)

CAETANO VELOSO (1986)

1) Trilhos urbanos (Caetano Veloso)
2) O homem velho (Caetano Veloso)
3) Luz do sol (Caetano Veloso)
4) Cá já (Caetano Veloso)
5) Dindi / Eu sei que vou te amar (Aloysio de Oliveira, Antonio Carlos Jobim e Vinicius de Moraes)
6) Nega maluca / Billie Jean / Eleanor Rigby (Evaldo Rui, Fernando Lobo, Michael Jackson, Jonh Lennon, Paul McCartney)
7) O leãozinho (Caetano Veloso)
8) Coração vagabundo (Caetano Veloso)
9) Pulsar (Augusto de Campos e Caetano Veloso)
10) Get out of town (Cole Porter)
11) Saudosismo (Caetano Veloso)
12) Odara (Caetano Veloso)
13) Terra (Caetano Veloso)

CAETANO (1987)

1) José (Caetano Veloso)
2) Eu sou neguinha (Caetano Veloso)
3) Noite de hotel (Caetano Veloso)
4) Depois que o Ilê passar (Jesus de Milton)
5) Valsa de uma cidade (Antonio Maria e Ismael Neto)
6) Vamo comer (Caetano Veloso e Tony Costa)
7) Canto do Bola de Neve (Caetano Veloso)
8) Giulietta Masina (Caetano Veloso)
9) O ciúme (Caetano Veloso)
10) Fera ferida (Erasmo Carlos e Roberto Carlos)
11) Ia Omim Bum (Tradicional)

OUTRAS PALAVRAS: SEIS VEZES CAETANO

ESTRANGEIRO (1989)

1) O estrangeiro (Caetano Veloso)

2) Rai das cores (Caetano Veloso)

3) Branquinha (Caetano Veloso)

4) Os outros românticos (Caetano Veloso)

5) Jasper (Arto Lindsay, Caetano Veloso e Peter Scherer)

6) Este amor (Caetano Veloso)

7) Outro retrato (Caetano Veloso)

8) Etc. (Caetano Veloso)

9) Meia lua inteira (Carlinhos Brown)

10) Genipapo absoluto (Caetano Veloso)

CIRCULADÔ (1991)

1) Fora da ordem (Caetano Veloso)
2) Circuladô de fulô (Caetano Veloso e Haroldo de Campos)
3) Itapuã (Caetano Veloso)
4) Boas-vindas (Caetano Veloso)
5) Santa Clara padroeira da televisão (Caetano Veloso)
6) Baião da Penha (Caetano Veloso)
7) Neide Candolina (Caetano Veloso)
8) A terceira margem do rio (Caetano Veloso e Milton Nascimento)
9) O cu do mundo (Caetano Veloso)
10) Lindeza (Caetano Veloso)

CIRCULADÔ VIVO (1992)

1) A tua presença morena (Caetano Veloso)
2) Black or white / Americanos (Bill Bottrell, Caetano Veloso, Michael Jackson)
3) Um índio (Caetano Veloso)
4) Circuladô de fulô (Caetano Veloso e Haroldo de Campos)
5) Queixa (Caetano Veloso)
6) Mano a mano (Carlos Gardel, Celedonio Flores, José Razzano)
7) Chega de saudade (Antonio Carlos Jobim e Vinicius de Moraes)
8) Disseram que voltei americanizada (Luiz Peixoto e Vicente Paiva)
9) Quando eu penso na Bahia (Ary Evangelista Barroso e José Luis Peixoto)
10) A terceira margem do rio (Caetano Veloso e Milton Nascimento)
11) Oceano (Djavan)
12) Jokerman (Bob Dylan)
13) Você é linda (Caetano Veloso)
14) O leãozinho (Caetano Veloso)
15) Itapuã (Caetano Veloso)
16) Debaixo dos caracóis dos seus cabelos (Erasmo Carlos e Roberto Carlos)
17) Os mais doces bárbaros (Caetano Veloso)
18) A filha da Chiquita Bacana / Chuva, suor e cerveja (Caetano Veloso)
19) Sampa (Caetano Veloso)

DISCOGRAFIA

TROPICÁLIA 2 (com Gilberto Gil) (1993)

1) Haiti (Caetano Veloso e Gilberto Gil)
2) Cinema novo (Caetano Veloso e Gilberto Gil)
3) Nossa gente (Avisa lá) (Roque Carvalho)
4) Rap popcreto (Caetano Veloso)
5) Wait until tomorrow (Jimi Hendrix)
6) Tradição (Gilberto Gil)
7) As coisas (Arnaldo Antunes e Gilberto Gil)
8) Aboio (Caetano Veloso)
9) Dada (Caetano Veloso e Gilberto Gil)
10) Cada macaco no seu galho (Riachão)
11) Baião atemporal (Gilberto Gil)
12) Desde que o samba é samba (Caetano Veloso)

FINA ESTAMPA (1994)

1) Rumba azul (Armando Orefiche)
2) Pecado (Armando Pontier e Carlos Bahr)
3) Maria bonita (Agustín Lara)
4) Contigo em la distancia (Cesar Portillo Luz)
5) Recuerdos de Ypacarai (Demetrio Ortiz e Zulema Estela Mirkin)
6) Fina estampa (Chabuca Granda)
7) Capullito de aleli (Canchola Rafael Hernandez)
8) Um vestido y un amor (Fito Paez)
9) María La O (Ernesto Lecuona)
10) Tonada de luna Llena (Simón Díaz)
11) Mi cocodrilo verde (José Dolores Quiñones)
12) Lamento borincano (Canchola Rafael Hernandez)
13) Vete de mi (Homero Expósito e Virgilio Expósito)
14) La golondrina (Niceto de Zamacois e Narciso Serradell)
15) Vuelvo al sur (Astor Piazolla e Fernando Ezequiel Solanas)

FINA ESTAMPA AO VIVO (1995)

1) O samba e o tango (Amado Regis)

2) Lamento borincano (Canchola Rafael Hernandez)

3) Fina estampa (Chabuca Granda)

4) Cucurrucucú paloma (Tomás Méndez Sosa)

5) Haiti (Caetano Veloso e Gilberto Gil)

6) Canção de amor (Dorival Silva e Elano Viana de Oliveira Paula)

7) Suas mãos (Antonio Maria e João Pernambuco)

8) Lábios que beijei (Alvaro Nunes e Leonel Azevedo)

9) Você esteve com meu bem? (Antonio C. Martins e João Gilberto)

10) Vete de mi (Homero Expósito e Virgilio Expósito)

11) La barca (Roberto Cantoral)

12) Iay, amor! (Ignácio Villa)

13) O pulsar (Caetano Veloso e Augusto de Campos)

14) Contigo en la distancia (César Portillo de La Luz)

15) Itapuã (Caetano Veloso)

16) Soy loco por ti, América (Capinam e Gilberto Gil)

17) Tonada de luna llena (Simón Díaz)

LIVRO (1997)

1) Os passistas (Caetano Veloso)
2) Livros (Caetano Veloso)
3) Onde o Rio é mais baiano (Caetano Veloso)
4) Manhatã (Caetano Veloso)
5) Doideca / London London (Caetano Veloso)
6) Você é minha (Caetano Veloso)
7) Um Tom (Caetano Veloso)
8) How beautiful could a being be (Moreno Veloso)
9) O navio negreiro (excerto) (Antonio Castro Alves)
10) Não enche (Caetano Veloso)
11) Minha voz, minha vida (Caetano Veloso)
12) Alexandre (Caetano Veloso)
13) Na baixa do sapateiro (Ary Barroso)
14) Pra ninguém (Caetano Veloso)

PRENDA MINHA (ao vivo) (1998)

1) Jorge de Capadócia (Jorge Ben Jor)
2) Prenda minha (Tradicional)
3) Meditação (Antonio Carlos Jobim e Newton Ferreira Mendonça)
4) Terra (Caetano Veloso)
5) Eclipse oculto (Caetano Veloso)
6) Texto "Verdade tropical" (Caetano Veloso)
7) Bem devagar (Gilberto Gil)
8) Drão (Gilberto Gil)
9) Saudosismo (Caetano Veloso)
10) Carolina (Chico Buarque)
11) Sozinho (Peninha)
12) Esse cara (Caetano Veloso)
13) Mel (Caetano Veloso e Waly Salomão)
14) Linha do Equador (Caetano Veloso e Djavan)
15) Odara (Caetano Veloso)
16) A luz de Tieta (Caetano Veloso)
17) Atrás da verde e rosa só não vai quem já morreu / Festa do interior (Abel Ferreira Silva, Bira do Ponto, Carlos Sena, David Correa, Moraes Moreira e Paulinho Carvalho)
18) Vida boa (Armandinho e Nilo Fausto)

OMAGGIO A FEDERICO E GIULIETTA (1999)

1) Que não se vê (Nino Rota e T. Amurri)

2) Trilhos urbanos (Caetano Veloso)

3) Giulietta Masina (Caetano Veloso)

4) Lua, lua, lua, lua (Caetano Veloso)

5) Luna rossa (Antonio Vian, Nino Rota e Vincenzo de Crescenzo)

6) Chega de saudade (Antonio Carlos Jobim e Vinicius de Moraes)

7) Nada (Dames e Sanguinette)

8) Come prima (Mario Panzeri, Sandro Taccano e Vincenzo di Paola)

9) Ave Maria (Erothides de Campos)

10) Chora tua tristeza (Luvercy Fiorine e Oscar Castro Neves)

11) Coração vagabundo (Caetano Veloso)

12) Cajuína (Caetano Veloso)

13) Gelsomina (Michele Galdieri e Nino Rota)

14) Let's face the music and dance (Irving Berlin)

15) Coração materno (Vicente Celestino)

16) Patricia (Pérez Prado)

17) Dama das camélias (João de Barro e Vermelho Alcir Pires)

18) Coimbra (Albert Ketèlbey, José Galhardo e Raul Ferrão)

19) Gelsomina (Michele Galdieri e Nino Rota)

DISCOGRAFIA

NOITES DO NORTE (2000)

1) Zera a reza (Caetano Veloso)
2) Noites do Norte (Caetano Veloso e Joaquim Nabuco)
3) 13 de maio (Caetano Veloso)
4) Zumbi (Jorge Ben Jor)
5) Rock'n'Raul (Caetano Veloso)
6) Michelangelo Antonioni (Caetano Veloso)
7) Cantiga de boi (Caetano Veloso)
8) Cobra coral (Caetano Veloso e Waly Salomão)
9) Ia (Caetano Veloso)
10) Meu Rio (Caetano Veloso)
11) Sou seu sabiá (Caetano Veloso)
12) Tempestades solares (Caetano Veloso)

NOITES DO NORTE AO VIVO (2001)

1) Two naira fifty kobo (Caetano Veloso)
2) Sugar cane fields forever (Caetano Veloso e Sousândrade)
3) Noites do Norte (Caetano Veloso e Joaquim Nabuco)
4) 13 de maio (Caetano Veloso)
5) Zumbi (Jorge Ben Jor)
6) Haiti (Caetano Veloso e Gilberto Gil)
7) O último romântico (Antonio Cicero, Lulu Santos e Sergio de Souza)
8) Araçá blue (Caetano Veloso)
9) Nosso estranho amor (Caetano Veloso)
10) Escândalo (Caetano Veloso)
11) Cobra coral (Caetano Veloso e Waly Salomão)
12) Como uma onda (Lulu Santos e Nelson Motta)
13) Mimar você (Carlos Alain Tavares da Silva e Gilson Babilônia)
14) Magrelinha (Luiz Melodia)
15) Rock'n'Raul (Caetano Veloso)
16) Zera a reza (Caetano Veloso)
17) Dom de iludir / Tapinha (Caetano Veloso e Naldinho)
18) Caminhos cruzados (Antonio Carlos Jobim e Newton Ferreira de Mendonça)
19) Tigresa (Caetano Veloso)
20) Trem das cores (Caetano Veloso)
21) Samba de verão (Marcos Valle e Paulo Sergio Kostenbader Valle)
22) Menino do Rio (Caetano Veloso)
23) Meu Rio (Caetano Veloso)
24) Gatas extraordinárias (Caetano Veloso)
25) Língua (Caetano Veloso)
26) Cajuína (Caetano Veloso)
27) Gente / Parabéns a você (Caetano Veloso, Mildred J. Hill e Patty S. Hill)
28) Eu e a brisa (Johnny Alf)
29) Tropicália (Caetano Veloso)
30) Meia lua inteira (Carlinhos Brown)
31) Tempestades solares (Caetano Veloso)
32) Menino Deus (Caetano Veloso)

DISCOGRAFIA

EU NÃO PEÇO DESCULPA (com Jorge Mautner) (2002)

1) Todo errado (Jorge Mautner)
2) Feitiço (Caetano Veloso)
3) Manjar de reis (Jorge Mautner e Nelson Jacobina)
4) Tarado (Caetano Veloso)
5) Maracatu atômico (Jorge Mautner e Nelson Jacobina)
6) O namorado / Urge dracon (Caetano Veloso e Jorge Mautner)
7) Coisa assassina (Gilberto Gil e Jorge Mautner)
8) O homem bomba (Caetano Veloso e Jorge Mautner)
9) Lágrimas negras / Doidão (Jorge Mautner e Nelson Jacobina)
10) Morre-se assim (Jorge Mautner e Nelson Jacobina)
11) Graça divina (Caetano Veloso e Jorge Mautner)
12) Cajuína (Caetano Veloso)
13) Voa voa perereca (Sergio Amado)
14) Hino do carnaval brasileiro (Lamartine Babo)

A FOREIGN SOUND (2004)

1) Carioca (Edward Eliscu, Gus Kahn e Vicent Youmans)

2) So in love (Cole Porter)

3) I only have eyes for you (Al Dubin e Harry Warren)

4) It's alright Ma (I'm only bleeding) (Bob Dylan)

5) Body and soul (Edward Heyman, Frank Eyton, John W. Green, Robert Sour)

6) Nature boy (Eden Ahbez)

7) The man I love (George Gershwin e Ira Gershwin)

8) There will never be another you (Harry Warren e Mack Gordon)

9) Smoke gets in your eyes (Jerome Kern e Otto Harbach)

10) Diana (Paul Anka)

11) Sophisticated lady (Duke Ellington, Irving Millis e Mitchell Parish)

12) Come as you are (Kurt Cobain)

13) Fellings (Louis Gasté e Morris Albert)

14) Summertime (Dorohty Heyward, DuBose Heyward, George Gershwin
e Ira Gershwin)

15) Detached (Arto Lindsay, Ikue Mori e Tim Right)

16) Jamaica farewell (Lord Burgess)

17) Love for sale (Cole Porter)

18) Cry me a river (Arthur Hamilton)

19) If it's magic (Stevie Wonder)

20) Something good (Oscar Hammerstein II e Richard Rodgers)

21) Stardust (Hoagy Carmichael)

22) Blue skies (Irving Berlin)

23) Love me tender (Elvis Presley e Vera Matson)

CÊ (2006)

1) Outro (Caetano Veloso)
2) Minhas lágrimas (Caetano Veloso)
3) Rocks (Caetano Veloso)
4) Deusa urbana (Caetano Veloso)
5) Waly Salomão (Caetano Veloso)
6) Não me arrependo (Caetano Veloso)
7) Musa híbrida (Caetano Veloso)
8) Odeio (Caetano Veloso)
9) Homem (Caetano Veloso)
10) Por quê? (Caetano Veloso)
11) Um sonho (Caetano Veloso)
12) O herói (Caetano Veloso)

CÊ AO VIVO (2007)

1) Outro (Caetano Veloso)

2) Minhas lágrimas (Caetano Veloso)

3) Chão da praça (Fausto Nilo e Moraes Moreira)

4) Nine out of ten (Caetano Veloso)

5) Um Tom (Caetano Veloso)

6) O homem velho (Caetano Veloso)

7) Homem (Caetano Veloso)

8) Amor mais que discreto (Caetano Veloso e Johnny Alf)

9) Odeio (Caetano Veloso)

10) Como 2 e 2 (Caetano Veloso)

11) Sampa (Caetano Veloso)

12) Desde que o samba é samba (Caetano Veloso)

13) Não me arrependo (Caetano Veloso)

14) London London (Caetano Veloso)

15) Fora da ordem (Caetano Veloso)

16) Rocks (Caetano Veloso)

17) You don't know me (Caetano Veloso)

DISCOGRAFIA

ROBERTO CARLOS E CAETANO VELOSO E A MÚSICA DE TOM JOBIM (2008)

1) Garota de Ipanema (Tom Jobim e Vinicius de Moraes)
2) Wave (Tom Jobim)
3) Águas de março (Tom Jobim)
4) Por toda minha vida (Tom Jobim e Vinicius de Moraes)
5) Ela é carioca (Tom Jobim e Vinicius de Moraes)
6) Inútil paisagem (Tom Jobim e Aloysio de Oliveira)
7) Meditação (Tom Jobim e Newton Mendonça)
8) O que tinha de ser (Tom Jobim e Vinicius de Moraes)
9) Insensatez (Tom Jobim e Vinicius de Moraes)
10) Por causa de você (Tom Jobim e Dolores Duran)
11) Lígia (Tom Jobim)
12) Corcovado (Tom Jobim)
13) Samba do avião (Tom Jobim)
14) Eu sei que vou te amar / Soneto da felicidade (Tom Jobim, Capiba e Vinicius de Moraes)
15) Tereza da praia (Tom Jobim e Billy Blanco)
16) Chega de saudade (Tom Jobim e Vinicius de Moraes)

ZII & ZIE (2009)

1) Perdeu (Caetano Veloso)
2) Sem cais (Caetano Veloso e Pedro Sá)
3) Por quem? (Caetano Veloso)
4) Lobão tem razão (Caetano Veloso)
5) A cor amarela (Caetano Veloso)
6) A base de Guantánamo (Caetano Veloso)
7) Falso Leblon (Caetano Veloso)
8) Incompatibilidade de gênios (Aldir Blanc e João Bosco)
9) Tarado ni você (Caetano Veloso)
10) Menina da Ria (Caetano Veloso)
11) Ingenuidade (Serafim Adriano da Silva)
12) Lapa (Caetano Veloso)
13) Diferentemente (Caetano Veloso)

DISCOGRAFIA

MULTISHOW AO VIVO CAETANO E MARIA GADÚ (2011)

1) Beleza pura (Caetano Veloso)

2) O quereres (Caetano Veloso)

3) Sampa (Caetano Veloso)

4) Vaca profana (Caetano Veloso)

5) Rapte-me, camaleoa (Caetano Veloso)

6) Trem das onze (Adoniran Barbosa)

7) O leãozinho (Caetano Veloso)

8) Odara (Caetano Veloso)

9) Nosso estranho amor (Caetano Veloso)

10) Vai levando (Caetano Veloso e Chico Buarque)

11) Menino do Rio (Caetano Veloso)

12) Podres poderes (Caetano Veloso)

13) Shimbalaiê (Maria Gadú)

14) Bela flor (Maria Gadú)

15) Encontro (Maria Gadú)

16) Tudo diferente (André Carvalho)

17) Dona Cila (Maria Gadú)

18) Escudos (Maria Gadú)

19) A história de Lilly Braun (Chico Buarque, Edu Lobo e Henry Mancini)

20) Milagres do povo (Caetano Veloso)

21) Genipapo absoluto (Caetano Veloso)

22) Odeio (Caetano Veloso)

23) De noite na cama (Caetano Veloso)

24) Desde que o samba é samba (Caetano Veloso)

25) Sozinho (Peninha)

26) Alegria, alegria (Caetano Veloso)

CAETANO ZII & ZIE (ao vivo) (2011)

1) A voz do morto (Caetano Veloso)

2) Sem cais (Caetano Veloso e Pedro Sá)

3) Trem das cores (Caetano Veloso)

4) Perdeu (Caetano Veloso)

5) Por quem? (Caetano Veloso)

6) Lobão tem razão (Caetano Veloso)

7) Maria Bethânia (Caetano Veloso)

8) Irene (Caetano Veloso)

9) Volver (Alfredo Le Pera e Carlos Gardel)

10) Aquele frevo axé (Caetano Veloso e Cézar Mendes)

11) Não identificado (Caetano Veloso)

12) Base de Guantánamo (Caetano Veloso)

13) Lapa (Caetano Veloso)

14) Água (Kassin)

15) A cor amarela (Caetano Veloso)

16) Eu sou neguinha (Caetano Veloso)

17) Força estranha (Caetano Veloso)

18) Tarado ni você (Caetano Veloso)

19) Odeio (Caetano Veloso)

20) Falso Leblon (Caetano Veloso)

21) Menina da Ria (Caetano Veloso)

22) Manjar de reis (Jorge Mautner e Nelson Jacobina)

ABRAÇAÇO (2012)

1) A bossa nova é foda (Caetano Veloso)
2) Um abraçaço (Caetano Veloso)
3) Estou triste (Caetano Veloso)
4) O império da lei (Caetano Veloso)
5) Quero ser justo (Caetano Veloso)
6) Um comunista (Caetano Veloso)
7) Funk melódico (Caetano Veloso)
8) Vinco (Caetano Veloso)
9) Quando o galo cantou (Caetano Veloso)
10) Parabéns (Caetano Veloso e Mauro Lima)
11) Gayana (Rogério Duarte)

ESPECIAL IVETE, GIL, CAETANO (2012)

1) A novidade (Bi Ribeiro, Gilberto Gil, Herbert Vianna e João Barone)
2) Toda menina baiana (Gilberto Gil)
3) O meu amor (Chico Buarque)
4) Tá combinado (Caetano Veloso)
5) A linha e o linho (Gilberto Gil)
6) A luz de Tieta (Caetano Veloso)
7) Tigresa (Caetano Veloso)
8) Você é linda (Caetano Veloso)
9) Atrás da porta (Chico Buarque e Francis Hime)
10) Super-homem (Gilberto Gil)
11) Se eu não te amasse tanto assim (Herbert Vianna e Paulo Sérgio Kostenbader Valle)
12) Olhos nos olhos (Chico Buarque)
13) Drão (Gilberto Gil)
14) Dom de iludir (Caetano Veloso)
15) Amor até o fim (Gilberto Gil)

MULTISHOW AO VIVO — ABRAÇAÇO (2013)

1) A bossa nova é foda (Caetano Veloso)

2) Lindeza (Caetano Veloso)

3) Quando o galo cantou (Caetano Veloso)

4) Um abraçaço (Caetano Veloso)

5) Homem (Caetano Veloso)

6) Triste Bahia (Caetano Veloso e Gregório de Mattos)

7) Estou triste (Caetano Veloso)

8) Escapulário (Caetano Veloso e Oswald de Andrade)

9) Funk melódico (Caetano Veloso)

10) Alguém cantando (Caetano Veloso)

11) Quero ser justo (Caetano Veloso)

12) Eclipse oculto (Caetano Veloso)

13) Mãe (Caetano Veloso)

14) De noite na cama (Caetano Veloso)

15) O império da lei (Caetano Veloso)

16) Reconvexo (Caetano Veloso)

17) Você não entende nada (Caetano Veloso)

18) A luz de Tieta (Caetano Veloso)

19) Outro (Caetano Veloso)

DOIS AMIGOS, UM SÉCULO DE MÚSICA
(com Gilberto Gil) (2015)

1) Back in Bahia (Gilberto Gil)
2) Coração vagabundo (Caetano Veloso)
3) Tropicália (Caetano Veloso)
4) Marginália II (Gilberto Gil e Torquato Neto)
5) É luxo só (Ary Barroso e Luiz Peixoto)
6) É de manhã (Caetano Veloso)
7) As camélias do quilombo do Leblon (Caetano Veloso e Gilberto Gil)
8) Sampa (Caetano Veloso)
9) Terra (Caetano Veloso)
10) Nine out of ten (Caetano Veloso)
11) Odeio (Caetano Veloso)
12) Tonada de Luna Llena (Simón Díaz)
13) Eu vim da Bahia (Gilberto Gil)
14) Super-homem (Gilberto Gil)
15) Come prima (Alessandro Taccani, Mario Panzeri e Vincenzo Di Paola)
16) Esotérico (Gilberto Gil)
17) Tres palabras (Osvaldo Farrés)
18) Drão (Gilberto Gil)
19) Não tenho medo da morte (Gilberto Gil)
20) Expresso 2222 (Gilberto Gil)
21) Toda menina baiana (Gilberto Gil)
22) São João, Xangô menino (Caetano Veloso e Gilberto Gil)
23) Nossa gente (Avisa lá) (Roque Carvalho)
24) Andar com fé (Gilberto Gil)
25) Filhos de Gandhi (Gilberto Gil)
26) Desde que o samba é samba (Caetano Veloso)
27) Domingo no parque (Gilberto Gil)
28) A luz de Tieta (Caetano Veloso)

OFERTÓRIO (com os filhos Moreno, Zeca e Tom) (ao vivo) (2018)

1) Alegria, alegria (Caetano Veloso)
2) O seu amor (Gilberto Gil)
3) Boas-vindas (Caetano Veloso)
4) Todo homem (Zeca Veloso)
5) Genipapo absoluto (Caetano Veloso)
6) Um passo à frente (Moreno Veloso e Quito Ribeiro)
7) Clarão (Tom Veloso)
8) De tentar voltar (Domenico Lancelotti e Moreno Veloso)
9) A tua presença morena (Caetano Veloso)
10) Trem das cores (Caetano Veloso)
11) Um só lugar (Cézar Mendes e Tom Veloso)
12) Alexandrino (Caetano Veloso)
13) Oração ao tempo (Caetano Veloso)
14) Alguém cantando (Caetano Veloso)
15) Ofertório (Caetano Veloso)
16) Reconvexo (Caetano Veloso)
17) Você me deu (Caetano Veloso e Zeca Veloso)
18) O leãozinho (Caetano Veloso)
19) Gente (Caetano Veloso)
20) Ninguém viu (Moreno Veloso e Quito Ribeiro)
21) Ela e eu (Caetano Veloso)
22) Não me arrependo (Caetano Veloso)
23) Um canto de afoxé para o bloco do Ilê (Caetano Veloso e Moreno Veloso)
24) Força estranha (Caetano Veloso)
25) How beautiful could a being be (Moreno Veloso)
26) Canto do povo de algum lugar / Um Tom (Caetano Veloso)
27) Deusa do amor (Adailton Poesia e Valter Farias)
28) Tá escrito (Carlinhos Madureira, Gilson Bernini e Xande de Pilares)

CAETANO VELOSO & IVAN SACERDOTE (2020)

1) Peter Gast (Caetano Veloso)
2) Aquele frevo axé (Caetano Veloso e Cézar Mendes)
3) Trilhos urbanos (Caetano Veloso)
4) O ciúme (Caetano Veloso)
5) Você não gosta de mim (ao vivo) (Caetano Veloso)
6) Minha voz, minha vida (ao vivo) (Caetano Veloso)
7) Onde o Rio é mais baiano (ao vivo) (Caetano Veloso)
8) Desde que o samba é samba (ao vivo) (Caetano Veloso)
9) Manhatã (ao vivo) (Caetano Veloso)

MEU COCO (2021)

1) Meu coco (Caetano Veloso)
2) Ciclâmen do Líbano (Caetano Veloso)
3) Anjos tronchos (Caetano Veloso)
4) Não vou deixar (Caetano Veloso)
5) Autoacalanto (Caetano Veloso)
6) Enzo Gabriel (Caetano Veloso)
7) GilGal (Caetano Veloso)
8) Cobre (Caetano Veloso)
9) Pardo (Caetano Veloso)
10) Você-você (Caetano Veloso)
11) Sem samba não dá (Caetano Veloso)
12) Noite de cristal (Caetano Veloso)

ÍNDICE ONOMÁSTICO

A

Aécio Neves, 213, 219, 221, 223

Agnaldo Rayol, 48

Agnelo Rato Grosso, 138

Agostinho da Silva, 97, 211

Alceu Valença, 109

Aldir Blanc, 188

Aldo Luís, 119

Alexandre Frota, 161

Almir Chediak, 155

Aloizio Mercadante, 216

Aloysio de Oliveira, 103

Álvaro Guimarães ("Alvinho"), 26, 93, 97, 211

Amaury Jr., 202

Ana Maria Duarte, 24

André Midani, 110, 135-136

André Rebouças, 64

Antonio Callado, 185-186

Antônio Carlos Magalhães (ACM; Toninho Malvadeza), 74, 190-195, 197, 199, 200-201, 203-204, 208-209, 213

Antonio Houaiss, 76

Antonio Palocci, 215

Antonio Risério, 197, 214

Aracy de Almeida, 22

Armando Falcão, 119

Arnaldo Baptista, 118

Arthur Lavigne, 161-162

Arthur Omar, 140-142

Artur da Costa e Silva, 48

Ataulfo Alves, 123

Augusto Boal, 95-96, 108

Augusto de Campos, 89, 97, 137

Aureliano Chaves, 195

B

Belchior, 77, 109-110

Benito Mussolini, 26

Benjamin Moser, 25

Bertolt Brecht, 69

Bessie Smith, 57

Bineco, 139

Bob Dylan, 21, 151

Boni (José Bonifácio de Oliveira Sobrinho), 55

Bruno Wainer, 139-140

C

Cacá Diegues, 72, 138, 214, 217

Carlinhos Cachoeira, 216

Carlos Calado, 48

Carlos Drummond de Andrade, 110

Carlos Frederico, 148

Carlos Heitor Cony, 28

Carlos Marighella, 181-183

Carlos Nelson Coutinho, 76

Carlos Reichenbach, 141

Carlos Scliar, 24

Carmen Miranda, 57, 191

Carybé, 189, 191

Catulo da Paixão Cearense, 23

Cazuza, 111, 125, 164

Celly Campello, 49

Celso Furtado, 122, 215

Chacrinha, 101, 102

Che Guevara, 180

Chico Buarque de Hollanda, 43-52, 56, 72-73, 77, 104, 110, 121, 123-124, 137, 147, 185-187, 192, 198, 202, 207, 213, 227

Christiane Torloni, 225

Ciro Barcelos, 153

Ciro Gomes, 209, 212-214, 226, 231

Clarice Lispector, 17, 24-26

Cláudio Guedes, 74

Coriolano Loyola Fagundes, 121

Criolo, 221, 225

Cristovam Buarque, 219

Cynara e Cybele, 48

D

D. Sebastião, 210, 211

David Bowie, 125

David Chew, 155

David Tudor, 17

Débora Bloch, 164

Décio Pignatari, 141, 190, 194, 195

Dedé Gadelha, 132, 147, 166, 169

Delfim Netto, 21, 228

Deltan Dallagnol, 224, 225-226

Demetrio Ortiz, 208

Denise Assis dos Santos, 171

Dercy Gonçalves, 122

Dilma Rousseff, 220-221, 223-225

Djavan, 50, 93, 126, 147, 213

Dodô Azevedo, 140

Dodô e Osmar, 57

Dom e Ravel, 90

Domenico Losurdo, 228, 230

Dona Canô (Claudionor Viana Teles Veloso), 15, 21, 23, 29, 34, 128, 138, 152, 155, 169, 192-194, 201, 207, 209, 219

Dona Wangry, 153

Dorian Gray, 55

Dorival Caymmi, 22, 29, 45, 80, 93, 103-104, 147, 191, 192

Duda Machado, 97-98

Duda Mendonça, 212, 214

Dudu da Loteca, 167

E

Edgar Morin, 100-101

Edgard Santos, 17, 96-97, 211

Edith do Prato, 136, 155

Edith Piaf, 34

Edu Lobo, 45, 46, 93, 103, 104

Eduardo Campos, 223

Eduardo Cunha, 224

Eduardo Escorel, 35

Edy Star, 34

Eleonora Mendes Caldeira, 44

Elis Regina, 47, 56, 90, 105, 106, 182, 187-188

ÍNDICE ONOMÁSTICO

Elizabeth Orsini, 163

Elizeth Cardoso, 77

Ella Fitzgerald, 34

Elomar, 165

Elvis Presley, 26-27

Emílio Garrastazu Médici, 184-185

Erasmo Carlos, 90

Ernesto Geisel, 42-43, 56, 66, 69-74, 119, 185-188, 191

Euclides da Cunha, 102

F

Fafá de Belém, 196

Federico Fellini, 17, 26, 98, 137-138, 166

Felipe Camargo, 161, 163

Fernando Collor de Mello, 200-206, 212

Fernando Gabeira, 101

Fernando Haddad, 81, 226

Fernando Henrique Cardoso (FHC), 206-209, 212-213, 229

Fernando José, 199-200

Fernando Lyra, 120

Fernando Pessoa, 210-211

Ferreira Gullar, 217-218, 228-229

Fidel Castro, 185, 229-230

Francis Hime, 45, 104

Frank Dominguez, 136

Franklin Roosevelt, 179

Friedrich Engels, 227

G

Gabriel O Pensador, 227

Gal Costa (Maria da Graça; Gracinha), 29, 43, 50, 53, 54, 94, 95, 103, 117, 132-133, 135, 148-152, 155, 166, 180, 209

Gaudêncio Fidelis, 81

Geneton Moraes Neto, 181

Geraldo Alckmin, 219, 231

Geraldo Sarno, 138

Geraldo Vandré, 90, 105, 106

Getúlio Vargas, 179

Gilberto Gil, 45-49, 53, 55-56, 58-59, 61, 64, 66-68, 72-74, 89-91, 93-95, 97-99, 104-107, 109-110, 117-118, 128-129, 132-133, 135, 137, 150, 153, 159, 180-185, 197-199, 202, 204, 207-209, 212-219, 227

Gilberto Mendes, 195

Gilmar Mendes, 225

Glauber Rocha, 52-53, 69-70, 93, 97, 100-102, 138-139, 207, 213

Golbery do Couto e Silva, 70, 184-185, 188-189

Graciliano Ramos, 135

Greta Garbo, 28

Guilherme Arantes, 197, 214

Guilherme Araújo, 106, 135, 139, 150-151, 166

Guilherme Pereira do Rosário, 188

Guimarães Rosa, 24

Gustave Flaubert, 171

H

Hamilton Almeida Filho, 57

Hamilton Vaz Pereira, 141

Hans-Joachim Koellreutter, 96

Haroldo de Campos, 141

Hebe Camargo, 46

Helena Ignez, 139

Henfil, 53, 54, 73, 79

Henrique Teixeira Lott, 60, 179

Hermeto Pascoal, 68

Hitler, 81

Honório Severo, 121

Hugo Chávez, 160, 220

I

Inês Besouchet, 161

Irene Mara, 161

Itamar Franco, 206, 207

Ivan Cardoso, 139

Ivan Lessa, 24, 53, 54

J

J. Velloso, 191

Jackson do Pandeiro, 106

Jaguar, 24

Jair Bolsonaro, 80-82, 226-227, 230

Jair Rodrigues, 47, 90

James Brooke, 128-129

Jane Vicentina, 124

Jânio Quadros, 179

Jaques Wagner, 220, 221

Jards Macalé, 98-99, 122-124

Jary Cardoso, 42

Jean-Luc Godard, 98, 101, 120, 122, 137, 139, 215

Jean-Paul Sartre, 16, 152

Jesus Cristo, 121

Jimi Hendrix, 106

João Baptista Figueiredo, 69, 77, 185-186, 188, 189

João Bosco, 109

João Dória Júnior, 79

João Durval, 190

João Gilberto, 17-31, 43, 44, 50, 56, 93, 98, 103-104, 137, 148

João Goulart, 179, 181

João Paulo II, 120

João Santana, 197-198, 223, 224, 231

Joaquim Barbosa, 226

Joaquim Nabuco, 63, 65

Joesley Batista, 224

John Cage, 17

John Lennon, 26-27

Johnny Alf, 127

Jomard Muniz de Britto, 139

Jones Manoel da Silva, 228, 230

Jorge Amado, 19, 161, 191, 209

Jorge Ben, 68, 110, 137

Jorge Bornhausen, 195

Jorge Luís Borges, 89

Jorge Mautner, 61, 183

Josaphat Marinho, 197

José Agrippino de Paula, 101-102

José Almino de Alencar, 209

José Bastos Moreno, 213

José Carlos Capinan, 94, 107, 117, 138

José Celso Martinez Corrêa, 102

José Dirceu (Zé Dirceu), 213, 214, 215, 216

José Guilherme Merquior, 76-77

José Mariano Beltrame, 222

José Ramos Tinhorão, 28, 71, 74, 108

José Sarney, 120-121, 188, 195, 196, 201-202, 215

José Serra, 212, 213, 214, 220, 221

José Teles Veloso (Seu Zeca), 21-23, 29, 32, 33, 34, 59, 60, 152, 179

José Wilker, 24

ÍNDICE ONOMÁSTICO

Jovina (Minha Ju), 18
Juca Chaves, 49
Judy Garland, 34
Júlio Bressane, 35, 139
Júlio Cesar Augusto, 122
Júlio Medaglia, 97, 103, 107
Juscelino Kubitschek, 167, 179

K
Karl Marx, 227

L
Lanny Gordin, 136
Leda Collor de Mello, 202
Leia Millon (Tia Léa), 166-167
Leitão de Abreu, 77, 217, 218
Leon Hirszman, 135
Leonel Brizola, 181, 201, 203, 205
Lídice da Mata, 208
Liv Sovik, 65
Lobo de Mesquita, 195
Luana Piovani, 147, 170
Luciano Hang, 82
Lucinha Araújo, 164
Luiz Carlos Maciel, 211
Luiz Gonzaga, 106, 135
Luiz Gushiken, 214
Luiz Inácio Lula da Silva (Lula), 51, 193,
    201-202, 206-207, 212-210, 223-226,
    228, 231
Luma de Oliveira, 213

M
Mahmoud Ahmadinejad, 220
Malu Mader, 161, 163
Manoel Carlos, 44
Manoel do Gramacho, 112
Manuel Fiel Filho, 43
Marcelo Bretas, 225

Marcelo D2, 112
Marcelo Freixo, 220
Marcelo Nova, 50
Marcelo Serrado, 225
Marcelo Tenório, 128-129
Márcia Alvarez, 164
Marco Maciel, 195
Margaret Thatcher, 21
Maria Bethânia, 21, 25, 31-35, 41, 44-45,
    53, 78, 94-95, 106, 117-118, 121, 122,
    132-133, 148, 149, 154, 164, 189, 191,
    192, 193, 209
Maria Clara Machado, 161
Maria de Lourdes Rego Melo (Lurdinha),
    182-183
Maria do Céu, 31
Maria Helena Dutra, 68, 71
Maria Laís Salgado, 149-150
Mariana Aydar, 221
Marieta Severo, 137
Marilena Chauí, 80
Marília Gabriela, 125
Marilyn Monroe, 27
Marina Lima, 154
Marina Silva, 217, 223-224, 226
Mário Covas, 201, 208
Mário Cravo, 191
Mário Kertész, 197, 198, 199
Mario Lago, 123
Mario Sergio Conti, 30
Martin Heidegger, 81
Maurício Kubrusly, 68, 71
Maurício Mattar, 141, 161
Maurício Tapajós, 188

303

OUTRAS PALAVRAS: SEIS VEZES CAETANO

Mauro Lima, 228
Max Pierre, 31
Melina Mercouri, 33
Mercedes Sosa, 50
Michel Temer, 223-224
Michelangelo Antonioni, 98
Mick Jagger, 57, 79, 125
Miguel Arraes, 184, 209
Miles Davis, 34
Millôr Fernandes, 24, 52-53, 117-118
Milton Nascimento, 50, 51, 93, 129, 196
Minha Daia (prima de Caetano), 15, 16
Moacir Coelho, 19
Monique Deheinzelin, 74
Monteiro Lobato, 198
Moreno Veloso, 21, 119, 136, 148, 155-157, 213
MV Bill, 214

N

Nahum Sirotsky, 24
Nana Caymmi, 153
Nara Leão, 34, 44, 53, 94-95, 106-107, 117, 123-124, 180
Neca Setúbal, 223
Nelson Gonçalves, 32, 33
Nelson Motta, 47, 49
Nelson Ned, 77
Nelson Pereira dos Santos, 135
Nelson Rodrigues, 101, 101
Ney Matogrosso, 68, 117, 118, 128
Noel Rosa, 22, 23, 138
Norma Bengell, 48

O

Octávio de Aguiar Medeiros, 189
Olavo de Carvalho, 80-83, 227, 228
Olga de Alaketu, 191
Oliveira Bastos, 185
Olivier Messiaen, 195
Orestes Barbosa, 159
Orlando Senna, 34
Oswald de Andrade, 102

P

Pancho Cataneo, 183
Patrícia Pillar, 214
Paula Burlamaqui, 172
Paula Mafra Lavigne (Paulinha), 31, 81, 111, 133, 157, 159-169, 172, 200, 213, 221, 224, 225, 226, 230
Paulinho da Viola, 30, 54, 68, 95, 119
Paulinho Machado de Carvalho, 43, 107
Paulo Betti, 214
Paulo César Farias (PC Farias), 205
Paulo Cesar Pinheiro, 213
Paulo César Saraceni, 35, 138
Paulo César Souza, 126, 140
Paulo Francis, 24, 52, 76, 77-80, 117
Paulo Freire, 182
Paulo Ricardo, 111
Paulo Vanzolini, 30
Pedro Collor, 205
Pedro Farkas, 139
Pedro Irujo, 199-200
Pelé, 61-62
Pérsio Arida, 30
Princesa Isabel, 65

ÍNDICE ONOMÁSTICO

R

Rafael Nogueira, 217
Raimundo Fagner, 109, 110
Randolfe Rodrigues, 225
Regina Casé, 141, 165, 173
Ricardo Amaral, 164
Ricardo Machado, 219
Rita Lee, 30, 55, 68, 107, 118, 121
Roberto Campos, 227, 228
Roberto Carlos, 47, 90, 103, 105-107, 120-121, 215
Roberto de Carvalho, 55
Roberto d'Ávila, 79
Roberto Freire, 201
Roberto Mangabeira Unger, 209, 211
Roberto Marinho, 204-205
Roberto Menescal, 135, 150
Roberto Pinho, 197, 211
Roberto Sant'Ana, 34
Roberto Santos, 190, 193
Rodrigo Constantino, 227
Rodrigo Veloso, 19, 21, 23-24, 32, 33, 78, 219
Rogério Duarte, 97, 99-101, 103, 107, 130
Rogério Duprat, 97, 107, 134, 136-137, 181
Rogério Magri, 203
Rogério Sganzerla, 139
Ronaldo Bôscoli, 150
Roni Berbert de Castro, 49-50
Rubem Fonseca, 142
Rui Costa, 220
Ruy Barbosa, 207
Ruy Guerra, 140

S

Sá de Miranda, 131
Sandra Gadelha, 46, 166
Sérgio Baptista, 118
Sérgio Mamberti, 214
Sérgio Moro, 224-225
Sérgio Motta, 208
Sérgio Paranhos Fleury, 183
Sérgio Sá Leitão, 217
Silvio Caldas, 159
Simonal, 105
Simone de Beauvoir, 60, 152
Sinhazinha Batista, 23
Sônia Braga, 159, 165, 170-171
Stella Caymmi, 80
Stendhal, 158
Sylvinha Telles, 103
Sylvio Frota, 43

T

Tancredo Neves, 190, 195-195, 221
Tárik de Souza, 71, 73
Tarso de Castro, 42, 52-53
Thiago Lacerda, 225
Thomas Mann, 140
Tino Monetti, 133
Tizuka Yamasaki, 141
Tom Jobim, 44, 47, 50, 103-104
Tom Veloso, 20-21, 168
Tom Zé, 46, 89, 94, 95, 97, 107, 108, 117
Toquinho, 44-45
Torquato Neto, 24, 89, 91, 105-107
Tutty Moreno, 136
Tuzé de Abreu, 136

305

U
Ulysses Guimarães, 195, 201

V
Vicente Celestino, 106
Vinícius Cantuária, 118
Vinicius de Moraes, 54
Violeta Arraes, 184
Violeta Parra, 50
Virgildásio Sena, 199-200
Vladimir Herzog, 43

W
Wagner Moura, 225
Wagner Tiso, 196, 213
Waldir Pires, 193, 197-199, 201
Waldomiro Diniz, 216
Walter Clark, 55
Walter Franco, 134
Walter Lima Júnior, 138
Walter Salles, 142
Walter Smetak, 96
Waly Salomão, 41, 197
Wanda Sá, 150
Wanderléa, 106

Washington Olivetto, 79
William Saroyan, 17
Wilson Dias Machado, 188

Z
Zeca Veloso, 20-21, 168,
Zefinha (babá de Zeca e Tom Veloso), 20
Zélia Cardoso de Mello, 202, 205
Zélia Gattai, 209
Zezé Motta, 158, 170, 171
Zuenir Ventura, 46
Zumbi dos Palmares, 65

Este livro foi composto na tipografia Minion Pro, em corpo 11/15,5, e impresso em papel off-white no Sistema Cameron da Divisão Gráfica da Distribuidora Record.